El presente libro es una versión facsimilar de la edición original de El Colegio de México, que ha sido rescatada mediante un trabajo profesional de escaneo para mantener la obra en circulación.

PODER LOCAL EN EL GOLFO DE MÉXICO

CENTRO DE ESTUDIOS SOCIOLÓGICOS

Cuadernos del CES
38

PODER LOCAL EN EL GOLFO DE MÉXICO

Nelson Minello, Odile Hoffmann,
Rafael Palma Grayeb, Jean-Yves Marchal,
Arturo Alvarado,
Marielle Pepin-Lehalleur,
Marie-France Prévôt-Schapira

EL COLEGIO DE MÉXICO

301.082
C961
no. 38

Poder local en el Golfo de México / [por] Nelson Minello... [et al.].
– México : El Colegio de México, Centro de Estudios Sociológicos, 1995.
224 pp. ; 21 cm. – (Cuadernos del CES ; 38)

ISBN 968-12-0625-8

1. Agricultura-Aspectos económicos-Veracruz. 2. Agricultura-Aspectos económicos-Tamaulipas. 3. México-Política económica. I. Minello Martini, Nelson.

Portada de Mónica Diez-Martínez

Primera edición, 1995

ISBN 968-12--0625-8 (versión original)
978-968-120-625-3 (versión facsimilar)

Impreso en México/*Printed in Mexico*

ÍNDICE

INTRODUCCIÓN. EL PAISAJE Y LA REPRODUCCIÓN DE HOMBRES Y MUJERES. UN ANÁLISIS DE PODER LOCAL

NELSON MINELLO

Este *Cuaderno* reúne cuatro artículos del proyecto conjunto "Transformaciones de la vida rural y nuevas configuraciones del poder local en el Golfo de México", realizado por ORSTOM/CNRS-CREDAL/ El Colegio de México. Están destinados a servir de base a un trabajo totalmente distinto: el estudio comparativo de las cinco regiones escogidas, que formará el documento final de este proyecto y que aparecerá en forma de libro el próximo año. En tanto materiales a ser utilizados como base de trabajo tienen, a la vez, la utilidad de recoger información que no aparecerá en otros textos y de alguna manera un cierto carácter de monografías, de allí la diversa extensión y tratamiento de los temas por los distintos autores(as). Sin embargo, pensamos que contienen información y análisis que pueden ser útiles a otros investigadores(as) interesados(as) en esta problemática.

Este proyecto, cuya idea inicial nos fue propuesta en 1989 por Marielle Pepin-Lehalleur, ha intentado pautar sus, por así llamarlas, etapas de reflexión y trabajo, con varias publicaciones. Algunas preocupaciones preliminares se plasmaron en el documento de 1990, *Pour l'étude du pouvoir local...*; posteriormente, publicamos en la revista *Estudios Sociológicos* cinco estudios "regionales" en donde se identificaban las diversas problemáticas estudiadas; en un tercer momento, entregamos este *Cuaderno* en el cual, de alguna manera y dentro de lo posible –no es nuestra intención borrar las disciplinas ni perder la riqueza de las distintas maneras de ver la realidad–, las monografías quieren homogeneizar los enfoques. Por último, estamos preparando –como dije antes– un libro que presentará el análisis comparativo de las problemáticas estudiadas en las cinco regiones. No son, sin embargo, las únicas publicaciones realizadas durante la investigación; en la bibliografía que figura al final de esta introducción se enlistan todos los textos realizados hasta el momento de escribir estas líneas.

A MANERA DE PRESENTACIÓN

Imaginemos que estamos en la parte central del Golfo de México; en la costa veracruzana, cerca de la desembocadura del río Bobos; miramos hacia el norte y frente a nosotros tenemos la gran llanura costera del golfo-norte, que llega hasta la frontera con Estados Unidos y aún más allá. Nuestra imaginación –y espero que la lectura de estas páginas– nos permitirá "ver" los cinco pequeños lugares del estudio; las regiones que hemos delimitado entretejiendo geografía, producción, demografía, política y poder.

Sus nombres son: Misantla-Martínez de la Torre; Álamo-Tuxpan, ambas en el estado de Veracruz; mientras en Tamaulipas están Altamira, El Mante y Comarca Santa Engracia. Veamos juntos, lector, de manera sucinta, cada una de ellas e intentaré explicar por qué y para qué las hemos elegido (o, en otras palabras, qué queremos conocer en esta investigación). Aprovecharé los materiales ya producidos por el equipo, además de auxiliarme con el conocimiento personal de las zonas, en las visitas de campo realizadas con todo o parte del grupo de investigadores.[1]

[1] Como decía en el cuerpo del artículo, véanse Odile Hoffmann, Jean-Yves Marchal, Marielle Pepin-Lehalleur y Marie-France Prévôt-Schapira, *Pour l'étude du pouvoir local dans le Golfe du Mexique*, París, junio de 1990 (mimeo.) y, de los mismos autores, a los que se agregan Arturo Alvarado y Nelson Minello, los artículos de la sección "Transformaciones de la vida rural y poder local" en *Estudios Sociológicos*, núm. 30, septiembre-diciembre de 1992. Por supuesto he utilizado ampliamente los mencionados textos, aunque toda la responsabilidad de los errores que contengan estas líneas es mía.

MAPA 1 **Tamaulipas y Veracruz. Ubicación de los estudios**

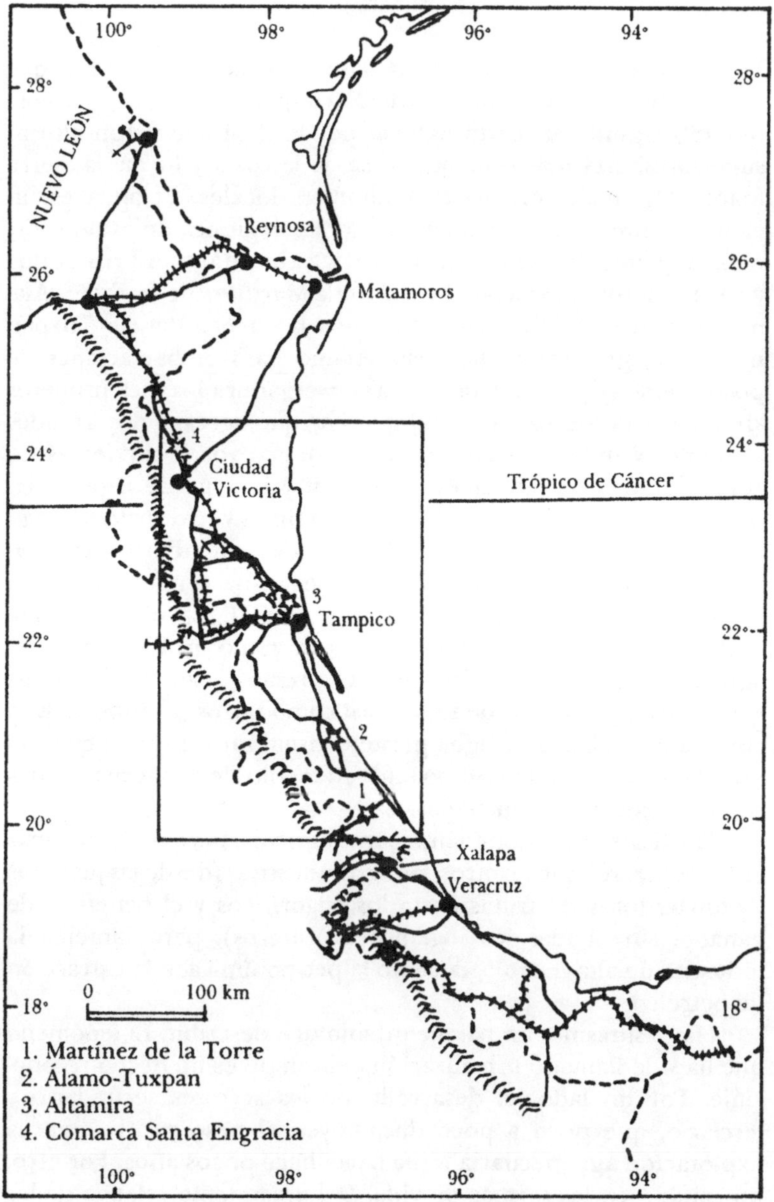

EL PAISAJE

Ya lo dije antes, estamos en una llanura costera, con alturas que van del nivel del mar a no más de 200 o quizás 300 metros; la cota de 500, seguida en corto espacio por la de 1 000 y aun alturas superiores, está más o menos cerca de la costa y forma la Sierra Madre Oriental, con diversos nombres locales. El agua es un elemento importante en este paisaje; las regiones de estudio tienen, en general, una red hidrográfica abundante. El río Bobos y sus numerosos afluentes en Misantla-Martínez de la Torre; Álamo-Tuxpan están situadas, ambas, en la cuenca del río Tuxpan navegable, prácticamente, hasta Álamo para embarcaciones de poco calado (y para barcos de más envergadura los diez primeros kilómetros desde su barra), al que hay que agregar dos grandes afluentes y un importante número de arroyos o corrientes de agua, algunas intermitentes; el Tamesí y la zona de lagunas en Altamira; el Guayalejo, sus afluentes y lagunas y su distrito de riego en la zona cañera de El Mante; los ríos Corona y Purificación en Comarca Santa Engracia, a los que llega una verdadera red de cursos de agua con mayor o menor caudal. La obra humana –además del ya mencionado distrito de riego en El Mante– ha agregado aquí, allá y acullá, varias presas y canales –algunos excavados a principios de siglo–, así como pozos profundos. Esta abundancia relativa de agua permite visualizar un vergel en cada uno de los lugares de estudio, aun en medio de zonas más áridas como el centro de Tamaulipas.

El paisaje es predominantemente agrícola, pero no faltan, más en unos lugares que en otros, las agroindustrias (desde las jugueras y empacadoras de frutas hasta los frigoríficos y el beneficio de ganado, sin olvidar los ingenios azucareros), pero también la industria de alta tecnología como la petroquímica, o la extracción de petróleo.

Hay, asimismo, un paisaje urbano que describir. El fenómeno que ha sido llamado urbanización del campo es un hecho reconocible. Por un lado, el desarrollo de los sectores secundario y terciario, que poco a poco disminuyen el peso relativo que la explotación agropecuaria tenía hasta hace pocos años. Por otro, un cambio en las formas de vida. Del aislamiento relativo de los campesinos se pasa a una aglomeración cada vez más ciudadana; de las formas de vida rurales –habitación sumaria, cultivo de huerto y crianza de animales al lado de la casa, por ejemplo, (cf. Pepin-Lehalleur y Prévôt-Schapira en este *Cuaderno*), producción de alimentos en la misma casa, etc.– al agrupamiento de viviendas en una zona que ya no es un caserío sino, con sus calles, banquetas, energía eléctrica, agua potable, las construcciones de la escuela primaria y secundaria, la proliferación de "misceláneas" o pequeños estanquillos, un panorama urbano. Quizás se mantiene el solar individual, pero sin los animales ni el huerto; se realiza la compra de alimentos industrializados en vez de producirlos en la unidad doméstica, etcétera.

El ejemplo más claro es Altamira, municipio todavía predominantemente agrícola pero que, por un lado, sufre la invasión de sus terrenos ejidales del sur por la expansión de la mancha urbana de Tampico-Ciudad Madero; estos terrenos se convierten primero en colonias urbanas, "de invasión", es decir precarias. Luego con servicios como energía eléctrica, agua potable, a veces pavimento y en menos ocasiones red de drenaje, pero también con la aparición del transporte colectivo, de talleres de servicios, de la conversión de la mano de obra campesina en servicios personales (limpieza, cocina, etc.), la instalación de un puerto de altura y la instalación en su territorio de industrias químicas, petroquímicas y una carboeléctrica, se transforma cada día el pequeño pueblo de Altamira en algo cercano a los suburbios de una gran ciudad (véase Pepin-Lehalleur y Prévôt-Schapira, 1992). Esta urbanización también es visible en, por ejemplo, Comarca Santa Engracia, donde el eje vial que va desde la carretera Ciudad Victoria-Monterrey hasta la sierra se convierte, entre Estación Santa Engracia y el viejo casco de la hacienda del mismo nombre, en un rosario de núcleos de casas ejidales –modernidad y pobreza en distintos grados al mismo tiempo– prácticamente sin solución de continuidad, creando algo así como una larga ciudad lineal espontánea –en el sentido de no planeada en gabinete–, de varios kilómetros de extensión (véase Pepin-Lehalleur, 1990b).

Fenómenos similares, aunque con intensidad menor pueden encontrarse en Álamo o en Martínez de la Torre y quizás en Tlapacoyan, sin dejar de lado el rápido crecimiento de los suburbios en El Mante.

LOS PRODUCTOS

La producción[2] en los cinco lugares escogidos es predominantemente agrícola, como señalé. Quizás conviniera hacer una primera división entre productos para el consumo personal y aquellos que son para el mercado. Entre los primeros, tenemos el maíz y el frijol que se cultivan prácticamente en todos los lugares de estudio; casi siempre en cantidad relativamente pequeña; la excepción se presenta en Misantla, que "se caracteriza por una fuerte proporción de superficies cultivadas con maíz, confirmando así su especificidad 'campesina' en la región" (Hoffmann: 44). Entre los segundos podemos encontrar también maíz y frijol, pero fundamentalmente café, ganado, cítricos, primicias en hortalizas y frutas, así como cultivos de algodón, soya y algo de sorgo. La combinación del tipo de producto y la superficie cultivada es variable en cada uno de los casos, debido a la propia historia económica del lugar. Café se produce sólo en la zona serrana de Misantla-Martínez de la Torre; cítricos –especialmente naranjas– en la zona mencionada, Álamo-Tuxpan y Comarca Santa Engracia; caña de azúcar en las dos regiones que tienen ingenios azucareros: Martínez de la Torre y El Mante; en este último lugar el perímetro irrigado, creado en 1976, ofrece cereales y oleaginosos invadidos cada vez más por el cultivo de hortalizas para la exportación, mientras en la zona temporalera encontramos granos básicos, ganado, tomate y fruta (mangos, aguacates) (Pepin-Lehalleur, 1990b); hortalizas (cebolla, tomate) y fruta (melón) fundamentalmente para la exportación, así como chile, y cultivos industriales (algodón, soya) en Altamira, donde también hay ganado. Este último es importante asimismo en Martínez de la Torre y Tuxpan. Encontramos plantaciones de plátano

[2] Buena parte de esta sección le debe mucho a los textos aparecidos en *Pour l'étude du pouvoir local dans le Golfe du Mexique*, 1990, en especial al de Pepin-Lehalleur, "Itinéraire d'approche à quatre terrains d'énquête et propositions pour une questionnement d'équipe".

en Martínez de la Torre (hacia San Rafael); cártamo y maíz (vendido como elote) en la zona temporalera de Altamira.

Aunque una parte relativamente importante está dedicada a la exportación, el grueso de la producción comercial se dirige hacia el consumo nacional. Así, los cítricos veracruzanos y buena parte de los tamaulipecos alimentan el Distrito Federal, Guadalajara, Monterrey y otros lugares. Ha habido intentos por exportar fruta fresca a Estados Unidos y a Alemania. Por supuesto la caña de azúcar es cautiva de los ingenios locales; con el ganado tuxpeño sucede que "nosotros nos reconvertimos al mercado nacional [...] Pero siempre nos queda la nostalgia de la exportación hacia Texas" –le dice un ganadero a Marchal (1992: 564)–; algo similar sucede con el criado en Martínez de la Torre, así como el de Altamira; hay que recordar que los ganaderos –esto es particularmente claro en Altamira y Tuxpan– utilizan técnicas modernas para mejorar la calidad del ganado –que incluyen hasta el implante de embriones finos en vacas corrientes– en una evidente vocación exportadora; cierta parte del ganado se dedica también a la producción de leche y subproductos, y la zona de Martínez de la Torre vende su producción a la trasnacional Nestlé.[3]

La transformación –en mayor o menor grado– de la producción agrícola está presente no sólo en los beneficios cafetaleros de Martínez de la Torre –uno de los cuales, en Tlapacoyan, llegó a colocar con éxito su propia marca en el mercado estadunidense– (sobre café véase Hoffmann, 1992), sino también en las empacadoras de cítricos –en Veracruz visitamos una que estaba empacando limones para Japón, a través de una firma estadunidense de San Francisco–, las jugueras, abundantes en Veracruz y presentes en

[3] Cada cultivo no es excluyente; esto cambia según los momentos históricos, y es un punto a considerar especialmente en el estudio comparativo. Hoffmann (1992) señala que un ejidatario de la zona de Martínez de la Torre hace cuatro años tenía 27 hectáreas de caña, mientras hoy tiene siete de plátano, cuatro de maíz "para el gasto", cuatro de potrero donde el ganado es la inversión que le permite tener liquidez inmediata (o casi) ante cualquier imprevisto, tres de naranja y nueve de caña para evitar perder los beneficios y créditos (cada vez menos, por cierto) vinculados con la condición de ejidatario cañero. En Santa Engracia, los Martínez, de viejo arraigo en la zona, tienen plantaciones de naranjas junto con una juguera, una gajera y otras empresas relacionadas.

menor número en Tamaulipas, que producen jugo concentrado e intentan colocar jugo fresco en el mercado estadunidense –y venden la cáscara de naranja como alimento para el ganado o, sobre todo las cercanas a Álamo, a la productora de pectina, de capitales suecos, instalada en esa localidad; la industrialización de los cítricos también se da en un cierto número de gajeras en Comarca Santa Engracia y Álamo. Asimismo hay que contar los ya citados ingenios, las despepitadoras de algodón y otras instalaciones industriales directamente ligadas al agro.

Junto con esto, como dije, encontramos la producción petrolera en Altamira –los campos Tamaulipas y Constitución– y, en menor escala, en Álamo; la producción química y petroquímica en Altamira –donde se instalan la Dupont y la Basf, entre otras (Pepin-Lehalleur y Prévôt-Schapira: 122)– y la producción de energía eléctrica en la carboeléctrica instalada en ese municipio.

En cuanto a la propiedad de la tierra,[4] como era de esperarse, en estas cinco regiones las ejidales alternan con las de "pequeña propiedad", en proporciones muy variables en cada zona. Así, en Altamira –datos de 1989– la superficie ejidal "suma poco más de 33 000 ha para 2 243 beneficiarios, mientras que los propietarios privados disponen de 89 000 ha" (Pepin-Lehalleur y Prévôt-Schapira, 1992: 587) y "El municipio de Álamo está marcado por el sello ejidal; no así el de Tuxpan, que continúa dependiendo de una tradición citadina, preocupada por los ranchos que la rodean" (Marchal, 1992: 570). Las cifras confirman esta imagen: en Álamo hay un total de 75 102 hectáreas ejidales contra 38 655 de propiedad no ejidal, mientras que en Tuxpan se encuentran bajo el régimen ejidal 42 075 ha y en el no ejidal 64 114 (cuadro 2 Veracruz Norte, Marchal, 1991). En los tres municipios de la región Martínez de la Torre "30 a 40% de las superficies municipales son hoy ejidales" (Hoffmann: 36) y el cuadro 7 de la misma autora muestra

[4] Esta división es anterior a las reformas al artículo 27 constitucional. Hasta el momento de escribir estas líneas no se ha conocido, públicamente al menos, una traslación de dominio de tierras ejidales a privadas. Sin embargo, en entrevistas realizadas por Alvarado y Minello, los funcionarios de la Liga Agraria de Tamaulipas hablaron de ventas a futuro –cuando estén delimitados los terrenos ejidales– que incluso se protocolizaban ante notario.

53 335 ha de tierras ejidales con 6 687 ejidatarios, mientras los rancheros y las familias de los antiguos hacendados mantienen la "pequeña propiedad" casi siempre como ganaderos. Los tres municipios de Comarca Santa Engracia –cuna del reparto agrario de Emilio Portes Gil y Marte R. Gómez en Tamaulipas (Alvarado, 1992; Pepin-Lehalleur, 1990)– son fundamentalmente ejidales –véase la mancha ejidal en el mapa A2, Alvarado y Minello: Anexo– pero también hay pequeña propiedad, casi siempre en manos de descendientes de los primeros hacendados de la zona.

Algunas reflexiones respecto a la población

Aunque no cuento con toda la información correspondiente a las cinco zonas en estudio, es posible señalar un aumento poblacional en todas ellas en los últimos años. Hoffmann señala que luego de un sensible aumento demográfico de la zona que estudia en la década de 1940 –cuando, entre otras circunstancias, se instala el ingenio en Martínez de la Torre–, esta localidad aumenta su población en 95%, Misantla en 52.7% y Tlapacoyan en 57.1 por ciento. En 1960 tenemos prácticamente el mismo número de habitantes en Martínez de la Torre y Misantla, pero a partir de esa década, Martínez comienza a concentrar la población de la región en estudio. De acuerdo con Hoffmann, ese crecimiento es debido más que nada a que el municipio se convirtió en un polo de atracción que recogió un fuerte porcentaje inmigratorio; en cambio, Misantla y Tlapacoyan siguieron una curva de crecimiento natural.

En 1990 encontramos dos dinámicas poblacionales. En los municipios de Tlapacoyan y Misantla la concentración se da en las cabeceras municipales y no hay otras localidades importantes; en cambio, en Martínez de la Torre cinco de sus pueblos tienen más de 2 500 habitantes, otro llega a los 5 000 e incluso uno más tiene 10 000 habitantes, a los que hay que agregar la conurbación Independencia-Martínez de la Torre, que sobrepasa las 35 000 personas (Hoffmann, 29).

En Álamo-Tuxpan la situación es más parecida a la dinámica poblacional nacional, que se duplica aproximadamente cada 20 años, pues entre 1921 y 1990, Álamo "multiplicó su población 8.6 veces" y en el mismo lapso "Tuxpan casi sextuplicó su población, necesitando 35 años (de los veinte a los cincuenta) para duplicar y en seguida sólo 20 para volverlo a repetir" (ambas citas en Palma y Marchal: 105).

La población del municipio de Altamira casi se triplicó después de 1970, y en 1990 más de dos tercios era urbana. Como se dijo, el fenómeno poblacional más importante es la conurbación con Tampico-Ciudad Madero, es decir,

> la aparición, en el sur del municipio, de un inmenso agrupamiento suburbano que con el nombre de Miramar comprende el fundo legal del ejido en sí mismo además de las antiguas localidades de La Ganadera, F. I. Madero, Monte Alto, Laguna de la Puerta, a las que se agregan otras que han mantenido su identidad administrativa como La Pedrera y F. Medrano. Con sus 34 260 habitantes, es decir más del 40% de la población del municipio, sobrepasa largamente a la cabecera (Pepin-Lehalleur y Prévôt-Schapira, 126).

El Mante también aumenta su población y en 1990 llega a 200 mil habitantes. "En siete años se pasó de 33 a 64 colonias, un crecimiento de 40% en población y de más de 100% en superficie" (Pepin-Lehalleur, 1990b).

A MODO DE CONCLUSIÓN

La comparación que he presentado, sucinta e incompleta, parece mostrar, sin embargo, ciertos fenómenos similares en las distintas zonas de estudio. Comienzo con el presentado en último lugar: el aumento de población. Pero, más que este aumento, natural por otra parte en cierto sentido, me interesa destacar que en todos los casos se da una concentración que propicia la aparición de pautas urbanas de vida, abandonando poco a poco las rurales. Por cierto, esto es más acentuado en unos casos que en otros, pero siempre está presente.

El segundo punto que me parece importante destacar, es la vocación de una producción comercial y no sólo eso, sino de una producción que quiere dedicarse, en su mayoría, al mercado de exportación (a pesar de las dificultades de comercialización, que no señalé en estas líneas pero que fueron visibles en las visitas de campo).

En tercer lugar, la crisis que afecta a los cultivos tradicionales —como la caña de azúcar y el café— y los intentos de transformación agrícola de los campesinos.

Por último, un aspecto metodológico: la creación de un equipo multidisciplinario (como disciplinas están presentes la antropología, la geografía, la sociología y la politología) ha mostrado una buena capacidad para explicar los cambios sociales y económicos que queremos estudiar.

RELACIÓN DE LOS TEXTOS ELABORADOS POR EL EQUIPO DE INVESTIGACIÓN

Almeida, Elsa (1992), "De unidades de paisaje a sistemas agrarios en la región de Martínez de la Torre-Misantla (Ver.)", análisis de imagen satélite SPOT, 8 pp. (mimeo.).

Alvarado, Arturo y Nelson Minello (1992), "Política y elecciones en Tamaulipas: la relación entre lo local y lo nacional", *Estudios Sociológicos*, núm. 30, septiembre-diciembre, pp. 619-650.

Hoffmann, Odile (1993), "Datos cartográficos y estadísticos sobre la región de Martínez de la Torre, Veracruz" (mimeo.).

—— (1992), "Renovación de los actores sociales en el campo: un ejemplo en el sector cafetalero de Veracruz", *Estudios Sociológicos*, núm. 30, septiembre-diciembre, pp. 523-554.

—— (1992), "La renovación de los actores sociales en el campo: un ejemplo en el sector cafetalero en Veracruz", 29 pp. (mimeo.).

—— (1991), La citricultura: datos y cifras para empezar, 13 pp. (mimeo.).

—— (1990), "Les transformations récentes autour de Misantla et Martínez de la Torre (Veracruz): exemple de recomposition régionale et thèmes d'analyse comparative", en VV.AA., *Pour l'étude du pouvoir local dans le Golfe du Mexique*.

—— y Emilia Velázquez (1992), "Sistemas de producción e historia: una propuesta para el análisis regional (Centro Veracruz, México)". Ponencia presentada al coloquio Sistemas de producción y desarrollo rural, 22-26 de junio.

Marchal, Jean-Yves (1993), "Álamo et Tuxpan (Veracruz). Louer, partager ou prendre la terre?", 17 pp. (mimeo.).

—— (1993), "Álamo (Veracruz), les champs du paradis: tabac, pouvoir d'État et leaders locaux", 6 pp. (mimeo.).

—— (1992), "Municipios vecinos, hermanos enemigos. Esbozo de dos desarrollos divergentes: Tuxpan y Álamo (Veracruz)", *Estudios Sociológicos,* núm. 30, septiembre-diciembre, pp. 555-581.

—— (1990), "Evaluer le territoire: l'entrée géographique" en VV.AA., *Pour l'étude du pouvoir local dans le Golfe du Mexique,* París, CNRS/ORSTOM.

—— y F. Luna Corona (1993), "L'éspace Álamo-Tuxpan (Veracruz)", 3 pp. + mapas (mimeo.).

Palma Grayeb, Rafael, Odile Hoffmann y Jean-Yves Marchal (1992), "Nord-Veracruz, éléments pour un inventaire cartographique", 4 pp. (mimeo.).

Pepin-Lehalleur, Marielle (1992), "Regiones y poder local en el Golfo de México. Los andamios de un programa de investigación", *Estudios Sociológicos,* núm. 30, septiembre-diciembre, pp. 517-522.

—— (1990), "Les echafaudages de la recherche: objets, temps et lieux" en VV.AA., *Pour l'étude du pouvoir local dans le Golfe du Mexique,* París, CNRS/ORSTOM.

—— (1990b), "Itinéraire d'approche à quatre terrains d'enquête et propositions pour un questionnement d'equipe", en VV.AA., *Pour l'étude du pouvoir local dans le Golfe du Mexique,* París, CNRS/ORSTOM.

—— y Marie-France Prévôt-Schapira (1992), "Cuclillos en un nido de gorrión: espacio municipal y poder local en Altamira, Tamaulipas", *Estudios Sociológicos,* núm. 30, septiembre-diciembre, pp. 583-618.

Prévôt-Schapira, Marie-France (1990), "Société locale et corporatisme dans la région de Tampico-Ciudad Madero", en VV.AA. *Pour l'étude du pouvoir local dans le Golfe du Mexique,* París, CNRS/ORSTOM.

LOS TERRITORIOS DETRÁS DE LOS SECTORES... ECONOMÍA Y POLÍTICA EN UNA REGIÓN AGRÍCOLA (MARTÍNEZ DE LA TORRE, VERACRUZ)

Odile Hoffmann
ORSTOM/*El Colegio de México*

Introducción

Localizar los centros de poder local actuales, anteriores, o que ahora están emergiendo, estudiar sus condiciones de existencia (alianzas, conflictos, rupturas), las circunstancias históricas de su origen o de su declinación, son los principales objetivos del análisis. Pero el interés del estudio está, sobre todo, en la contextualización geográfica de esas dinámicas social, económica y política. Se intenta ver de qué manera los diferentes sujetos, actores o grupos participan en la configuración regional, se inscriben o no en las lógicas espaciales, incluso territoriales, y cómo son manejadas, en el plano local, las interferencias entre las esferas de poder local y extralocal. Hablar de éstos, destaca el punto de vista adoptado, desde el lugar, el espacio de estudio, al mismo tiempo que deja abierta la definición de "no local" y no reduce el análisis a un problema local-central, o local-nacional.

Desde el principio, integra una problemática que conjunta los enfoques geográfico, social y político; en otras palabras, el espacio (los espacios) y sus autores-actores.

En la primera parte, esbozaremos un rápido cuadro de la región y sus principales desarrollos demográfico y económico después de la Revolución. En la segunda, el análisis se vuelca sobre las principales actividades agrícolas (caña de azúcar, ganado, cítricos) en los últimos años y en la actualidad, en un espacio restringido a los tres municipios del área de estudio. Los procesos de modernización impulsados en la nación repercuten en el plano local; ya sean aceptados, reformulados o rechazados, influyen siempre sobre las organizaciones local y regional. El análisis de los tres principales sectores de actividad intenta destacar las contradicciones, las rupturas, y descubrir los procesos que aseguran la permanencia o provocan la caída de las antiguas formas de negociación entre actores locales, regionales y nacionales. En la tercera parte, el análisis se extiende al conjunto de la vida política y social, para desentrañar los actuales procesos de transformación regional. La escritura será como una lanzadera de telar, en un vaivén entre temporalidades, actividades y grupos de actores sociales, pero se articulará alrededor de una pregunta central: ¿cómo funciona el espacio regional, cómo actúan los grupos locales, en constante interrelación con las fuerzas, por así decirlo, "exteriores"? La definición de esta exterioridad surgirá del análisis.

¿NACIMIENTO DE UNA REGIÓN O INDIVIDUALIZACIÓN DE NUEVOS ESPACIOS PRODUCTIVOS?

Para los espacios costeros veracruzanos a la altura de Martínez de la Torre (mapa 1), el siglo XIX fue un largo periodo en el cual tomó forma el espacio regional, hasta ese entonces poco organizado o estructurado de acuerdo con otros modelos, ahora superados. Las condiciones naturales se imponían una vez más para determinar las vías de acceso como, por ejemplo, el río Bobos y el puerto de Nautla (mapa 2), para expedir los productos de exportación, o trazar los caminos de mulas que atravesaban la sierra (mapa 3) a la altura de Misantla y Tlapacoyan para llegar, respectivamente, a Xalapa y Teziutlán, ciudades más alejadas. Los principales ejes de la organización espacial regional eran el control de tierras y su "valorización" de acuerdo con las normas "modernas" del momento. Haciendas y ranchos fueron las formas dominantes de explotación, y las actividades productivas, ya comerciales, en su mayoría se volcaron hacia la exportación (tabaco, maderas preciosas, vainilla, ganado). En 1882 se creó el municipio de Martínez de la Torre, dando a la región una nueva configuración político-administrativa, que conserva hasta nuestros días (mapa 4). La Revolución y luego la reforma agraria modificaron el panorama e impulsaron otros modelos de organización: los ejidos, y con ellos los ejidatarios, quienes junto con comerciantes, artesanos y obreros cañeros, convergieron hacia la formación de una sociedad rural más diversificada, donde la ciudad y las actividades urbanas se convirtieron en un punto de referencia regional. Estas transformaciones se lograron a partir de "negociaciones", conscientes o no, anunciadas o no, entre los diversos grupos locales y entre éstos y las instancias no regionales,

MAPA 1
La región de Martínez de la Torre-Misantla

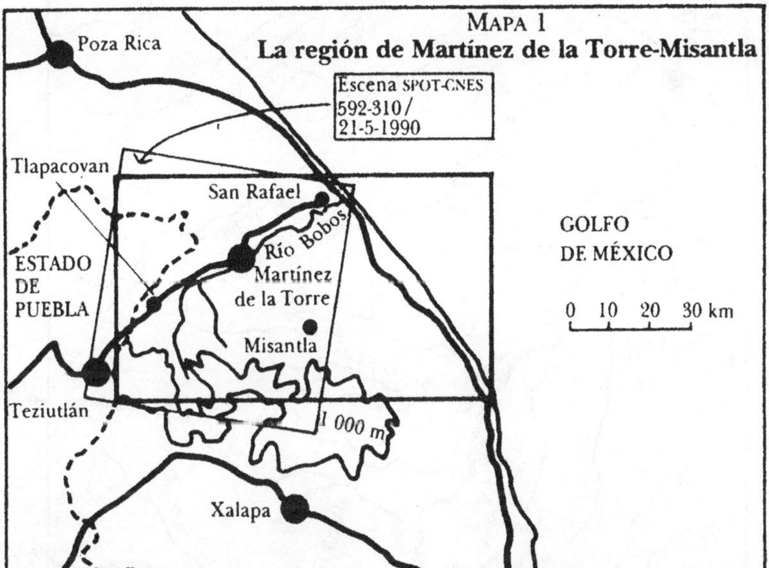

MAPA 2 **La cuenca del río Bobos, Veracruz**

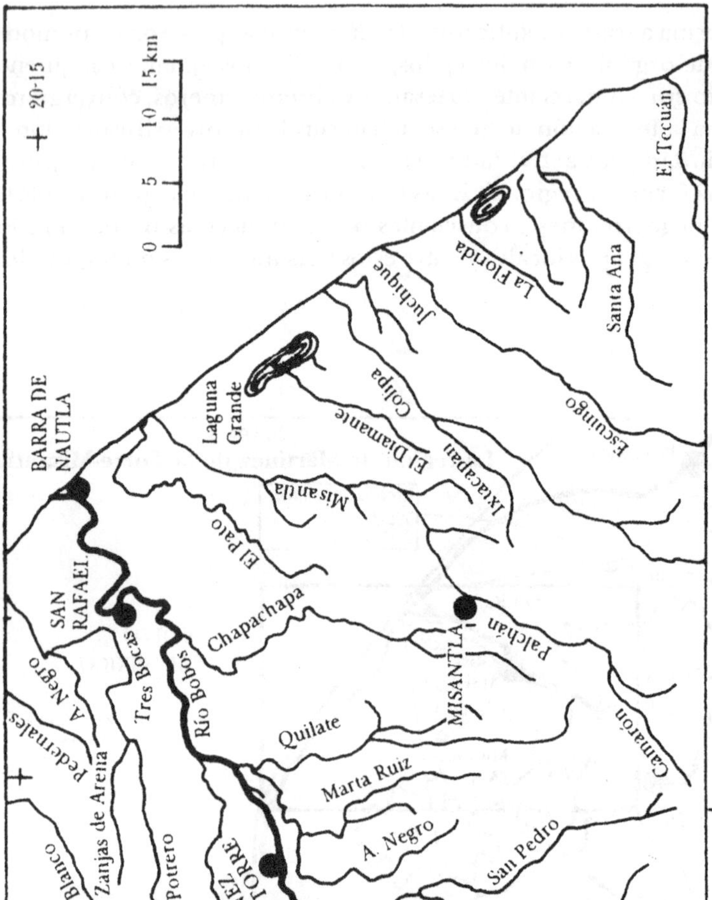

Fuente: mapas SPP a 1:50 000.

que con frecuencia representaron los intereses y objetivos del gobierno central. En un lapso de 100 años (en líneas generales, entre 1880 y 1980), aparecen o se derrumban instituciones (en el sentido de instituciones sociales) y con ellas ciertas formas de comprender y actuar sobre las dinámicas local y regional.

Población y territorio. Mirada sobre una (R)evolución

En 1920, con el alba de la reforma agraria, que se ponía en marcha en la región a fines de dicha década, las densidades poblacionales eran todavía bajas, sobre todo en la costa (Martínez de la Torre) donde no sobrepasaban los 12 habitantes por km^2. Esta subpoblación relativa de la llanura se mantendría aún después de la mitad del siglo. En cifras absolutas, la población de Martínez de la Torre sobrepasaba desde 1920 a la de Tlapacoyan, pero sólo desde 1950 a la de Misantla. Tenía una fuerte tasa de incremento anual (superior o cercana a 4% entre 1940 y 1980, con un pico de 7% en 1940-1950). En tanto, el municipio de Martínez de la Torre por sí solo alberga actualmente una población igual a la suma de los habitantes de los otros dos municipios, en una situación inversa a la de principios de siglo.

Sin embargo, a pesar de ese salto espectacular de los años cuarenta a cincuenta, la densidad de población del municipio de Martínez de la Torre era la más débil de las tres hasta la década de 1970 y aún ahora es inferior a la de Tlapacoyan, pueblo que aprovechó su ubicación en la ruta principal para desarrollar sus actividades comerciales.

El municipio de Martínez de la Torre creció a la vez en la ciudad y en los pueblos. El índice de concentración era relativamente débil hasta 1980 (inferior a 40% de población en la cabecera municipal), y el tamaño de las localidades rurales aumentó de manera extraordinaria a partir de 1960: de menos de 200 habitantes a más de 600 en 1970. Veinte años más tarde este municipio es el único que puede ostentar localidades rurales mayores de 2 500 habitantes: cinco pueblos pequeños de aproximadamente 2 500, uno de 5 000 y otro de 10 000, a los que hay que agregar la conurbación de Independencia-Martínez de la Torre, con más de 35 000 habitantes.

MAPA 3 **La caída de la Sierra Madre Oriental en la región de Martínez de la Torre-Misantla. Altimetría**

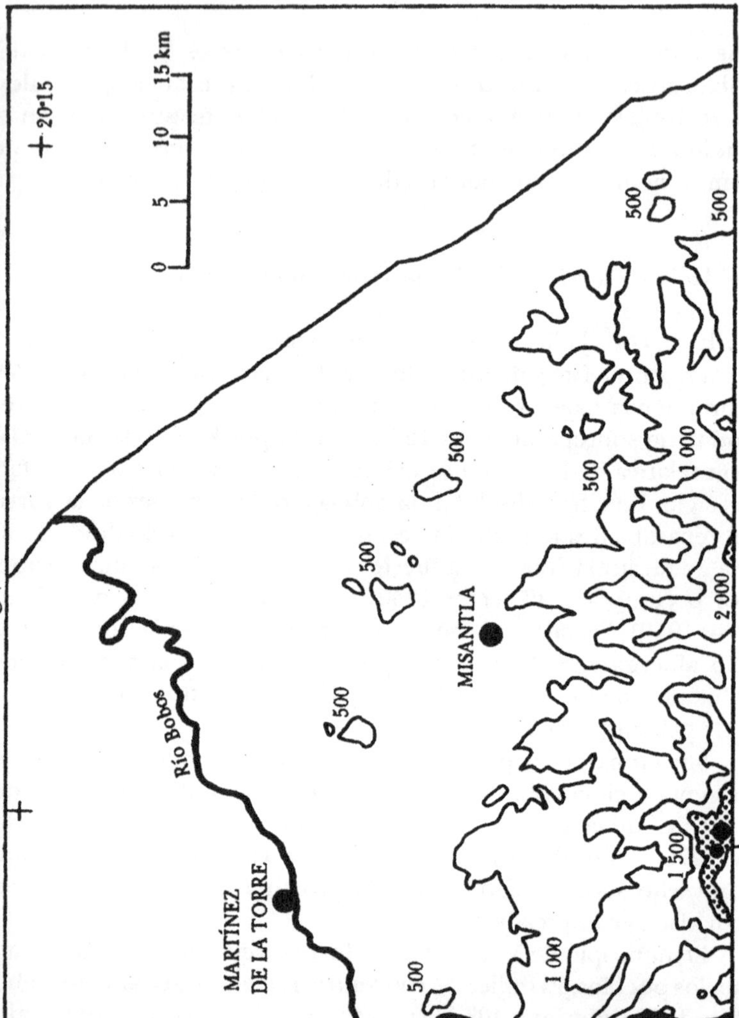

Fuente: mapas SPP a 1:250 000.

MAPA 4 Límites municipales, 1990

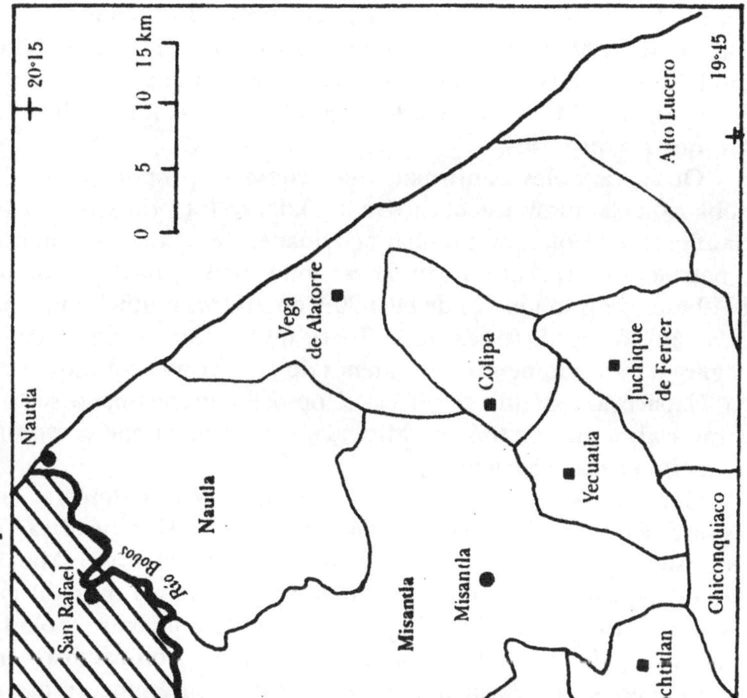

Fuente: mapas SPP a 1:250 000.

En cambio, fuera de sus respectivas cabeceras, los municipios de Tlapacoyan y Misantla no tienen localidades importantes. Son dos modelos de poblamiento que se distinguen en el transcurso de los años; el de Martínez de la Torre es, claramente, más "urbanizado" que los otros dos.

Otras variables confirman esto, como la proporción de la población económicamente activa (PEA) del sector primario –esencialmente agrícola, pues no hay actividades de extracción minera o petrolera–, en relación con la PEA total (véase gráfica 1). Si en 1940 esta proporción era de 80 a 90% en los tres municipios, baja más rápido en Martínez de la Torre que en sus vecinos, para llegar en estos momentos a ser menor de 40%, contra cerca de 50% en Tlapacoyan (donde se refleja el peso del mencionado sector comercial) y más de 60% en Misantla, que se mantiene como un municipio rural y agrícola.

Curiosamente, estas dinámicas son difíciles de detectar en las pirámides de edad de los tres municipios para 1990 (gráfica 2). Es posible ver con claridad la transición demográfica en Martínez de la Torre, iniciada diez años atrás, pero es más difícil reconocer los periodos de inmigración de la población. Sólo la amplia base de los 10-20 años indica una población dinámica y en crecimiento; la regularidad de los bordes de la pirámide, frecuentemente más delgados, muestra una alta proporción de adultos. Es posible ver, sin embargo, un estrechamiento entre los 20 y 25 años en los hombres y entre los 25 y 30 en las mujeres. ¿Significa expulsión o menor llegada de migrantes? Las pirámides de edad de Tlapacoyan y Misantla, relativamente similares entre sí, son características de poblaciones menos dinámicas desde un punto de vista demográfico: más afiladas, base estrecha, transición demográfica reciente y todavía incipiente. Pero pueden verse desfases en Misantla para hombres y mujeres mayores de 25 años y también para hombres mayores de 35, lo que no se encuentra en la pirámide de Tlapacoyan o, en todo caso, se aprecia de manera menos pronunciada.

En cambio, la región parece compartir otras evoluciones: la disminución progresiva y continua, más marcada entre 1940 y 1950 primero y entre 1970 y 1980 después, de la proporción de la PEA masculina en relación con la PEA total: en todos los casos las mujeres

GRÁFICA 1
Martínez de la Torre, Misantla y Tlapacoyan
Porcentaje de la PEA primaria en relación con la PEA total, 1940-1990

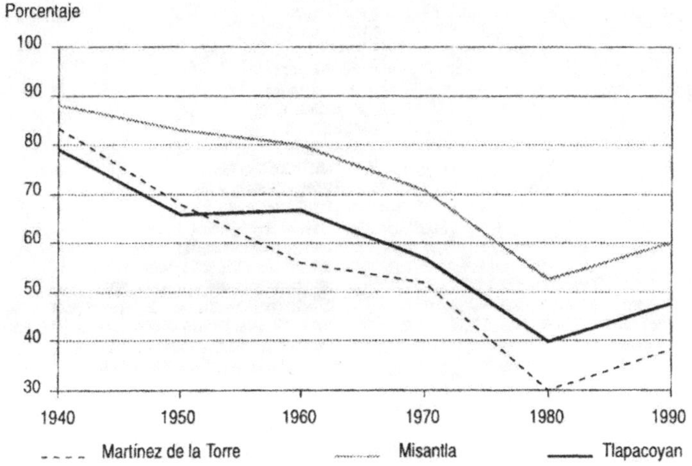

Porcentaje de la PEA masculina en relación con la PEA total, 1930-1990

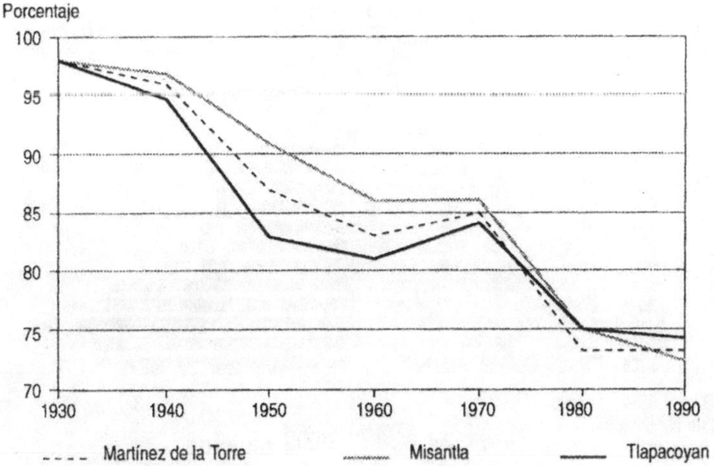

Fuente: Censos nacionales.

GRÁFICA 2
Pirámide de edades
Martínez de la Torre, 1990

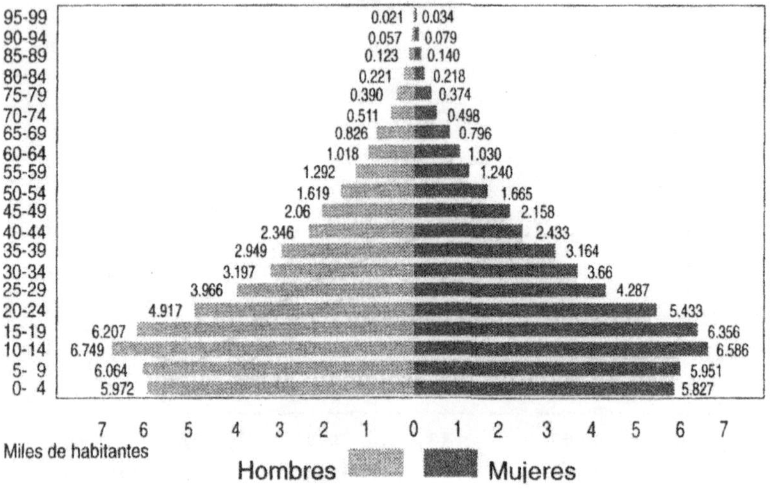

Misantla, 1990

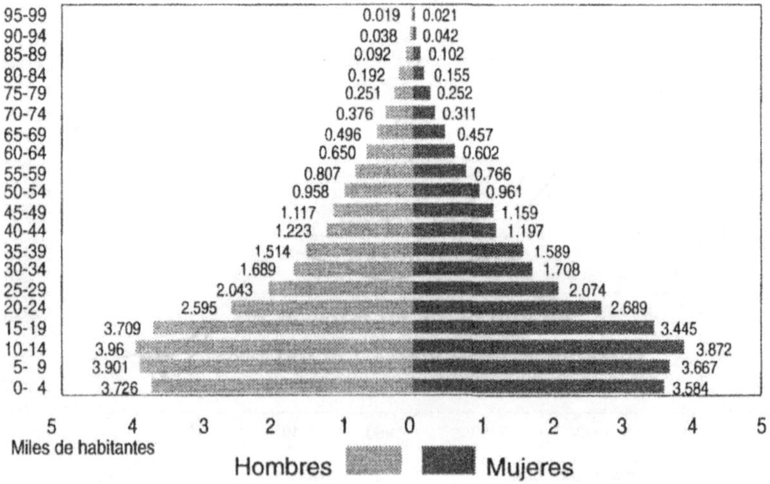

Tlapacoyan, 1990

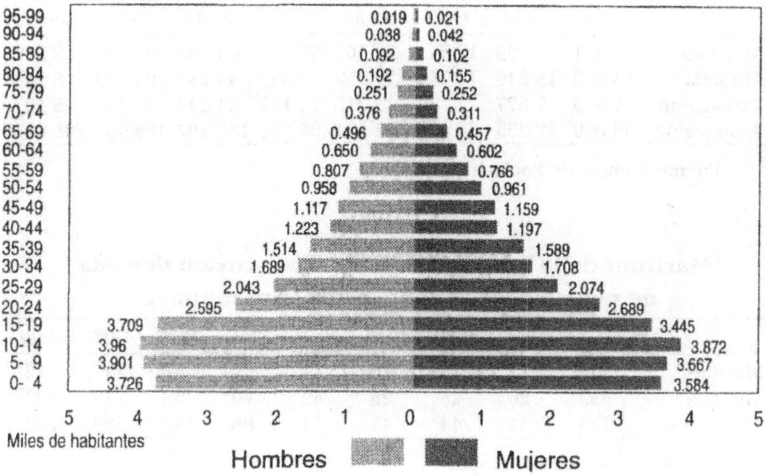

Fuente: Censos de población.

constituyen ahora cerca de un cuarto de la población oficialmente considerada como "activa".

Aunque las cifras dejan mucho que desear, no es menos evidente que el periodo 1950-1970 significa para esta región costera un notable vuelco demográfico. El orden de las prioridades entre los municipios se modifica en el conjunto de las variables. Martínez de la Torre se afirma a la vez como polo urbano, con actividades diversificadas, población numerosa y en crecimiento, y como un espacio entretejido de localidades agrícolas y rurales importantes, frente a Tlapacoyan –volcado, en lo fundamental, hacia su cabecera y las actividades terciarias– y Misantla –que parece estancarse y permanecer básicamente rural. Estos cambios demográficos están vinculados con las profundas transformaciones que sufre la región en esta época y que se refieren, en lo primordial, a dos "acontecimientos": el reparto agrario y las modificaciones en las infraestructuras agroindustrial y de comunicación.

Cuadro 1
Martínez, Misantla y Tlapacoyan: población total por municipio

	1920	*1930*	*1940*	*1950*	*1960*	*1970*	*1980*	*1990*
Martínez	9 291	10 259	12 597	24 567	37 111	64 180	93 796	102 272
Misantla	13 956	15 019	14 764	25 552	37 302	44 283	63 175	58 144
Tlapacoyan	7 353	7 677	7 775	12 215	15 161	24 034	32 483	45 407
Total región	30 600	32 955	35 136	62 334	89 574	132 497	189 454	205 823

Fuente: Censos de Población.

Cuadro 2
Martínez de la Torre, Misantla y Tlapacoyan: densidad de población (habitantes/km^2) por municipio

	km^2	*1920*	*1930*	*1940*	*1950*	*1960*	*1970*	*1980*	*1990*
Martínez	776	12	13	16	32	48	83	121	132
Misantla	533	26	28	28	42	70	83	118	109
Tlapacoyan	173	43	44	45	71	88	139	188	263

Fuente: Censos de Población.

El reparto agrario

Para situar los tres municipios que nos interesan en su contexto regional, es necesario lanzar una mirada retrospectiva y retomar un marco espacial más amplio, que comprende el conjunto de los municipios de la costa y del pie de la sierra. Las primeras dotaciones, entre 1920 y 1930, se concentraron en la sierra. Se trataba de responder a las reivindicaciones "urgentes", en una zona caracterizada por un minifundismo generalizado y una fuerte presión demográfica, como se vio. Sin embargo, las superficies dotadas fueron muy reducidas y fragmentadas, porque no había grandes extensiones afectables. En efecto, las grandes haciendas eran escasas en esa zona montañosa y muchos ejidos fueron constituidos a partir de pequeñas superficies pertenecientes "a la nación". Desde 1930 hasta 1980, en cambio, la costa tuvo la primacía, con dotaciones mucho más importantes. Los mapas 5 y 6 confirman esta evidencia: la dotación agraria "espectacular" alrededor de Martínez de la Torre es proporcional a la concentración anterior de tierras en manos de algunos hacendados y rancheros. Los ejidos

MAPA 5 **Los ejidos en la región de Martínez de la Torre, Veracruz**

Área no cartografiada.

Fuentes: SIG Veracruz, ORSTOM-INEGI.

MAPA 6 **Los propietarios afectados por la reforma agraria por más de 1 000 ha en la región**

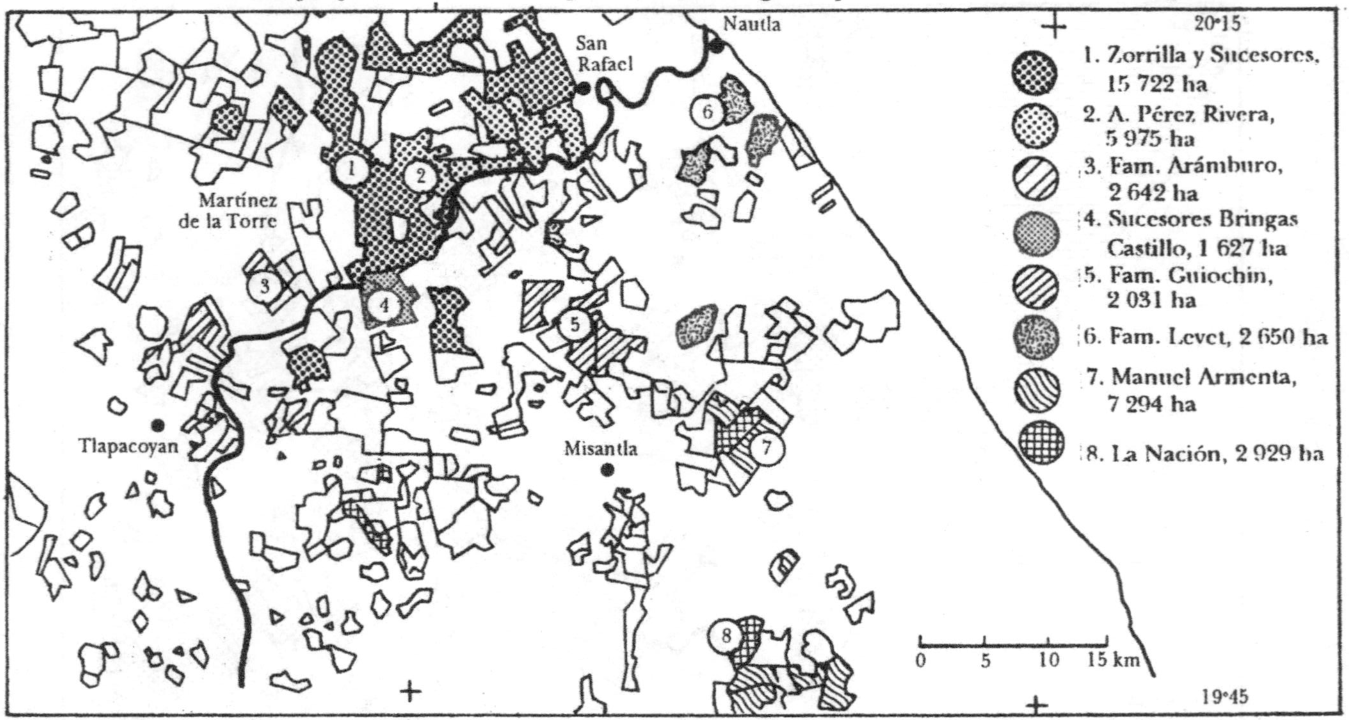

Fuente: Cambrezy, 1988.

actuales están situados en la llanura, alrededor del río Bobos y sus afluentes, sobre las buenas tierras antaño explotadas por las haciendas. Los sitios "vacíos de ejidos" que aparecen en el mapa, corresponden en general a espacios donde en otras épocas no hubo grandes haciendas (como alrededor de San Rafael), a las zonas serranas donde ya vimos que había pocas superficies legalmente afectables y a las áreas ganaderas. En este último caso, las densidades de población y la presión sobre la tierra eran pocas: escasos pueblos, población reducida; los solicitantes no podían argüir que residían dentro del radio legal de siete kilómetros. Por su parte, los ganaderos podían conservar legítimamente las tierras necesarias para mantener un hato de 500 cabezas, es decir, 500 y aun 1 000 hectáreas si se seguían las recomendaciones de la Comisión Técnica de Coeficiente de Agostadero, Cotecoca (dos hectáreas por cabeza de ganado en Nautla y Vega de Alatorre).

El relativo retardo en la puesta en marcha de la reforma agraria en la zona costera en relación con la sierra o aun con otras regiones del país, se explica por la ausencia de una fuerte presión demográfica sobre la tierra al comienzo del reparto agrario. Las primeras solicitudes (véase gráfica 3) hacia finales de los años veinte y, sobre todo, entre 1930 y 1940, coinciden con la política agraria del gobierno estatal (Tejeda) y luego del federal (Cárdenas) y se satisfacen con rapidez en 70% de los casos. Entre 1920 y 1940 se hicieron 115 solicitudes y *sólo* fueron rechazadas 34 dotaciones o ampliaciones, en los municipios de Martínez de la Torre, Misantla y Tlapacoyan (Comisión Agraria Mixta, Veracruz –CAMV–). Pasada "esta década gloriosa" las solicitudes disminuyen a la mitad y se estabilizan alrededor de una treintena por década. Las dotaciones, en cambio, caen bruscamente y tienen un techo de alrededor de unas diez por década hasta 1970, y menos aún en años posteriores (véase cuadro 3).

La presión, sin embargo, se mantiene constante hasta los ochenta, como señalan las curvas que muestran, en los tres municipios, el número de solicitudes aceptadas o rechazadas por decenio. De cualquier manera, y si sólo se tienen en cuenta las resoluciones presidenciales favorables, el reparto agrario alcanzó proporciones importantes: 30 a 40% de las superficies municipales son actualmente ejidales, un tercio de localidades albergan un

GRÁFICA 3

Martínez de la Torre, Misantla y Tlapacoyan
Dotaciones y ampliaciones otorgadas.
(Número de acciones y fechas de solicitud)

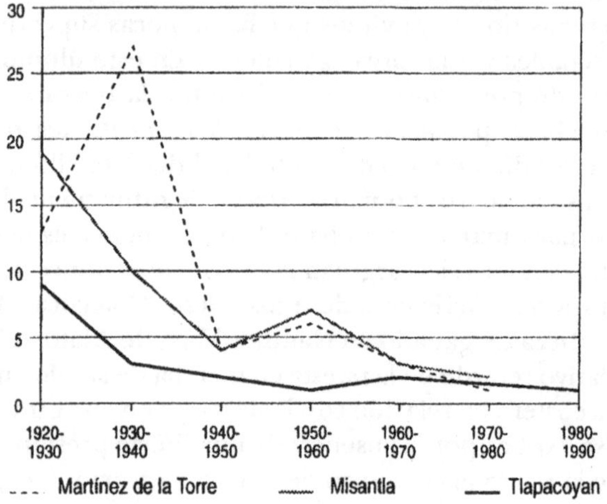

(Número de acciones y fechas de resolución)

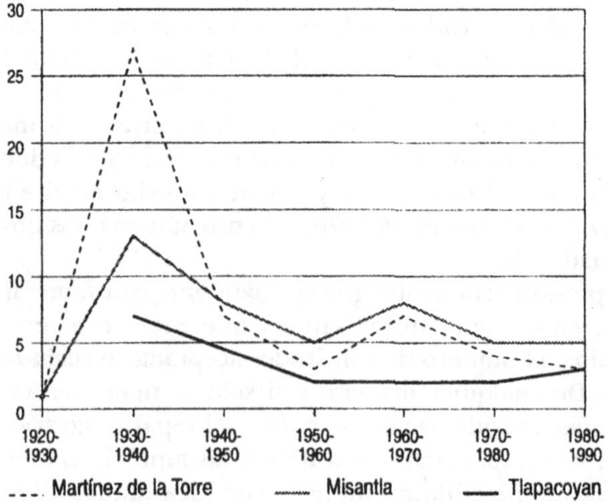

Dotaciones y ampliaciones negadas.
(Número de acciones y fechas de solicitud)

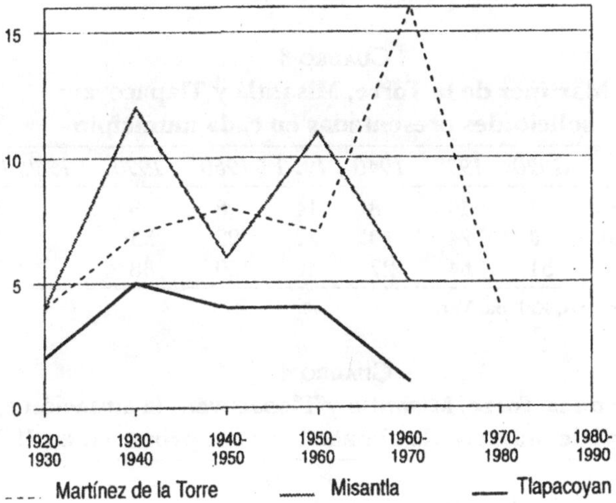

(Número de acciones y fechas de resolución)

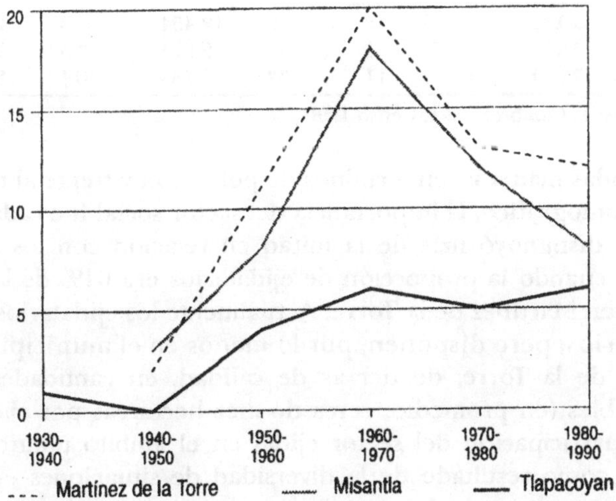

Fuente: CAM, Jalapa.

nudo de población ejidal y cerca de un cuarto de la PEA agrícola surge del sector social (véase cuadro 4).

CUADRO 3
Martínez de la Torre, Misantla y Tlapacoyan: solicitudes presentadas en cada municipio

	1920	*1930*	*1940*	*1950*	*1960*	*1970*	*1980/1989*
Aceptadas	41	40	8	14	8	3	2
Rechazadas	10	24	19	22	22	35	5
Total	51	64	27	36	30	38	7

Fuente: CAM, Xalapa, Ver.

CUADRO 4
Martínez de la Torre, Misantla y Tlapacoyan: la situación ejidal (superficie, número de ejidatarios y PEA primaria) en 1990

	Ha ejidales	*Porcentaje sobre superficie municipio*	*Número de ejidos*	*Porcentaje de ejidos sobre número de localidades*	*PEA Sector I*	*Número de ejidatarios*	*Ejidatarios sobre PEA I*
Martínez	30 172	39	38	36	12 454	3 150	25.3
Misantla	16 113	30	31	32	9 974	2 223	22.3
Tlapacoyan	7 050	41	11	32	6 183	1 314	21.2

Fuentes: L. Cambrezy, SRA, Censo 1990.

De todas maneras, en términos de población y frente al crecimiento demográfico, la importancia del sector social fue cada vez menor, y disminuyó más de la mitad en relación con los años cuarenta, cuando la proporción de ejidatarios era 61% de la PEA primaria en Martínez de la Torre. Actualmente los ejidatarios son minoritarios, pero disponen, por lo menos en el municipio de Martínez de la Torre, de tierras de calidad, en cantidades no despreciables (en promedio, cerca de diez hectáreas por ejidatario). La participación del sector ejidal en el ámbito político es desigual, como resultado de la diversidad de situaciones en las cuales fueron otorgadas las dotaciones.

El contexto regional de las dotaciones

Con las primeras asignaciones de tierra, el gobierno federal, a cuyo frente estaba Manuel Ávila Camacho, puso en marcha un verdadero plan de desarrollo regional. Consistió en la creación de un polo agroindustrial, sin llamarlo así, con un ingenio azucarero, La Independencia, situado frente a la ciudad de Martínez de la Torre y en la ribera opuesta del río (1946-1948), y en el año de 1946 la construcción de la carretera Nautla-Teziutlán que rompe, de una vez por todas, con el enclaustramiento de la región. La instalación en 1958 de un segundo ingenio, La Libertad, en el municipio de Misantla, confirmó la voluntad estatal y federal de convertir a la región en un polo azucarero de primera magnitud: en su mejor época, más de 16 000 hectáreas de caña de azúcar, plantada en su mayoría en terrenos ejidales. Junto con las dotaciones, los primeros ejidatarios se convierten en cañeros y aseguran el abastecimiento del ingenio, mientras el pueblo de Martínez de la Torre se enriquece con pequeños talleres, comercios y servicios diversos para responder a la demanda creciente de los obreros, empleados y agricultores de la caña de azúcar.

Los primeros ejidatarios no tuvieron que luchar por la tierra. El gobierno la otorgaba y les proponía una opción de producción, al mismo tiempo que aseguraba la venta y facilitaba los medios de producción, dentro de un encuadre afín que aseguraba ciertos privilegios financieros y políticos. Estos primeros beneficiarios constituyen de hecho un fiel sector de apoyo al sistema político y a sus instancias local, regional y nacional (Confederación Nacional Campesina, CNC; Liga de Comunidades Agrarias, LCA; Comité Regional Campesino, CRC). Atraídos por el desarrollo regional, numerosos inmigrantes acudieron, tanto para el trabajo estacional durante la cosecha de la caña, como para instalarse y montar un negocio. Martínez de la Torre conoció entonces sus más fuertes tasas de crecimiento anuales (cerca de 7% entre 1940 y 1950). La población "flotante" —obreros agrícolas que buscan un patrón, artesanos urbanos, empleados temporales— estaba lista para instalarse tan pronto obtuviera una parcela, y constituía una enorme reserva de solicitantes de tierras. Los comerciantes y otros "profesionales" —que veían ante sí la posibilidad de aumentar su patrimonio y de explotar esas tierras– también estaban interesados en una eventual dotación. Pero éstos prefirieron adquirir sus derechos a los ejidatarios ya dotados, y se integraron así al sector social sin haber participado en las movilizaciones agrarias, que sí las hubo.

Durante la década de 1970 la agitación se extendió hacia Tlapacoyan y Martínez de la Torre, a partir de un foco inicial en la sierra, desatado por la Unión Campesina Independiente (UCI), una organización radical. Luego de una fuerte represión, el Estado intentó retomar el control y concedió muchas dotaciones, al mismo tiempo que propició la creación o el apoyo a organizaciones "concurrentes" (Ramos García y Magnon Basnier, 1984). Así nació la Unión de Ejidos José Cardel, afiliada a la CNC; así también se creó Antorcha Campesina, que ya no abandonaría la región. Al mismo tiempo, los conflictos cañeros que estallaron en todo el país tomaron en la localidad la forma de una profunda reivindicación agraria, con una movilización campesina y el surgimiento de líderes locales que no dudaron en enfrentar a los propietarios de tierras (conflicto de La Palmilla, cerca de Tlapacoyan en 1975, del cual resultaron varios muertos). Algunos invocaban su pertenencia a la Central Campesina Independiente (CCI), otros se integraron a la CNC, sin que en realidad se definieran las posiciones. Por último, las alianzas en los planos estatal y federal pusieron punto final a esta época agitada, al igual que algunas dotaciones concedidas sobre tierras nacionales, las expropiedades de Manuel Ávila Camacho (La Soledad).

En los años ochenta, una tercera ola de movilizaciones fue promovida, por un lado, por Antorcha Campesina y, por otro, por el Movimiento Nacional de los Cuatrocientos Pueblos (MNCP). Plantea demandas muy confusas, surgidas de campesinos e hijos de ejidatarios locales, pero que incluían a una masa de militantes que habían venido a "apoyar el movimiento" y, eventualmente, aprovechar su éxito. Las dos organizaciones funcionaron como grupos de choque, con prácticas violentas, y con alianzas políticas inciertas y fluctuantes. Afiliados al Partido Revolucionario Institucional (PRI) un día, al otro estaban en la oposición para volver a aquél posteriormente, jugando con los conflictos internos y las rivalidades entre las fracciones de dicho partido, entre las instancias federal y estatal, entre el gobierno y sus aliados tradicionales como, por ejemplo, los ganaderos (Hoffmann y Skerritt, 1991), entre el PRI y la oposición oficial, etc. Lo cierto es que no dudaron en efectuar invasiones de tierras, algunas violentas (como sucedió en La Soledad en 1989), y que muchas veces se salieron con la suya, por lo menos hasta diciembre de 1991, apenas pocos días antes del anuncio de las reformas al artículo 27 constitucional. Muy desacreditadas por sus maniobras provocadoras, ambas organizaciones tenían, de hecho, una débil y muy frágil penetración local y su capacidad de movilización dependía en exclusiva de éxitos repetidos y tangibles. Los pocos militantes locales veían en ellas su última oportunidad, conscientes de ser manipulados en nombre de intereses "superiores", pero las miraban como la única alternativa ante la inercia de la CNC y otras organizaciones como la CCI. Desde el encarcelamiento de su fundador –César del Ángel– y de varios de sus dirigentes en 1991, el MNCP perdió toda presencia. Con la subsiguiente reforma legislativa, también Antorcha Campesina desapareció del escenario regional.

Tres épocas, tres generaciones de ejidatarios; en cada situación las relaciones entre los solicitantes de tierra, las organizaciones mediadoras y el Estado fueron diferentes, y dependían, en primer lugar y de manera casi exclusiva, de las coyunturas políticas nacionales del periodo en cuestión. Respaldadas en los años cuarenta, concedidas en la década de los setenta y manipuladas en los ochenta, las dotaciones pocas veces fueron resultado del esfuerzo de los actores locales y todavía menos de los campesinos. El periodo de grandes movilizaciones en los setenta, por ejemplo, se deriva de arreglos entre diversas cúpulas sindicales en pugna por controlar la CNC, durante el régimen de Echeverría (véase *infra*).

Esta fragmentación del mundo ejidal refleja la diversidad de opiniones en cuanto al lugar que debe ocupar y ocupa el sector social en el complejo político regional, y sus relaciones con las instancias de poder. Los primeros ejidatarios fueron moldeados dentro de la matriz corporativista sin mayor bulla, ocuparon los primeros lugares y aseguraron sus espaldas mediante los clásicos métodos de clientelismo, particularmente favorecidos por el sistema azucarero. En cambio, los líderes surgidos en los años setenta tienen una concepción mucho más agresiva de su papel: "vanguardia campesina y agrarista"; reproducen un discurso "revolucionario" y pretenden vender cara su capacidad de movilización, sobre todo ahora que el sistema les vuelve la espalda. Además, con frecuencia diversificaron sus actividades y son hoy prósperos citricultores, situación que reivindican para abrir nuevos frentes de lucha sobre el acceso al crédito, a la asistencia técnica y a las redes de comercialización. El reparto agrario ha concluido, pero continúa la lucha por el control del poder sindical. En lo sucesivo, pretenderán avanzar a partir del control de los sectores de actividad. La tierra ya no es el centro del debate[1] y cede su lugar a las fuerzas del mercado, a sus productos y a la comercialización y, por lo mismo, tiende a disolverse la separación entre ejidatarios y "pequeños propietarios".

Actividades y espacios agrícolas

Las dotaciones agrarias, por importantes que fueran, no afectaron sino cerca de la mitad de la superficie agrícola y a un cuarto de los productores. ¿Quiénes son los propietarios? En Martínez de la Torre los antiguos hacendados se marcharon o fraccionaron sus posesiones; los rancheros, en cambio, permanecieron en el lugar, junto con algunos campesinos que estaban allí desde antes de la reforma agraria, pero sobre todo, junto con agricultores y ganaderos venidos de fuera –por lo general de Teziutlán o del centro del país– que, poco a poco, habían invertido en ranchos medianos. En los municipios de Misantla y Tlapacoyan, poblados y explotados desde tiempo atrás, los campesinos integran la mayoría de la población, aunque por la superficie ocupada, los rancheros y los propietarios medios controlen el espacio municipal. La estructura parcelaria, tal como aparece en el censo agrícola de 1970, ilustra esas diferencias (véase gráfica 4).

Es posible ver en Martínez de la Torre un absoluto dominio, en términos de superficie ocupada, de predios con más de 200 hectá-

[1] Para las capas dirigentes. Los conflictos relacionados con la tierra no han desaparecido y corren el riesgo de agravarse con la aplicación de la reforma del artículo 27. En los periódicos locales siguen apareciendo las denuncias y los campesinos que aún no han recibido su dotación continúan esperando.

GRÁFICA 4
Municipios de Misantla y Tlapacoyan.
Estructura Predial, Censo de 1970.
Misantla, superficie por rango (hectáreas)

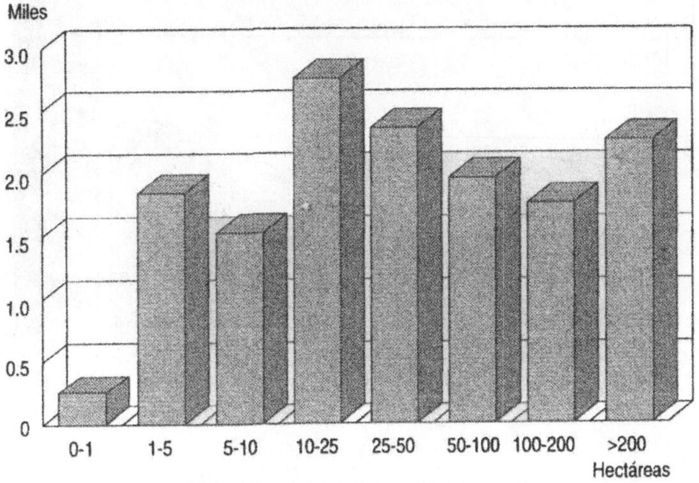

Misantla, número de predios

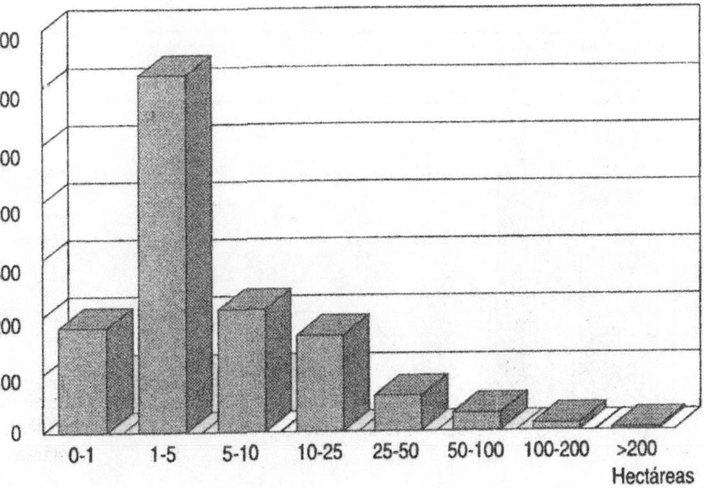

Tlapacoyan, superficie por rango (hectáreas)

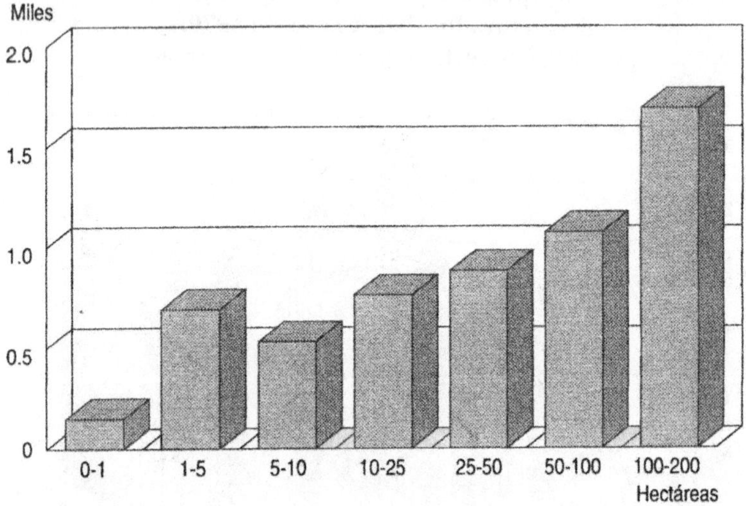

Tlapacoyan, número de predios

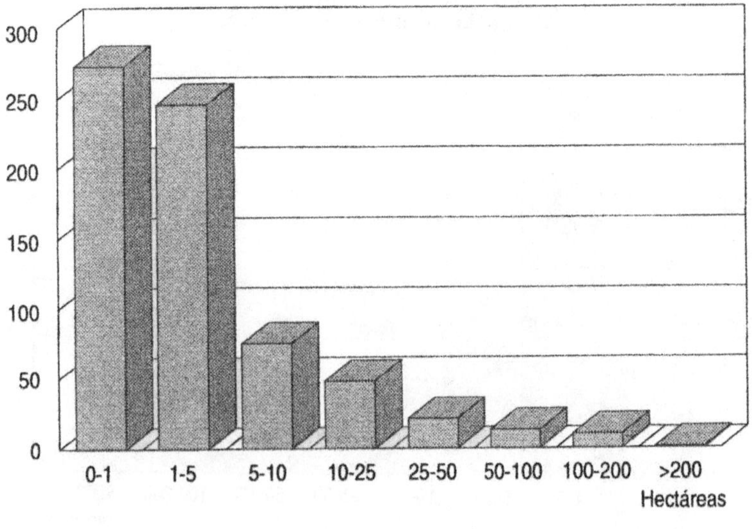

reas y una casi total ausencia de minifundistas y pequeños propietarios con menos de cinco hectáreas. Es como si los rancheros, medianos y grandes, se hubieran repartido el espacio, dejando fuera a los más pequeños y respetando a los latifundistas ya existentes. Estos rancheros llegaron en los años cincuenta, con el desarrollo de la ciudad. Habían comprado las tierras a los herederos de los antiguos hacendados –que se sentían amenazados por las afectaciones– para establecer cultivos o actividades comerciales rentables, en especial la ganadería y los cítricos. Son ellos quienes retoman una antigua tradición de Tlapacoyan y la adaptan a Martínez de la Torre, innovando especialmente la generalización del injerto sobre pie de naranja agria, muy bien adaptado a la región. La estructura parcelaria de Misantla tiene menos contrastes en la superficie total de los predios, pero presenta una clara asimetría por la cantidad de pequeñas parcelas de una a cinco hectáreas. Estos campesinos, numéricamente mayoritarios, ocupan un espacio casi igual al de los terrenos mayores: 5-10, 10-25, 25-50, 50-100 y 100-200 hectáreas. Menos numerosos, los rancheros controlan la mayor parte del espacio como propietarios, sin que aparezcan grandes terratenientes. También en Tlapacoyan los latifundistas parecen no existir, pero el peso de los pequeños propietarios, de una a cinco ha, es menor que en Misantla. En cambio, la categoría de minifundistas, con menos de una hectárea, alcanza aquí una proporción mayor, y el perfil del histograma tiende a ser simétrico: los minifundistas son los más numerosos y los rancheros los más importantes en cuanto a la superficie apropiada.

Tales diferencias en las estructuras parcelarias reflejan la historia del poblamiento y del control del espacio municipal. De vieja data en el pie de la sierra, la diferenciación territorial es muy marcada entre "pequeños y grandes", pero limita los fenómenos de acaparamiento o monopolización. En la costa, en cambio, los procesos son más recientes y todavía no han dado lugar a un incremento en el fraccionamiento de las propiedades entre los minifundistas, pero tampoco han provocado la división de las grandes propiedades. Estas diferentes formas de distribución del espacio se traducen, de la misma manera, en las modalidades de ocupación y uso del suelo.

El censo agrícola de 1970 proporcionó datos sobre las superficies ocupadas por los principales cultivos (caña de azúcar, maíz, café, naranja) en el conjunto del espacio cultivado, en ejido y en propiedad privada, por municipio (véase gráfica 5). En Martínez de la Torre, donde el café tiene condiciones ecológicas poco propicias, la caña de azúcar, el maíz y la naranja se reparten casi en partes iguales el espacio cultivado. Si se recuerda que la mayor parte de los ejidatarios son "cañeros y maiceros", es posible deducir que la mayoría de los propietarios privados son productores de naranja. Sin embargo, este razonamiento resulta un tanto sesgado, porque no se tomó en cuenta la superficie dedicada a la ganadería, que está fundamentalmente en manos de propietarios privados. Misantla se caracteriza por una gran proporción de tierras cultivadas con maíz, confirmando una vez más su especificidad "campesina" en la región. En Tlapacoyan, por último, las plantaciones de naranja se extienden en más de 50% de la superficie cultivada, y el café, aunque se encuentra en su medio ecológico, ocupa una extensión apenas un poco mayor que la del maíz. Desde 1970, la producción de cítricos no es despreciable en la región, y parece ser sobre todo la obra de medianos y grandes propietarios de Tlapacoyan y Martínez de la Torre. Por cierto, la organización del espacio agrícola no respeta los límites municipales, pero indica las tendencias que, en parte, están ligadas a la diferenciación entre productores, inscrita en las dinámicas locales y arraigada en el territorio. Otras fuentes de diferenciación, como la presencia de ingenios azucareros, por ejemplo, rebasan el territorio municipal. Es así como regionalmente, según las mismas fuentes, la caña de azúcar se mantiene como la producción "estrella", seguida por el café y muy atrás por la naranja (gráfica 6). Esta situación se invierte en una simetría casi perfecta 19 años más tarde. En 1989 la naranja se extiende en casi 50% de la superficie ocupada por estas tres producciones, seguida por el café y la caña de azúcar. Durante esos 20 años, las huertas de cítricos se desarrollan primero de manera discreta, y luego —desde 1985— más rápidamente, a medida que los cultivadores de caña de azúcar reducen sus superficies para plantar naranjos. En los años 1990 y 1991 se da una nueva ola de plantaciones de naranjos, sin que tengamos todavía datos que nos permitan cuantificarla.

GRÁFICA 5

Martínez de la Torre, Misantla y Tlapacoyan. Patrón de cultivos principales en porcentaje de superficie ocupada en 1970

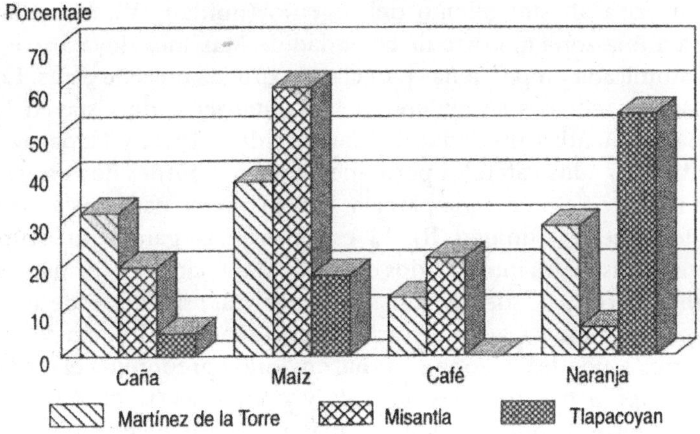

GRÁFICA 6

Martínez de la Torre, Misantla y Tlapacoyan. Proporciones relativas de los tres cultivos principales en porcentaje de superficie ocupada

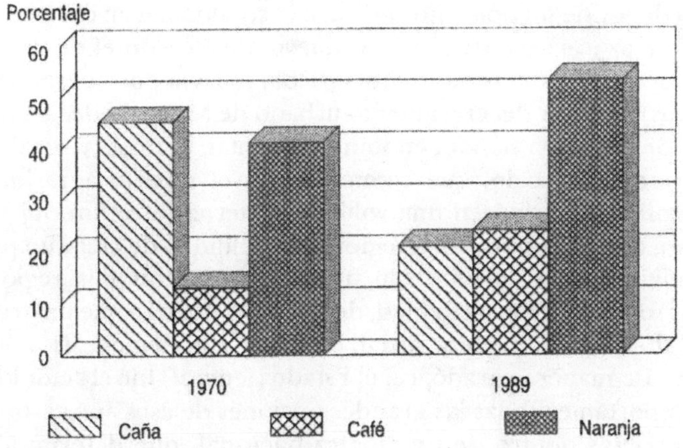

Fuente: Censo de 1970; SARH, 1989.

Ahora el espacio agrícola regional se articula alrededor de las mismas producciones que en los años setenta, pero de acuerdo con otras prioridades. Esto puede verse en el mapa 7, realizado con base en la imagen satélite SPOT de 1990. El área de cultivo de la caña de azúcar para abastecimiento del ingenio (unidad IV), se reduce ahora a una zona al norte de la ciudad de Martínez de la Torre, y está atomizada en pequeñas parcelas separadas unas de otras. Los huertos de cítricos se extienden hasta perderse de vista en las colinas onduladas alrededor de Martínez de la Torre y Tlapacoyan (unidad III) y los cafetales permanecen en los bordes de la sierra, mezclados, en una misma parcela, con plátanos, naranjos y otros árboles frutales (unidad II). El espacio de la ganadería ocupa extensos pastizales intercalados entre las plantaciones y forman, en algunas partes, pequeñas zonas homogéneas, sin dejar de estar integradas a los espacios agrarios mencionados. El mapa señala otras tres unidades: la zona serrana, en donde predomina el monte interrumpido por parcelas de maíz y ganaderas (unidad I), una parte al noroeste que corresponde más a la región de Papantla, con predominio del maíz (unidad V) y el enclave de San Rafael, cubierto de plantaciones de plátano altamente tecnificadas y de pasturas mejoradas (unidad VI).

En más o menos un siglo, la región de Martínez de la Torre ha surgido de un vasto espacio costero poco estructurado; se construye alrededor de un polo agroindustrial actualmente en decadencia (caña de azúcar) y encuentra un nuevo aliento con el desarrollo espectacular de una producción agrícola todavía poco organizada (cítricos). A pesar del crecimiento urbano de Martínez de la Torre, la región continúa siendo, en lo fundamental, agrícola y rural. En el periodo analizado, que comienza con el reparto agrario, su desarrollo se originó en una voluntad externa y con un objetivo preciso, que vislumbró en la región la posibilidad de crear un polo de actividades. A partir de su fundación, la economía regional estuvo regida por una actividad, de la misma manera que un grupo social dominó la dinámica social, política y aun demográfica de la región. De manera paradójica, el Estado (federal) fue el actor local más importante. Todas las grandes opciones de esos años estuvieron inscritas dentro de una lógica nacional, que determinó la local. No fue la tierra, sino el producto —en este caso, la caña de

MAPA 7

Espacios agrarios y actividades agropecuarias dominantes (los límites internos son de unidades de paisaje)

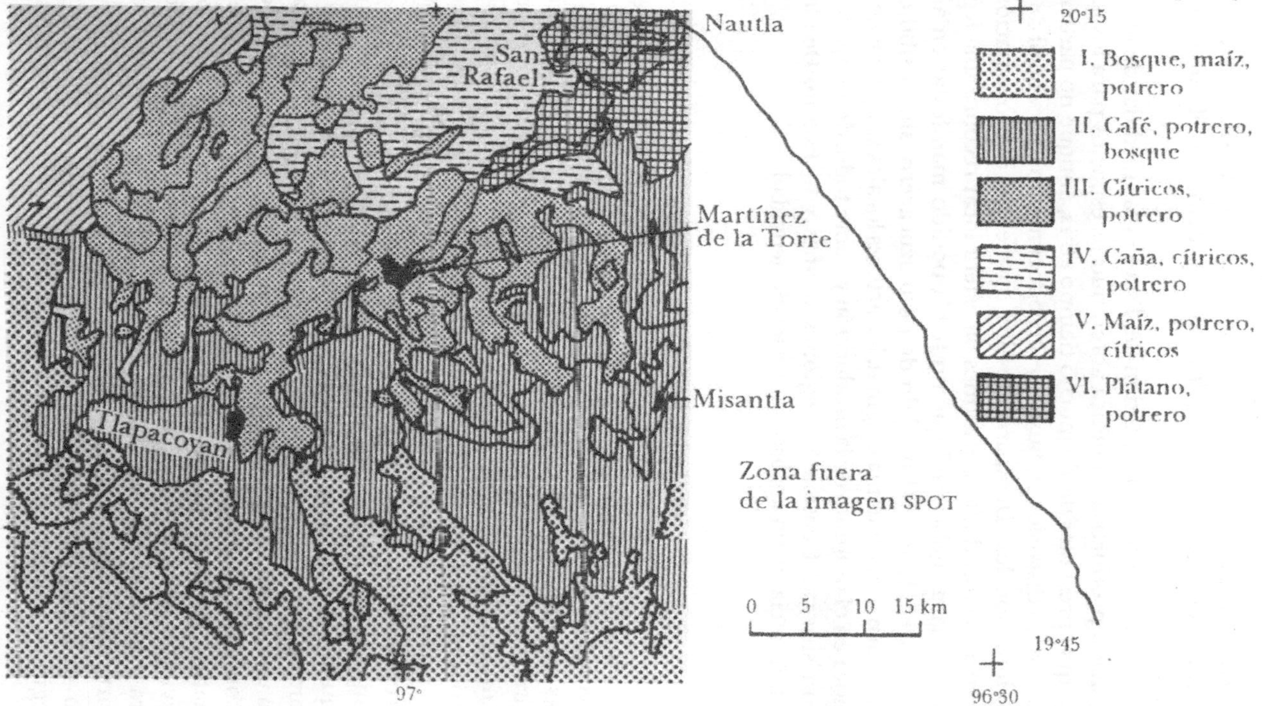

Fuente: imagen SPOT-CNES-ISIS, 21-5-1990 y Almeida, 1993.

azúcar– el que identificó la región a los ojos de sus habitantes y vecinos, el que generó la distinción y mantuvo el dinamismo regional.

Actualmente, la contracción del Estado y las medidas de modernización productiva y política abren nuevos espacios para los actores que, presentes desde mucho tiempo atrás, aunque no participaban en las discusiones, buscan el reconocimiento y el control de los poderes locales. Desaparecidos los momentos de polarización y centralización de las decisiones, la esfera local recobra una legitimidad para "gobernar" que no había podido manifestar en años anteriores. Lejos del modelo de polo azucarero, sin posibilidad de retornar al esquema original, los actores locales se apoyan desde ahora en el dominio de la producción y, sobre todo, de su mercado, para situarse frente a las regiones vecinas y al Estado. De allí la importancia de un análisis por sector de actividad.

CAÑA, GANADO Y CÍTRICOS: TRES MODELOS DE ORGANIZACIÓN AGRÍCOLA LOCAL

Las actuales transformaciones legislativa y administrativa, decididas en el nivel central, apuntan a la "integración" de la agricultura entre las diferentes fases de la producción y otros sectores de la economía. La salida residiría en una mayor coordinación entre los procesos de producción, transformación y comercialización de los productos, recién bautizada por la Secretaría de Agricultura y Recursos Hidráulicos (SARH) de "sistema-producto". El control del conjunto de un proceso productivo llevaría a una mayor y más equilibrada distribución del ingreso, lo que produciría incentivos para aumentar la productividad y, en forma general, desembocaría en una mayor integración del campesinado en la estructura socioeconómica global. Éstas no son ideas nuevas. Con sus respectivos matices según las épocas, tanto los gobiernos como los productores tuvieron discursos de esta índole, y actuaron en lo que pensaban era esta dirección. La región de Martínez de la Torre se presta particularmente para un análisis de estas tentativas, en la medida en que se presentan cuatro sectores agrícolas de importancia regional y hasta nacional, que conocieron procesos desiguales de organización y de coordinación: la integración cañera desde los años cincuenta, la organización incipiente de los ganaderos alrededor de un frigorífico en la década de 1990 y las actuales "desorganización" y atomización de los distintos actores en el sector citrícola. Se podría hablar de tres modelos de organización productiva, cada uno con formas específicas de desarrollo y de interrelación entre productores, industriales y comerciantes, en el marco de coyunturas históricas y económicas distintas. En cada sector se dieron luchas y conflictos que muestran fuerzas sociales, económicas y políticas específicas o no de éste, que revelan la combinación local de intereses y poderes que aprovechan las condiciones para expresarse y reivindicar la palabra.

Tanto en el caso de la caña, como en el del ganado o los cítricos, se hace hincapié en los conflictos locales que estallaron en estos últimos años. Aquí el paso del tiempo es rápido, se trata de uno a cinco años atrás, aun si para la actividad cañera son necesarios algunos antecedentes históricos, principalmente de los setenta, para entender la actualidad. También el espacio se reduce: al contemplar las áreas donde ocurrieron más procesos de cambio, el espacio municipal de Martínez de la Torre se vuelve el referente principal. Ahí se dio la lucha y luego la caída cañera, ahí se pelearon los ganaderos por controlar las estructuras gremiales e imponer nuevos proyectos productivos, ahí, por fin, está naciendo una nueva "conciencia" por parte de los citricultores, de su poder de negociación.

La integración cañera

Mucho se ha escrito acerca del tema, y sólo se quiere apuntar aquí la forma en que localmente se dio el proceso. El ingenio La Independencia es fundado en 1948 por el licenciado Veja Vázquez, de la iniciativa privada, con apoyo de Manuel Ávila Camacho. Pocos meses después de fundada la empresa entra en cesación de pagos y el gobierno se hace cargo de la factoría, una de las primeras en estar bajo control gubernamental (después de las de Michoacán). Con experiencia en los ingenios de Zacatepec, Morelos y El Mante, el primer gerente es don Manuel Zorrilla,[2] y lo fue en varias ocasiones, desempeñando ese cargo en casi 75% del tiempo que se mantuvo su relación con la empresa. A él se debe la fundación, en 1958, del vecino ingenio de La Libertad, en el municipio de Misantla que, de hecho, siempre quedó como una sección de La Independencia.

Para dar una idea de la importancia del ingenio y aunque los datos disponibles son de 1990 (es decir, después del auge cañero) es interesante destacar algunas cifras. Durante el periodo de zafra, el sector ocupa durante cinco meses a cerca de 1 600 cañeros, 2 000 cortadores más, 1 000 obreros de tiempo completo y alrededor de 300 empleados eventuales, o sea que proporciona casi 5 000 empleos directos, sobre una PEA global de 31 000 en los municipios de Misantla y Martínez de la Torre en 1990 (17%). A esto hay que añadir los empleos indirectos de fleteros, camioneros, maquinaria, administración, así como talleres mecánicos, y todos los servicios a obreros y cañeros.

A principios de la década de 1970, el sector cañero se encontraba en crisis debido al largo congelamiento de los precios del azúcar entre 1958 y 1970, y la consiguiente descapitalización de la mayoría de los ingenios. Durante el régimen de Echeverría se empezaron a nacionalizar los ingenios que no podían pagar sus adeudos contraídos con el Estado. De hecho, al final de la década, 54 de los 69 ingenios del país estaban en manos del gobierno, entre ellos los del grupo Sáenz, el principal grupo azucarero.

En Veracruz esta reorganización del sector se da en un ambiente político tenso. Encuentra oposición entre los ejidatarios organizados en la Federación Veracruzana de Productores de Caña (FVPC), afiliada a la CNC pero resuelta a negociar contratos colectivos de manera independiente del Estado. Las luchas internas de la CNC, entre la FVPC, por un lado, y la corriente de Bonfil –"hombre clave del presidente Echeverría"– por otro, se agudizan en 1971 y 1972, hasta llegar en 1973 a arrestos de líderes de la FVPC, bloqueos de ingenios, intervención del ejército en el ingenio de San Cristóbal y enfrentamientos violentos entre cañeros de la FVPC y seguidores de Bonfil (Mestries, 1984). En la región, este conflicto tuvo matices

[2] Manuel Zorrilla, de Misantla, fue un político de envergadura nacional en la década de 1930, al lado de Manlio Fabio Altamirano.

importantes en relación con el esquema nacional. Según dirigentes de la época, el conflicto duró de 1969 a 1976 y, de hecho, "el movimiento cañero se hizo para fortalecer al movimiento agrario, y no al revés" (S. Cadeña, enero 1993). Desde fines de los años sesenta, líderes locales de la CNC (Galvarino Barría) y nacionales (Javier Rojo Gómez) pugnaban por dotaciones agrarias sobre tierras del Estado, antiguamente de Manuel Ávila Camacho. Sin embargo, esto repercutió en una agudización de los conflictos locales con los terratenientes, con enfrentamientos violentos y la muerte de varios campesinos, entre ellos el líder agrario local, Galvarino Barría, en 1976.

Si bien en el plano estatal se trataba de un conflicto político alrededor del control del manejo (material y político) de los recursos de la caña, en el ámbito local se desplazó en un plan netamente agrario, por una manipulación por parte tanto de los dirigentes nacionales (Bonfil), como de los locales (Barría). Fue la "época de oro" de los dirigentes agrarios locales, que se apoyaban en las distintas jerarquías sindicales en conflicto para asentar su preponderancia y crear las redes clientelísticas que funcionaron hasta hace unos años. Hoy todos se quejan del abandono en que los han dejado las instancias superiores, y de la política central de "acabar con los liderazgos" (tema que trataré más adelante).

Ya en el periodo actual y de acuerdo con la política nacional de privatización, el ingenio La Independencia se vende en octubre de 1990 al grupo Sucrum, entre cuyos principales accionistas se encuentran Pepsico, galleteras, así como empresarios privados que también son accionistas de otro grupo azucarero, Sucro. No hay candidatos locales para la compra del ingenio, como si 50 años de actividad cañera no hubieran logrado impulsar o fomentar un "ambiente" productivo cañero, con emergencia de capitales o fuerzas interesadas en controlar la actividad agroindustrial. Una vez más el devenir de la región se decide desde fuera, sin intervención de actores regionales. El grupo Sucrum, encabezado por Juan Gallardo Thurlow (coordinador del Consejo Coordinador Empresarial, CCE) adquiere además otros cuatro ingenios: Tala (Jalisco), Lázaro Cárdenas (Michoacán), El Rosales y El Dorado (ambos en Sinaloa), controlando de esta manera 6% de la producción nacional de azúcar (*La Jornada*, 31.10.91). El bajo precio de compraventa así como las condiciones ventajosas (créditos blandos, pérdidas del primer año absorbidas por el gobierno, etc.) contribuyen también a la venta de La Independencia, que según los indicadores de eficiencia industrial es el peor de los 64 ingenios del país. A diferencia de la primera ola de privatización de ingenios, en los años sesenta, donde solamente se traspasaron los "buenos" a la iniciativa privada, esta vez se rematan, buscando los medios financieros para lograr una venta total.

De hecho, la primera zafra "privada" fue la peor en toda la historia del ingenio. Según los cañeros, una de las razones residió en que la empresa comenzó por despedir a la mano de obra calificada (450 de los 1 000 obreros de tiempo completo que había), a la vez que puso en práctica cambios tecnológicos no controlados, al instalar el material necesario para producir alcohol, cosa que los anteriores administradores del ingenio no hacían desde unos 12 años atrás. Se sucedieron cuatro gerentes en un año, uno de ellos por apenas 12 días, lo que aumentó la desconfianza de productores y obreros. En sus relaciones con los primeros, la empresa retomó el esquema de funcionamiento anterior del ingenio. No depuró el patrón de cañeros, ya que tenía que asegurar el acopio y no se podía dar el lujo de disminuir aún más las superficies cosechadas. En 1990 el ingenio procesó apenas 450 000 toneladas de caña, cuando en 1960-1965 llegaba a 900 000 por zafra. Se estima la superficie cosechada en 4 600 hectáreas en 1990, la mayoría en tierras ejidales, y la zona de abasto del ingenio se redujo y se atomizó: continuaron siendo numerosos los cañeros (ejidatarios en 80% de los casos), pero cada uno con una porción reducida de su dotación sembrada con caña, principalmente para beneficiarse de las prestaciones que todavía mantenía el grupo Sucrum. Éste siguió los lineamientos del decreto cañero de mayo de 1991, negociando con el Comité de Producción Cañera (CPC) la planeación y organización de la zafra.

Luego de dos zafras desastrosas (1990-1991 y 1991-1992), Sucrum se une al conjunto de empresas que compraron ingenios en todo el país, para presionar al gobierno y modificar el decreto cañero, sobre todo en las tarifas y prestaciones reglamentarias a los cañeros. Los empresarios multiplican las amenazas de cierre definitivo mientras los productores y los obreros del ingenio hacen lo mismo con sus amenazas de huelga, hasta que se logra un acuerdo a fines de 1992, que reduce a cinco el número de fideicomisos para cañeros.

De manera general, el conflicto entre los nuevos dueños y las estructuras sindicales anteriores, principalmente la CNC y la Confederación de Trabajadores de México, CTM (ya que la Confederación Nacional de la Pequeña Propiedad, CNPP, perdió su poder de representación) se desarrolla en el plano nacional. La iniciativa privada se presenta de manera organizada y coordinada; en los sindicatos, los conflictos regionales no hacen más que repercutir hacia las bases —en este caso las uniones locales— las pugnas entre dirigentes nacionales, entre Isidoro Pulido Reyes y Adalberto Díaz Jácome (exdirigente de la LCA) para la Unión Nacional de Productores de Caña de Azúcar (UNPCA-CNC), entre Salvador Esquer Apodaca y Enrique Ramos en el Sindicato de Trabajadores de la Industria Azucarera y Similares (STIAS-CTM). En ambos casos se acusa a los dirigentes actuales de no saber o no poder enfrentar las nuevas condiciones, y de no haber logrado negociaciones fructíferas con la iniciativa privada, ahora dueña de la rama agroindustrial. Esto es sintomático del cambio de reglas de juego que se opera desde la privatización de los ingenios. Ahora son empresarios los que imponen, deciden medidas unilaterales, a las cuales los sindicatos intentan responder. Éstos reaccionan pero están a la defensiva, sin tener los apoyos políticos que solían respaldarlos en sus reivindicaciones. Los dirigentes tradicionales no están adaptados a este tipo de negociación y son fuertemente cuestionados, tanto por las bases como por el aparato corporativo.

Según el discurso más común entre los cañeros, la caída de la caña se debe a la "invasión" de los cítricos, por un lado, y a la expansión de las zonas urbanas cercanas al ingenio por otro. Es decir, como un proceso llegado "de fuera", sin relación con el sector cañero propiamente dicho. Además, el cierre de La Libertad en 1987, decisión impuesta "desde arriba", provoca, de golpe, la disminución de más de la mitad del área de abasto (de 14 000 se reduce a 6 000 ha). Aunque el número de productores continúa siendo relativamente elevado en proporción (disminución "solamente" de 2 500 a cerca de 1 600 en 1990), es por el fraccionamiento de las parcelas entre parientes para tener acceso a las prestaciones. Se estima que de 70% de cañeros ejidatarios, 30% deja definitiva y totalmente la caña de azúcar (en El Jobo, por ejemplo) y el restante 40% reduce sus superficies de cultivo, aunque continúa como "cañeros" (CPC, Independencia, 1992). De hecho, la mayoría de éstos son productores diversificados (café, cítricos, ganadería, plátanos) sin que se vea diferencia en las estrategias de diversificación entre jóvenes y cañeros ya instalados, o entre ejidatarios y pequeños propietarios. Quienes tienen tierras no dudan de la calidad y potencial de las mismas, y la alternativa se busca en el ámbito agrícola. Aun si el futuro se vislumbra más como profesionista o en todo caso en una actividad urbana, eso es "para los hijos" y no es visto como una posibilidad inmediata. En lo inmediato, se trata de superar esta salida del sistema cañero e integrarse al mundo de los productores privados. En efecto, ejidatario o no, el abandono de la caña significa para el productor un alejamiento del "sector social" y un acercamiento a la esfera privada. Como lo señala un dirigente de la Liga de Comunidades Agrarias "al pasar de cañero a citricultor, el productor es como un nuevo rico descapitalizado" (M. Ugalde, enero de 1993). Aspira a producir según las normas del sistema privado, pero no dispone de los medios para ello. Las soluciones se encuentran entonces a corto plazo, en una diversificación productiva "artesanal", sin real aumento de tecnología ni especialización.

Es interesante anotar la imagen que los cañeros tienen de sí mismos; no vacilan en presentar sus actividades productivas como una labor patriótica y hasta político-social: "sólo sembramos caña por compromiso con el gobierno", afirma Díaz Jácome (*Diario de Xalapa*, 5.11.91). Otros dirigentes hacen proselitismo entre los productores para que sigan con el cultivo de la caña "por la importancia regional y nacional de este producto". Argumentan que en los cítricos "los capitales son de fuera, de Montemorelos (Paso Largo) o de Japón (Citrosol) (sic)" y que no se emplea mano de obra calificada. Más que una actividad lucrativa, la caña es una tradición, un compromiso: "los que le tienen fe a la caña son los verdaderos cañeros" (entrevista con S. López, cañero de Martínez de la Torre, 1991). Es también parte de la vida íntima de los cañeros: "le tenemos mucho cariño a la caña, mucho amor. Hizo caminos, escuelas, FIOSCER (Fideicomiso de Obras Sociales para

Cañeros de Escasos Recursos) hacía todo. Nos daba [dinero] cada dos meses, nos daba para entierros, hasta para cumpleaños" (entrevista con G. de la Rosa, líder cañero, enero de 1993). Consideran los privilegios que gozan como algo intocable y totalmente evidente. De ahí el desconcierto de muchos cañeros frente a la voluntad de los empresarios de disminuir y hasta cancelar varias de las prestaciones.

Al lado de este credo, y de cierta manera lógica, los cañeros existen por sus dirigentes. "Tiene que haber líderes picudos para negociar" (entrevista S. López, 1991). Son los líderes los que legitiman el modo de producir y vivir de los cañeros, y no al revés. Por lo menos desde el gobierno de Echeverría y la recuperación de las bases disidentes, las cúpulas sindicales negocian "en privado" en el ámbito nacional, y dan a conocer los resultados anuales de las negociaciones para que repercutan en los planos regional y local. La delegación de poder a los líderes es un elemento fundamental del sistema cañero. ¿Qué queda de la idea primera, la de una integración de la actividad donde los cañeros fueran dueños del ingenio a través del gobierno y, sobre todo, el ingenio se hiciera cargo de muchos de los aspectos de la vida cotidiana? Esta idea no está muy lejos de una organización utópica donde "el sistema" se encarga de resolver los problemas básicos, como son la alimentación, la vivienda, el estudio, las infraestructuras tipo caminos, etcétera. Los cañeros, hijos privilegiados del sistema anterior, no supieron evolucionar junto con su tiempo. Éste era un modelo del pasado, aun cuando se intentó modernizar con la participación de los productores en los CPC. Los grupos de poder de los cañeros están totalmente corporativizados, funcionan sobre una lógica vertical y centralizada, y los empresarios actúan, de la misma manera, conjuntamente y en forma centralizada también en el Distrito Federal. Si bien en los años setenta algunos dirigentes locales supieron aprovechar las coyunturas estatal y nacional para construir un grupo de poder influyente en el plano nacional, aun así dependían de otras instancias, y están ahora desapareciendo a medida que las mencionadas instancias dejan de sostenerlos.

MOVILIZACIÓN RECIENTE ENTRE LOS GANADEROS

Como es conocido, la cuantificación de la actividad ganadera es particularmente difícil por razones técnicas (heterogeneidad del hato y conteo de los animales, desconocimiento de los propios ganaderos) y más bien de orden social y político: los ganaderos son renuentes a entregar datos que podrían perjudicarlos fiscalmente a ellos o a sus propiedades.[3]

La dinámica creciente

En cuanto a la evolución reciente, los datos de la SARH señalan un desplome marcado en el hato regional a partir de 1990, después de siete años de estabilidad, en casi todos los municipios de la región (disminución promedio de 28% entre 1989 y 1991, en el distrito de Martínez de la Torre, que cubre 150 765 ha; SARH, 1991). Los ganaderos explican este desplome por una fuerte baja en el precio del ganado en pie, debida a las importaciones indiscriminadas autorizadas por el gobierno a partir de 1990.

La diferenciación regional

De hecho, la ganadería regional presenta fuertes diferenciaciones y se reconocen por lo menos cuatro tipos de ganadería, repartidos en el espacio que combinan de manera distinta condiciones naturales, medios de producción (el hato y la tierra principalmente) y tipos de productores.

En los municipios costeros, la ganadería ha tenido una importancia histórica, ya que ha sido la principal actividad desde tiempos antiguos (primeros asentamientos ganaderos, españoles, a princi-

[3] En la región de Martínez de la Torre contamos con dos fuentes principales de información: la SARH, por un lado, y los trabajos del Centro de Investigaciones, Enseñanza y Extensión en Ganadería Tropical (CIEEGT-UNAM), que estudia la ganadería regional desde 1980, por otro lado (Ávila, 1980; Guillingham, 1984; Ramos Vanegas, 1983; Aluja, 1984; Manzo, 1986).

pios del siglo XVII) y hasta la fecha. Vega de Alatorre, Colipa, Nautla, presentan así paisajes típicos de las zonas ganaderas del trópico, donde los extensos potreros se suceden en las lomas suaves, bordeados por cercas arboladas y alambres. El patrón actual de asentamientos da cuenta de esta situación, con una multitud de pequeñas rancherías y la ausencia de ejidos. Ahí casi no entró la reforma agraria, y fuera de las cabeceras municipales no existen poblados mayores de 250 habitantes. Es el dominio de los rancheros (Skerritt, 1994). Esta situación, a pesar de compartir espacios en la región que estudiamos, depende de otra lógica: la de los grandes ganaderos de la costa, que se encuentran de norte a sur del estado y del golfo, y que no comparten intereses ni reivindicaciones con las poblaciones de los municipios situados más adentro, que en general son más agrícolas o, en todo caso, más diversificadas.

Tierra adentro, el espacio alrededor de Misantla conoció también una larga historia de ganadería y rancheros, pero combinada, por un lado, con otras actividades agrícolas y, por otro, con una mayor diversidad en el tipo de población; indios, mestizos y blancos pobres eran vecinos y explotaban una tierra rica y diversificada. Los ganaderos son numerosos pero diversos. Los potreros son de menor tamaño y están insertos en un mosaico donde milpas y monte alternan con fincas de café y de naranjos.

En Martínez de la Torre, la ganadería tiene una historia más contrastada: en las inmensas haciendas hasta principios de este siglo, el ganado era ante todo una producción para cueros y carne, y servía de vanguardia en el desmonte de las selvas tropicales para colonizar y ocupar nuevos espacios. En los grandes ranchos del siglo XX, la ganadería se vuelve un pilar económico, y se instalan verdaderos potreros dedicados a mantener animales esencialmente destinados a la producción de carne. A partir de la década de 1950 y después del fraccionamiento de los grandes ranchos, los productores practican una ganadería en combinación (¿o competencia?) con la agricultura (caña, y ahora cítricos), lo que les aleja del esquema tradicional ranchero de la costa y les incita a modernizar más rápido o más temprano que los demás. Las fincas de los agricultores-rancheros de Martínez de la Torre abrigan hoy el ganado más fino y tecnificado de la región.

Por último, los municipios al pie de la sierra siempre han albergado una ganadería en combinación con la agricultura, pero en menor escala. Los ganaderos son relativamente menos importantes, y entre ellos se encuentran tanto ejidatarios y pequeños productores (en Misantla) como rancheros comerciantes (en Tlapacoyan). La ubicación de Tlapacoyan en la principal ruta comercial en la región, que va desde la costa hasta el centro del país, propició el desarrollo de una intensa actividad comercial, cuyas ganancias se invertían en ranchos y ganado, explicando así el lugar preponderante de la ganadería como actividad, y de los ganaderos como grupo local dentro de la región.

Si exceptuamos la ganadería costera, los tres municipios que venimos estudiando se ubican entre los primeros de la región por su ganadería y son representativos de situaciones distintas. El estudio realizado por el Fideicomiso para la Campaña Nacional contra la Garrapata (FCNCG) en 1982, que puede considerarse como el único documento confiable, señala que el municipio de Martínez de la Torre es el más importante en cuanto a número de animales, el de Misantla en cantidad de ganaderos y el de Tlapacoyan en superficie dedicada a pasto frente a la ocupada en la agricultura. Estas prioridades se confirman en el plano regional, e indican diferencias estructurales en la ganadería que se pueden desglosar gracias a los estudios técnicos llevados a cabo en la región (véase cuadro 5).

CUADRO 5
Martínez de la Torre, Misantla y Tlapacoyan: características de hato ganadero por municipio, 1984

	Superficie pasto/agricul.%	*Núm. de animales*	*Núm. de ganaderos*	*Núm. animales/ganaderos*
Martínez	55.0	42 834	851	50.3
Misantla	71.0	33 069	1 506	21.9
Tlapacoyan	73.6	12 519	281	44.5

Fuentes: Aluja, 1984 y Guillingham, 1984.

En Martínez de la Torre, los medianos o grandes ganaderos son, a la vez, agricultores de cítricos en 60% de los casos. Casi no existen pequeños ganaderos, propietarios de menos de cinco cabezas. Éstos, al contrario, son los más numerosos en un municipio como Atzalan, parecido a Misantla en este renglón. Los primeros cultivan a la vez maíz (40% de ellos) y cítricos o café (31%). En Tlapacoyan sobresale la categoría de ganaderos intermedios, que poseen entre seis y 25 cabezas de ganado bovino, mientras sólo 25% de los ganaderos son a la vez citricultores o cafeticultores. Los ejidos ganaderos –aquellos con más de 100 cabezas tienen importancia sólo en Martínez de la Torre (Ávila, 1980)– también se diferencian de uno a otro municipio.[4]

En otras palabras, se podría diferenciar, en un primer momento y de manera esquemática, entre los ganaderos-rancheros de Tlapacoyan, los ganaderos-agricultores de Martínez de la Torre y los ganaderos-campesinos de Atzalan. De manera general, en el plano regional 75% de los productores pecuarios tienen además otra actividad, y 33% de éstos una actividad principal no agrícola. Sin embargo, todos están pendientes de la finca, pues 72% la visitan diariamente, 5% lo hacen dos veces por semana y 11% una vez por semana (Ramos Vanegas, 1983). Sólo 12% de los productores pecuarios podrían calificarse como "ausentistas" o simplemente como "ganaderos citadinos", sin relación estrecha con el campo.

También existen variaciones en los sistemas de producción. Mientras en Tlapacoyan y Martínez de la Torre la ganadería de leche y de cría es predominante, en Atzalan (como en Misantla) la cría es más común, pues allí no existe un mercado local de leche. La ganadería de engorda sólo adquiere alguna importancia en Martínez de la Torre, donde se encuentran los ganaderos más capacitados y esa modalidad de producción es dominante en 24% de los ranchos (Ávila, 1980). Estos matices se explican principalmente, junto con la disponibilidad en tierra y mano de obra, por la capacidad de financiamiento de los ganaderos por un

[4] Esta información la tomamos de Ávila, 1980, quien realizó una encuesta en 128 explotaciones ganaderas de propiedad privada, representativas de los diversos estratos de seis a 100 cabezas, en cuatro municipios de la región: Vega de Alatorre, Martínez de la Torre, Tlapacoyan y Atzalan (este último puede compararse con Misantla). En promedio, la explotación cuenta en total con 31 ha, de las que 25 se dedican a pastos y cinco a cultivos, con un hato de 35 cabezas de ganado vacuno. La edad promedio del ganadero es de 50 años.

lado, y por la cercanía a los mercados, por otro. Los sistemas de comercialización se convierten en un punto neurálgico para el desarrollo de la ganadería.

Los sistemas de comercialización

El sistema leche

La producción es baja, de tres a cinco litros/vaca/día en promedio, en una ordeña diaria, para un hato compuesto, en promedio regional, por nueve vacas en producción o con cría y otros 12 animales entre toros y vacas secas (Ávila, 1980). Se comercializa 54% de la producción; esta cifra incluye 42% destinado a la industrialización por la Nestlé (Ávila, 1980). Aluja (1984) precisa que la red Nestlé recoge en la región alrededor de 20 000 litros diarios durante los meses de verano, cuando la producción regional[5] estimada alcanza aproximadamente 55 000 litros diarios.

La Compañía Nestlé tiene su red de acopio, pero no ofrece precios alentadores para el productor ni respeta el precio de garantía. Sin embargo, su capacidad de compra y procesamiento todo el año, además de ciertas prestaciones que ofrece a los ganaderos clientes (complementos alimentarios a precios inferiores al mercado, asistencia técnica) le aseguran cierta ventaja frente a los demás compradores.

Los boteros compran leche en las fincas de mayor producción (más de 90 litros/día) y, junto con las queserías,[6] manejan el mayor volumen de leche durante todo el año. En las redes de clientes de los boteros encontramos comerciantes que vienen de lejos (Altotonga) y llevan el producto fuera de la región. Otros trabajan para un patrón que es a la vez ganadero, que comercializa su propia leche y la de sus vecinos inmediatos. Éstos pueden ser otros

[5] La cuenca lechera abarca Martínez de la Torre, Nautla, Colipa, Juchique, Yecuatla, Gutiérrez Zamora y Vega de Alatorre.

[6] Las queserías –varias de ellas instaladas en San Rafael– están en manos privadas; son rancheros y comerciantes regionales que formaron redes de clientes en toda la cuenca.

rancheros, pero también ejidatarios y pequeños ganaderos. En varios casos hemos encontrado que los acuerdos entre productor y botero rebasan con mucho la mera producción lechera. Se trata de convenios de "mediería estacional", algunas veces debidamente registrados frente a las autoridades locales. En efecto, al ganadero le conviene pedir terrenos a medias durante la época de sequía, para disminuir la carga de sus propios potreros, que están llenos a punto de saturación el resto del año, cuando no hace falta el pasto. De esta manera, el ganadero entretiene un hato importante, sin riesgo de sobrepastoreo en tiempo seco. A cambio, deja al ejidatario parte de sus crías y en general la leche y, sobre todo, le asegura la comercialización de esta última todo el año, aun en periodo de sobreoferta. Al ejidatario también le conviene, ya que si no tiene este tipo de trato no puede comercializar el lácteo cuando sus vacas más producen. Sin embargo, no puede utilizar la totalidad de su capacidad en pasto, para poder cumplir y recibir los animales del patrón en la época de sequía. De esta manera, se entretejen las redes de clientela "comercial" (para la leche) y las de clientela "agraria" (para el uso de las tierras) que a su vez consolidan las relaciones patrón-ejidatario. Además, de manera un poco lateral, el ganadero controla la capacidad de acumulación de los ejidatarios.

En otro plano, los boteros, también llamados introductores de leche, representan una fuerza local no desdeñable. Son aproximadamente 50 o 60 personas, mantienen un sistema que ofrece ventajas e inconvenientes al productor (bajo precio, pero poca exigencia en calidad e higiene) y a la vez se oponen a cualquier cambio en la estructura del mercado. Así lo ven los ganaderos de Martínez de la Torre, que tenían un proyecto para instalar una minipasteurizadora pero no lo llevaron a la práctica por temer las reacciones de los introductores (entrevista con el presidente de la asociación local, enero de 1993).

El sistema cría

En la actualidad es una "especialización" típica de los productores en posición desventajosa frente a los comerciantes y productores de engorda, o que poseen menos superficie. En efecto, es la etapa más riesgosa del proceso de producción, pero al mismo tiempo es la que permite mayor rapidez en la rotación de capital. Pocos son los que pueden esperar meses, y hasta años, a que los becerros engorden y puedan comercializarse. Como ya se señaló, son principalmente los ganaderos de la sierra los que se dedican a la cría. La relación criador-engordador es asimétrica, donde el segundo tiene la ventaja de "tener un mercado" y puede modular su actividad en función de ese mercado mediante compras más o menos importantes. En cambio, el criador no puede más que vender su producto en cuanto llega al peso óptimo, cualesquiera que sean las condiciones del mercado.

En la región de Martínez de la Torre, los compradores de becerros vienen del norte, con camiones, y visitan los ranchos para poder escoger y llevarse los animales. Casi no existen contratos por adelantado, sino que poco a poco cada rancho construye su fama, en calidad y exigencia de precios, de manera que los compradores puedan orientar sus compras, aun sin ningún tipo de organización formal del mercado. En 1991 creció la preocupación de varios ganaderos, ya que por la apertura comercial en la frontera se intensificó la compra de becerros y becerras a buen precio (relativamente alto), a tal punto que temían que se redujera la capacidad de reproducción del hato, al haber vendido las becerras junto con los becerros. Aun sin fundamento, esta inquietud revela el grado de dependencia de los criadores, ya que no se sentían capaces de resistir una presión fuerte por parte de los compradores foráneos (entrevistas).

La engorda

Esta actividad es mínima en la zona, principalmente por falta de buenos canales de comercialización. De hecho, los ganaderos de la región, como de todo el país, tienen años de lucha y reivindicación contra los "intermediarios" y el control monopólico de Ferrería, el rastro central de la ciudad de México (los famosos introductores). Los "planes de desarrollo ganadero" se sucedían sin realizarse, por la importancia del grupo de poder de los introductores por un lado, y por la división y poca movilización de los ganaderos por otro. Hasta hace unos años, la comercialización en el plano regional se daba a través de los rastros municipales vecinos así como el de Xalapa, que los ganaderos de la región centro de Veracruz habían logrado controlar hasta 1989 (véase Hoffmann, 1991). Sin embargo, ese mercado no representa un volumen suficiente para toda la producción regional y la venta en el Distrito Federal quedaba como opción importante. A partir del plan nacional de modernización –que contempla el cierre tanto de Ferrería como de los rastros de los municipios vecinos al Distrito Federal, el cierre de la exportación de ganado en pie para carne así como la construcción de siete frigoríficos TIF[7] en la costa del golfo– el proceso de engorda podría extenderse. El director de ganadería de Veracruz señala que

> la idea fundamental es adquirir ganado bovino de aproximadamente 300 kilogramos con un valor de millón y medio de pesos, para que en seis meses más [se pueda] lograr tener animales de 450 a 500 kilogramos de peso, así Veracruz tendrá capacidad para procesar 33% de la planta industrial que requiere todo el país (*Diario de Xalapa*, 22.12.91).

Hasta los años noventa, la ganadería bovina regional, aunque tenía renombre e importancia, no había logrado intervenir y menos aún controlar las redes del mercado del producto, ya fuera leche, cría o carne. La política de modernización, impulsada desde el centro, pretende cambiar esta situación.

Los ganaderos y la modernización

La modernización productiva

"El ganadero es ganadero por herencia, por tradición. Es incosteable comprar tierra para hacer ganadería intensiva. Y la tecnificación hoy no es negocio. ¿Para qué intensificar la engorda si no hay quién compre la carne?", dice el presidente de la Asociación

[7] TIF significa Tipo Inspección Federal, con normas técnicas y de salubridad adaptadas para producir carne en canal que satisfaga las reglamentaciones de exportación y al mismo tiempo pueda abastecer al Distrito Federal y las principales ciudades del país. Los frigoríficos planeados son, entre otros, los de Tihuatlán, Tempoal, Isla, Martínez de la Torre, Tierra Blanca. En el ámbito nacional se proyecta la construcción de 17 plantas TIF en 1992 y 37 más en 1993, para lograr un total de 136, entre las nuevas y las ya existentes (actualmente hay 69) (*La Jornada*, 10.08.92).

Ganadera de Martínez de la Torre. Por confusa que sea, esta cita apunta a los elementos clave de la dinámica ganadera actual: el peso de "la tradición", el dilema extensivo o intensivo, el sentimiento de incapacidad frente a las condiciones impuestas por el mercado.

La tradición remite a la condición del ganadero como terrateniente. En la región, y a pesar de la diversidad de situaciones descritas antes, el ganadero sigue identificándose primero con la tierra, sea ranchero, agricultor o campesino; pertenece a la categoría de los "potencialmente afectables por dotaciones agrarias". De hecho, la principal actividad de las asociaciones ganaderas locales siempre ha sido la defensa de los socios frente a las investigaciones agrarias. Éstas fueron muy frecuentes, dadas las presiones de los solicitantes de tierras, los antecedentes caóticos de las dotaciones anteriores –que propiciaban un cierto descontrol en el manejo de los datos por la Secretaría de la Reforma Agraria (SRA), ocasionando la reapertura de expedientes y la repetición de inspecciones–, y también por la actitud de los inspectores de la misma SRA que se beneficiaban de "mordidas" en cada inspección. También es notable la existencia de latifundios ganaderos en la región, conocidos por todos pero que, curiosamente, no son blanco de las invasiones realizadas por los movimientos solicitantes de tierra. Al contrario, los más afectados por las solicitudes de tierra fueron rancheros y agricultores medianos, que en su mayoría podían alegar la existencia de certificados de inafectabilidad o de amparo legalizado. La dinámica agraria ya se analizó en un apartado anterior; sólo queremos insistir aquí en la identificación ganadero-terrateniente, en cuanto a que los cambios al artículo 27 constitucional en 1992 significan una ruptura en las prioridades de los ganaderos. La justificación de la ganadería extensiva como forma de legitimar y resguardar un patrimonio agrario ya no es válida. Sin embargo, las condiciones económicas para pasar de una práctica extensiva a otra intensiva no están todavía presentes. A muchos de los ganaderos les faltan tanto el conocimiento técnico como el capital necesario. De todos lados surgen las voces que expresan quejas por "falta de apoyo" técnico y financiero para lograr la transición. Se responsabiliza al Estado y sólo a veces aparece la preocupación por una mayor coordinación y organización entre los mismos productores pecuarios. Cuando se da el caso, es una vez más bajo el impulso del gobierno central, como en el ejemplo de la construcción de frigoríficos.

En Martínez de la Torre el proyecto inicial, de 1990, contemplaba un costo de 4 000 000 000 de pesos. A la convocatoria lanzada por el gobierno respondieron pocos ganaderos de la región. Uno de ellos, hijo del principal introductor de Ferrería, heredó de su padre capital, casa y ranchos en la zona de Tlapacoyan. Después de negociaciones largas, difíciles y por último infructuosas con los otros ganaderos de la región, se formó en junio de 1991 una sociedad integrada por diez socios, productores de Martínez de la Torre, Tlapacoyan, Misantla y Nautla, con el mencionado hijo del mayor introductor de Ferrería como socio mayoritario pues posee 51% del capital social. No participaron los ganaderos de San Rafael, los más fuertes de la zona.

No se logró el proyecto de rastro controlado por los ganaderos de la región, aunque se salvaron las apariencias al integrarse una mayoría de miembros originarios y residentes en la misma. El frigorífico de Martínez de la Torre era un proyecto que venía desde arriba y se llevó a cabo por la voluntad del centro; sus principales socios y capitales residen en México. Es una empresa privada, que emitirá acciones, admitirá nuevos socios a prorrata de sus entregas en producto y de las ganancias del rastro; éste, en fin, es un rastro moderno, TIF, tan alabado por la autoridad, sin más pretensión social que la que se le exige para fines políticos en el ámbito nacional. Más allá de la "gran desconfianza para invertir" de los ganaderos locales y regionales habría que tomar en cuenta el ambiente político en el marco del cual se desarrolló la negociación. No hay que olvidar que con este proyecto se cristaliza la ruptura entre los dos grupos de productores, abanderados unos con San Rafael y otros con Martínez de la Torre, resurgiendo así un conflicto político que ha marcado toda la ganadería regional desde 1987 y que ha tenido como escenario la Unión Ganadera Regional, Zona Centro.

La estructura gremial y política

El gremio ganadero está organizado en asociaciones ganaderas locales (AGL), una por cada municipio, agrupadas a su vez en uniones ganaderas regionales (UGR), que se agrupan en la Confederación Nacional Ganadera (CNG). En Veracruz hay tres uniones regionales: Norte, Centro y Sur. La segunda es la más importante, pues agrupa a casi 100 municipios, entre ellos Martínez de la Torre, Tlapacoyan y Misantla.

Ahora bien, la asociación de mayor peso en la región estudiada era la de San Rafael, con sede en esta misma localidad –perteneciente al municipio de Martínez de la Torre– desde hace más de 35 años, debido a la preponderancia de los ganaderos radicados allí. Los ganaderos de San Rafael fueron pioneros en mejoramiento genético y lograron un reconocimiento nacional por la calidad de su ganado. La AGL de San Rafael ha sido muy dinámica, instaló un laboratorio de patología animal y creó una sociedad cooperativa para insumos agrícolas y pecuarios (Cava de Barlovento), con bodegas en San Rafael, Martínez de la Torre, Carranza y Poza Rica. Se desarrolló bajo el mando de dos propietarios que recientemente dejaron sus puestos de dirección, fungiendo como caciques entre los ganaderos. Estos dos productores integraron también las directivas de la Unión del Centro, en tiempos en que, según testimonios de un dirigente ganadero actual, las reuniones gremiales eran "asambleas de matones" por el ambiente conflictivo que se vivía en el campo.

Caciques en el plano local, "mandones" en el ámbito regional, los directivos de la AGL de San Rafael empezaron a suscitar conflictos entre los ganaderos renuentes a aceptar tal imposición. Es así como, aprovechando una conyuntura favorable (la suspensión de la asociación de San Rafael durante seis meses por "incumplimiento" frente a la unión) algunos ganaderos de Martínez de la Torre crean su propia asociación y logran validarla frente a la confederación nacional en 1987, con el nombre de "Asociación Ganadera Local especializada de criadores de bovinos de doble propósito", para diferenciarla de la de San Rafael, pues ambas pertenecen al mismo municipio. En octubre de 1987 la nueva asociación tenía 27 socios, un año después eran 90 y en la actualidad son 150, la mayoría pequeños propietarios. De inmediato se entabló una lucha entre ambas asociaciones, con denuncias ante la CNG, demandas judiciales, amparos, presiones sobre los ganaderos para participar en una u otra de las asociaciones, así como una campaña de acusaciones en la prensa, que iban desde fraude y corrupción hasta abigeato y doble facturación de ganado. Hoy día, ambas continúan en pie, como "enemigas cordiales" (según las palabras del presidente de la AGL de Martínez de la Torre), dispuestas a hacer lo posible para desaparecer a la rival. En estas circunstancias, el fracaso del proyecto "regional" del frigorífico y la no participación de los ganaderos de San Rafael, desde el momento en que están los de Martínez de la Torre, no necesita más explicación.

Esta oposición y este conflicto tienen resonancia en distintos planos. En el ámbito local, reflejan la pugna entre los ganaderos instalados, de alto poder económico, con bases políticas de tipo caciquil por un lado y, por otro, una nueva generación de ganaderos, rancheros y agricultores llegados a la región desde la década de 1950 y que aspiran a ser reconocidos tanto económica como políticamente. De hecho, representan la ruptura entre las microsociedades de San Rafael y de Martínez de la Torre; la primera tiene un lejano origen francés (1836), utiliza alta tecnología agrícola (sobre todo en plátanos) y ganadera, con alto nivel de vida, mientras la segunda, aunque vecina, es distinta, con mayor diversificación social y económica. Dentro de un mismo municipio, los grupos ganaderos de una y otra localidades evolucionaron en líneas paralelas, hasta que no pudieron ignorarse más y entraron en conflicto.

Dicho conflicto se podría analizar bajo otra perspectiva, ya no de la oposición entre ambas localidades, sino visto desde Martínez de la Torre. En este caso, se trata de un grupo social heterogéneo donde los ganaderos comienzan a tomar fuerza a medida que los demás grupos dominantes en la localidad –los cañeros y los ejidatarios– pierden su legitimidad al monopolizar el juego político local. Los ganaderos de Martínez de la Torre consideran que es el momento de ubicarse en la escena local, aun si para ello es necesario derrocar a otro grupo ganadero vecino, que les tenía sujetos desde años atrás, sin que esa sujeción les perjudicara demasiado; de todas formas el poder local les estaba negado por la presencia de cañeros y ejidatarios.

En el ámbito regional, el conflicto se inscribe en una lucha mayor que sufre la Unión del Centro desde hace años y que se agudiza en 1991, con motivo del cambio de directiva y posteriormente con la campaña electoral de Patricio Chirinos como candidato a la gubernatura del estado. Esta lucha compromete, por un lado, a las altas esferas políticas tradicionales de Veracruz, más allá del gremio ganadero (alemanistas, partidarios de Patricio Chirinos) y, por otro, a clientelas políticas locales consolidadas por un manejo discrecional de los fondos de la unión por parte de algunos de sus dirigentes.

A diferencia de los cañeros, los ganaderos integran asociaciones territorializadas, que por lo general corresponden a municipios. Estas agrupaciones tienen la particularidad de ser relativamente discretas en el juego de poderes locales. No intervienen de forma directa en ningún asunto "público" y sólo se expresan con fuerza cuando los intereses de sus socios están amenazados, esencialmente en términos de conflictos agrarios. En el plano económico tampoco están muy presentes, ya que no asumen otro papel que el de control administrativo y fiscal de la circulación de ganado. Sin embargo, destacan como fuerzas locales, a juzgar por la violencia de los conflictos que se dan en torno a su control, como es el caso de Martínez de la Torre.

Atomización en el sector citrícola

El mundo de la citricultura es hoy el más importante, en el ámbito rural, en la región de Martínez de la Torre y, a la vez, es el más difícil de conocer a fondo. Quizá por su relativa juventud, pues tiene entre 15 y 20 años de verdadera generalización, aunque cuenta con antecedentes de varias décadas atrás; tal vez por su poca organización interna, que no facilita la recolección de datos por parte de los propios productores o actores del ramo; quizá por la complejidad del sector, en especial la comercialización.

En 1970 las superficies de naranja eran estimadas en 10 760 hectáreas en los municipios de Martínez de la Torre, Misantla y Tlapacoyan. En 1989 pasan a 18 000 ha y llegan a 26 488 si se agregan las extensiones cultivadas con "otros cítricos" (mandarina, tangerina y toronja), no censadas en 1970 (censo de 1970 y SARH, 1989). En sólo diez años, de 1976 a 1986, se dio un aumento de 40% en las superficies de naranja, de 69% en "otros cítricos" y las huertas de limones rebasan en superficie las de "otros cítricos" (cifras de 1986, citadas por Díaz Cárdenas, 1991).

Para 1989 los cítricos representaban 45% del valor del producto agrícola (incluyendo naranja, limón, caña de azúcar, café y plátano; cifras de SARH, 1989) en el distrito de Martínez de la Torre. El dinamismo sigue con una nueva ola de siembra a partir de 1990, con naranja y limón. Las parcelas de caña dejan lugar a fincas con arbustos jóvenes, y hasta los potreros se convierten en huertas. Solamente en el ciclo 1992-1993, cuando el precio de la naranja bajó hasta niveles jamás conocidos, se empezó a reducir el entusiasmo de los productores por los cítricos. En pocos años la región se convirtió en citrícola y los productores en citricultores, sin haber tenido la menor experiencia en este cultivo ni, sobre todo, en su comercialización.

La comercialización

La gráfica 7 presenta los principales canales de comercialización, donde se registran los puntos de conexión entre productores y comercializadores: las jugueras, las empacadoras, los mayoristas.

GRÁFICA 7
Canales comercialización de la naranja y productos industrializados

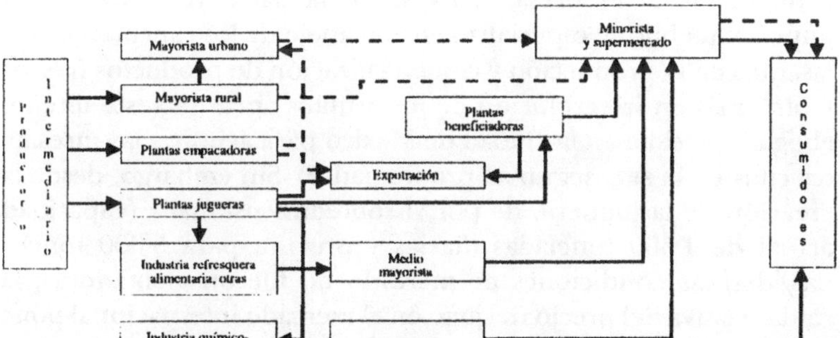

Fuente: Santa Cruz H., 1991.

Las jugueras

En la región de Martínez de la Torre existen dos plantas: Paso Largo, del grupo Monterrey, y Citrosol, de capitales locales; ambas producen jugo concentrado para la exportación. La primera de ellas es la más antigua, y comenzó a funcionar hace alrededor de una década, siguiendo una lógica de consorcio que buscaba extender sus áreas y volúmenes de acopio para fabricar un producto (jugo concentrado) que conocía ya, por la otra planta que posee en Montemorelos, Nuevo León. La juguera de Paso Largo funciona como empresa privada que es, sin intervenir en los asuntos locales y sin haber integrado a miembros o grupos localmente influyentes. En años de buen precio al productor acopia poco, pues no puede sostener la competencia de los comerciantes de fruta fresca. En cambio, representa una opción para los productores en época de sobreproducción, aunque compre a bajo precio.

Citrosol tiene otra historia. Es muy nueva, de 1990, propiedad de una antigua familia de San Rafael, los Couturier, quienes son dueños de un pequeño imperio agropecuario repartido en toda la República, desde tierras del Bajío hasta Guerrero, el sur de Veracruz y, por supuesto, la región de Martínez de la Torre, cuna de la familia desde la inmigración ya lejana de los antepasados franceses. Renombrados ganaderos, grandes citricultores, incursionan también en la producción de fresas, espárragos, mangos, ocra, chícharos y en la comercialización de aguacate, ajo, jengibre, etc. El padre y dueño de la empresa, reina sobre la parte veracruzana del imperio; un hijo se especializó en el manejo de los ranchos citrícolas, otro en la producción y comercialización de productos frescos y otro más en la resolución de los asuntos agrarios (este último, abogado, residía en la ciudad de México para acudir a las incesantes citas en la SRA, según su propio padre). Sin embargo, desde la creación de la juguera, de por sí sobredimensionada (capacidad actual de 1 500 toneladas diarias y prevista para 5 000 toneladas/día) las condiciones de mercado no fueron alentadoras; la caída relativa del precio del jugo en el mercado internacional pone en riesgo la viabilidad de la empresa, aunque las instalaciones –como sucede también con otras jugueras– puedan ser adaptadas para procesar piña, toronja y tangerina, de tal forma que la fábrica trabaje todo el año (excepto el mes de mayo, dedicado al mantenimiento).

Citrosol, al contrario de lo que sucede con la juguera de Paso Largo, sí representa la llegada de inversionistas regionales a la actividad. El modelo totalmente familiar (los persistentes rumores de participación japonesa fueron negados con vehemencia por el propio Carlos Couturier [entrevista 1991]) parece, sin embargo, difícil de mantener en una época de dificultades y penurias, ya que el precio del jugo no parece recuperarse en el mercado mundial. Ambas empresas reciben la naranja a puerta de fábrica, pero trabajan principalmente por medio de intermediarios que compran a los productores y aseguran el flete desde las huertas. No hacen ningún tipo de contrato directo con los productores, ni de precios ni de compromiso de compra.

Las empacadoras

Eran sólo algunas en 1970, pero ahora llegan a ser más de 40 en la región de Martínez de la Torre y exportan principalmente a Estados Unidos (véase cuadro 6).

Cuadro 6
Las empacadoras en la región de Martínez de la Torre, 1991

Número de empacadoras	*33 (26 en el municipio de Martínez)*
Para consumo nacional	2
Export. a Europa y Japón	3
Nacional y export. a EUA	28
Capacidad total	25 260 ton/mes
Para limón	15
Cítricos en general	18

Fuente: SARH, 1991.

Todas las empacadoras se registran como "trabajando todo el año", cuando en realidad la mayoría sólo abre en periodo de alta producción, es decir, cuatro o seis meses por año. Solamente se registran dos de mayor capacidad: ARIC Marver (4 500 ton/mes) y Empacadora de Cítricos (3 600 ton/mes). Las demás tienen una capacidad que va desde 120-160 toneladas mensuales en las más pequeñas hasta 900 en las mayores; en conjunto, un promedio de 550 toneladas mensuales. De hecho, una empacadora no necesita un financiamiento muy importante para la infraestructura; pero sí requiere de capital de trabajo para asegurar el acopio y soportar los periodos de espera en el cobro de las exportaciones. Los "cuellos de botella" se ubican, por un lado, con los productores, para pagar el volumen adquirido y, por otro, con los *brokers*, para cobrar las ventas realizadas.

Con los productores, las empacadoras funcionan de diversas formas. Compran en la báscula, a la tarifa del día, a los productores o intermediarios "libres" que llevan su cosecha diaria. Adquieren en la huerta, por medio de intermediarios ("coyotes") que trabajan para la empacadora, aseguran el flete y cobran una comisión por tonelada. Adquieren también de productores "comprometidos": la empresa tiene una cartera de citricultores que se obligan a entregarle toda su producción; a cambio de este contrato de exclusividad, la empacadora se compromete a comprarles la producción en periodo de sobreoferta (el mismo sistema que se utiliza para la leche con los boteros y ganaderos).

El productor es pagado en el momento de la recepción del producto, después de haberlo pesado y en función de la calidad (existen ocho grados de calidad, según tamaño y apariencia). El contrato no estipula precios. Al otro extremo de la cadena, los empacadores se encuentran desprotegidos frente a los *brokers* de la frontera, que imponen precios, condiciones y plazos de pago. Son frecuentes los litigios por desacuerdo en la evaluación de la calidad de la fruta; también los casos de fraude, tanto por los empacadores como por parte de los *brokers*, pues ambos suelen desaparecer de un día para otro, dejando saldos no pagados. Es un circuito todavía especulativo, donde el precio llega a variar repentinamente de manera significativa, sobre todo en el caso del limón.

Estas características explican las dificultades que enfrentan las pocas experiencias de cooperativas para empacadoras, que han corrido con mala suerte hasta la fecha. Un primer intento, a finales de los años setenta, fue dirigido por el gobierno federal, por medio de la Comisión Nacional de Fruticultura (Conafrut). Era la época del intervencionismo estatal: se prometió una juguera, después se instaló parte de la maquinaria para una empacadora y después...

no pasó nada. Los créditos prometidos no llegaron, y poco a poco los gobiernos, tanto estatal como federal, se llevaron la maquinaria a otras partes. (En 1988, Salinas de Gortari siguió con la tradición y entregó "simbólicamente" una empacadora... que no existe.)

Unos años después, a principios de la década de 1990, bajo la presidencia de López Portillo y con la ley de fomento agrario, se creó una Asociación Rural de Interés Colectivo (ARIC Marver) con Pablo Zorrilla como presidente. Descendiente de Manuel Zorrilla, de Teziutlán, el gran latifundista de comienzos de este siglo, Pablo Zorrilla dirigió dicha asociación hasta 1986. En estos años la ARIC desempeña un papel pionero, es la primera empacadora de limón en la región, al principio con intermediarios de Montemorelos, por sí sola luego, y llega a absorber un volumen tal que regula el precio en el ámbito regional. En su periodo de auge cuenta con 880 socios, dueños de 7 600 hectáreas de naranja y 1 000 de limón, y sus activos (transportes, gajera, empacadora) alcanzan 12 000 000 000 de pesos. Sin embargo, Pablo Zorrilla es acusado de malos manejos y empieza la lenta caída de la asociación; numerosos socios se apartan de la ARIC y varios de ellos instalan sus propias empacadoras. Comienza una lucha a la vez económica y política, que dura hasta hoy.

En el plano económico, las empacadoras privadas eran más flexibles y al fin de cuentas más eficaces en el pago a los productores; como consecuencia, estos últimos dejaron de asegurar la entrega de sus producciones a la ARIC. En el plano político, comenzó una manipulación por parte del presidente municipal de la época, que buscó controlar este formidable aparato administrativo-financiero, junto con la CNC, que también intentó revivir a la ARIC. A pesar de la cartera vencida, dada la importancia de la empresa y con el apoyo del gobierno del estado, la ARIC renovada obtuvo nuevos créditos (2 800 000 000 de pesos en 1990) para rembolsar a sus acreedores, pero no logró sanear sus finanzas y en 1992 se planteó de nueva cuenta el cierre formal de la asociación. Las vicisitudes de la asociación, en especial estas últimas, demostraron, sobre todo, el empeño de las dirigencias sindicales locales por conservar estructuras que les dieran cierto peso local, ya que en realidad la ARIC perdió su razón de ser económica por lo menos desde cuatro años atrás. De hecho, ya no trabaja y sólo maquila de vez en cuando el empaque para otras empresas. Pero sigue siendo punto de cristalización de los conflictos políticos locales, en especial entre la presidencia municipal y el comité local de la CNC; ambos reproducen un discurso en defensa de los pequeños productores y ejidatarios, para quienes fue pensada en sus orígenes la ARIC Marver.

Últimamente se han concretado otros tres proyectos de cooperativas para empaque y exportación, que reúnen, en su mayoría, a ejidatarios acomodados de la zona (con más de 10 hectáreas de cítricos). Son proyectos más razonables en términos de tamaño (entre 10 y 30 socios) y de exigencias en aportes de capital. También parecen más desligados de las políticas e instancias de gobierno, y derivan de iniciativas de citricultores locales, sean o no dirigentes. Empiezan a trabajar alquilando las instalaciones, buscan contactos con comercializadoras de Estados Unidos y sólo posteriormente piensan en producir en su propia factoría. Sin embargo, todos piden el "apoyo del Estado" y no consideran la posibilidad de crecer sin la intervención del Programa Nacional de Solidaridad (Pronasol), Empresas en Solidaridad o el Banco Nacional de Crédito Rural (Banrural). Por ahí interviene la CNC, que encuentra un último lugar de legitimación en su papel de mediación entre los ejidatarios y las instancias gubernamentales. Para la CNC es también la puerta para entrar en el mundo de la citricultura, que hasta la fecha había estado bastante cerrado a cualquier intento de corporativización (fuera de la experiencia fracasada de Marver); como señaló un líder local de la CNC: "No existía organización porque no se necesitaba, había riqueza" (entrevista, enero de 1993). Ahora las cosas cambian, comienza entre las empacadoras una real competencia por el acopio, entre productores por la calidad, entre todos para lograr el control de los canales de comercialización. La organización, en esta situación, se convierte en una herramienta positiva. Así lo entendieron también los empresarios privados.

El auge de los empacadores se inició en 1984, cuando la oficina de agricultura estadunidense (USDA, por sus siglas en inglés) impone reglas de origen y exige que el empaque sea llevado a cabo en los lugares de producción. Entonces llegan negociantes de Nuevo León, Colima y Guerrero, además de unos cuantos de la región. "Ésta fue una época de caos comercial. Unas empacadoras sólo trabajaban por temporadas, cuando había buenos precios y buenas ganancias. Era fácil por el crédito y la inflación" (G. Zorrilla, dirigente de la asociación de empacadoras de Martínez de la Torre, entrevista 1993). Cuando disminuye la inflación y se empieza a estabilizar el peso frente al dólar, las empacadoras más pequeñas comienzan a quebrar y, al contrario de lo sucedido en años anteriores, dejan de trabajar cuando los precios son altos, por falta de liquidez. La actividad se vuelve eminentemente especulativa y riesgosa, al decir de los empacadores, que continúan subrayando su dependencia casi total frente a los *brokers* de la frontera. Según uno de sus dirigentes, existe hoy una doble tendencia; por un lado, hacia una mayor concentración (los más débiles cierran) y, por otro, los grandes productores locales se lanzan a la comercialización directa.

En 1985 se funda la Asociación de Empacadoras, entre las seis o siete que había en aquel tiempo. Poco a poco se adhieren las nuevas, pero en esos momentos esta organización no tiene ningún papel relevante. Por un lado, la competencia comercial impide cualquier acción común y, por otro, no hay problemas graves que justifiquen una movilización. Sólo cuando ocurre el cierre de la frontera al limón persa y al mexicano en 1984, los empacadores de la región se unen entre sí (ARIC, Domingo Ramírez) y con algunos de la región de Montemorelos. La situación empieza a cambiar después de un año pésimo en 1991-1992, con sobreproducción y baja de precio en el limón. A pesar de una nueva alza después del huracán que acabó con las huertas de Florida en agosto de 1992, los empacadores sienten la necesidad de organizarse y regularizar los embarques, para evitar periodos de sobreproducción. Se constituyen entonces como un grupo suficientemente sólido como para pedir y recibir la responsabilidad de la gestión de los certificados de origen, anteriormente confiada a la SARH, enfrentándose de este modo a la asociación de productores (véase *infra*). Los empacadores irrumpen como un grupo de presión profesional que afirma "no tener ninguna pretensión política". Pero a la vez lanzan ideas para conformar una "Unión de crédito intersectorial" que conciben, a pesar de la reforma al artículo 27 constitucional, como una instancia reservada a los pequeños propietarios. Pretenden participar en el establecimiento de los programas de desarrollo regional, ya que consideran que hasta hoy, éstos fueron hechos "para y por los ejidatarios", lo que según ellos llevó a la región al fracaso (baja productividad, fragilidad debida al monocultivo, etc.). Son ahora actores económicos insertos en las redes regionales, tanto comerciales como sociales y políticas, cuando antes se restringían a tener una función económica. Los mayoristas siguieron vías distintas, y casi opuestas, en su evolución.

Los mayoristas

Luego de la expansión, pero antes de la organización del sector, eran los "reyes del mercado". Por un lado, la producción de limón para empacadoras era limitada y solamente funcionaba (mal) la juguera de Paso Largo. Por otro, los comerciantes al por mayor se dedicaban, sobre todo, a la fruta fresca para el mercado nacional. Los grandes comerciantes regionales eran pocos y trabajaban para un grupo aún más reducido de mayoristas de la Central de Abasto en el Distrito Federal; la red era bastante apretada, y los productores tenían un escaso margen de maniobra. Los grandes comerciantes regionales formaban un grupo de presión con capacidad para oponerse a las medidas de control sanitario y cobro de impuestos decididas por la SARH del distrito de Martínez de la Torre o aun de todo el estado.[8] Dentro de los límites impuestos por la competencia, se acordaba sobre precios, y se llegó a penalizar a los "coyotes" e intermediarios menores que intentaban jugar por sí solos.

En los últimos años, la situación cambia con la agudización de la competencia, por un lado, y el aumento de la producción regional, por otro (que no se compensan). La puesta en marcha de una juguera de alta capacidad (Citrosol) y la reactivación de la otra, presentan una alternativa para los productores en tiempo de sobreoferta, lo que les permite escapar a la presión de los mayoristas. Esto se verifica incluso si los empresarios de las jugueras presentan el argumento al revés: aseveran que los mayoristas (mercado de fruta fresca) imponen precios demasiado altos para que puedan

[8] La primera campaña contra la mosca de la fruta fue un ejemplo de su poder, pues se opusieron de tal forma que dicha medida no pudo llevarse a la práctica.

competir. Por otro lado, la producción de limón toma vías distintas de comercialización, de preferencia a través de las empacadoras. Por último, el alza de la producción permite el desarrollo de una clase de intermediarios "medianos", para los mercados regionales de fruta fresca (Poza Rica, Xalapa, Puebla). El proyecto de construir centrales de abasto regionales (en Xalapa, por ejemplo) debe extender y ampliar el fenómeno.

Un síntoma de la transformación sufrida en las redes de comercialización, con una evolución en los grupos de poder, está representado por el hecho de que los mayoristas no se pudieron oponer a la "modernización" del control sanitario en 1989, cuando la SARH traspasó a las asociaciones de productores la percepción de impuestos para organizar la lucha contra la mosca (así como la refacción de los caminos). De hecho, los productores, hasta entonces reducidos a sus papeles de proveedores de mercancía, empiezan a tener una función protagónica en la esfera local. Prueba de eso es la reciente pugna por el control de la Asociación Agrícola, que hasta la fecha nunca había sido objeto de deseo de ningún grupo local.

La Asociación Agrícola local, ¿un nuevo protagonista?

Es ésta la única agrupación de citricultores que existe en la región. Como en todas partes, cada municipio tiene una asociación, registrada ante la SARH y generalmente en manos de la CNC. El distrito de Martínez de la Torre cuenta con sus debidas 21 Asociaciones Agrícolas, que en su mayoría no representan sino a sus propios dirigentes.

La agrupación de Martínez de la Torre no era una excepción hasta 1989, cuando le fue otorgada la capacidad de percibir los impuestos sobre transporte de cítricos, a razón de cinco mil pesos por tonelada. Empieza entonces a tener mayor importancia frente a los citricultores y los comerciantes. En 1992 las medidas de modernización del campo vuelven a modificar los equilibrios locales. Esta vez se trata de traspasar a los productores el manejo de los certificados de origen, anteriormente otorgados por el distrito de la SARH y necesarios para tramitar cualquier exportación de cítricos. Esta última dependencia federal, dentro de la política nacional de descentralización y adelgazamiento del Estado, busca a quien traspasar esta carga administrativo-fiscal y luego de haber comprobado la incapacidad de la Asociación Agrícola local, decide otorgarla a la recién creada Asociación de Empacadores. De hecho, los integrantes de esta última son los principales interesados. Se rebela la CNC local, que no apoya a la Asociación Agrícola local e incluso la acusa de fraude en el manejo de los impuestos. Argumenta que el control de los certificados de origen debe ser dominio de los productores mismos, no de los agroindustriales o los comerciantes (empacadores). Comienza así una especie de rodeo, donde la SARH afirma estar de acuerdo con lo pregonado por la CNC, siempre y cuando exista una instancia representativa de los agricultores que además tenga capacidad para manejar un volumen alto de trámites. La mencionada secretaría exige además un padrón confiable de los citricultores[9] que legitime y respalde su responsabilidad en el manejo de los fondos. En otros términos, la SARH, sin intervenir directamente, pide a la CNC local que "limpie las cuentas" y cambie la mesa directiva de la Asociación Agrícola local. La tenacidad y los apoyos del actual presidente de la asociación le permiten mantenerse, según él, "hasta las próximas elecciones de directiva", dentro de un año.

En realidad, este pleito –que podría considerarse como un resultado de la voluntad de lograr mayor trasparencia en el manejo de fondos–, es también revelador de las relaciones de fuerzas entre la SARH y la CNC locales, la CNC estatal y, por supuesto, los intereses particulares de los individuos involucrados. La CNC estatal respalda a la asociación existente sin aceptar las reivindicaciones de la CNC local (comité municipal y comité regional campesino), que por lo demás ya está marginada en el seno de las instancias estatales. La SARH distrital no quiere responsabilizarse de la resolución del conflicto, que a la vez aviva con sus exigencias; la SARH estatal, por su parte, niega la existencia misma del pleito. Los productores casi no intervienen en el conflicto, que se expresa por medio de

[9] Este padrón, realizado a principios de 1993, cuenta, según la CNC, con 39 ejidos citricultores, 2 300 productores y 23 000 hectáreas en el ayuntamiento de Martínez de la Torre. De acuerdo con estas cifras el municipio tiene 87% de la superficie de cítricos de todo el distrito censada en 1989.

declaraciones en la prensa y se maneja exclusivamente en las cúpulas sindicales. Todos concuerdan, sin embargo, en señalar el nuevo peso de las asociaciones agrícolas, que atribuyen al "enorme potencial de los cítricos" en la región, y en la lucha por el control de lo que unos llaman "intermediarismo", otros "circuito de comercialización". En ambas visiones se plantea el papel de los productores frente a la cadena productiva en su conjunto.

En términos de poder local, los conflictos analizados en los sectores productivos ponen en escena actores y mecanismos de naturaleza distinta. Además de las especificidades de cada rama, los objetivos y contextos de los conflictos son distintos. Se trata a veces de reacciones a las medidas impuestas desde el centro (el caso más general), a veces de lograr una reordenación local y regional de las organizaciones de productores a más largo plazo y también, en algunas ocasiones, de luchar por algunas propuestas de mayor alcance, que rebasan el ámbito productivo.

El caso más evidente es el del sector de la caña de azúcar. Las medidas de desregulación y luego de privatización rompen de manera tajante con el modelo organizativo-productivo anterior. En Martínez de la Torre el ingenio, administrado casi desde sus inicios por el gobierno, no impulsó la formación de grupos capacitados en la gestión y el manejo de la fábrica. Participó en la diferenciación de una élite obrera celosa de sus privilegios, sin que ésta se comprometiera con el ingenio y menos con los demás grupos productivos, entre ellos los cañeros. Frente a la privatización, los cañeros están localmente divididos y sin poder propio. Dependen en la totalidad de las negociaciones a más alto nivel, entre los sindicatos nacionales –a su vez empantanados en sus divisiones internas–, y la iniciativa privada relativamente cohesionada. No aparecen fuerzas locales, sino sólo expresiones locales de grupos de poder centrales. Las lógicas mismas de enfrentamiento o negociación no están fundamentadas en coyunturas locales o regionales, por lo menos por parte de los cañeros, y siguen funcionando con base en lógicas corporativistas desterritorializadas.

En el sector citrícola, en cambio, las reacciones a las medidas de modernización –fiscal en este caso–, despertaron los intereses locales, al punto de provocar una crisis de alcance regional y de cuestionar el modo de organización prevaleciente entre los productores. Los protagonistas son gente del lugar que utiliza los canales corporativizados para defender una u otra posición, apelando a las instancias sindicales superiores de la CNC. Aquí son las fuerzas locales que luchan por el control del aparato sindical. Aun si las cúpulas son más interesadas y más activas que la mayoría de los productores, se trata de una recomposición que concierne al conjunto de las fuerzas locales de este sector de la producción y puede reorientar las modalidades de negociación en el futuro. Más que una simple reacción frente a la amenaza de perder privilegios o la oportunidad de ganarlos, el reacomodo entre los citricultores deriva de una toma de conciencia de su nuevo peso en la esfera regional y hasta nacional, y de la necesidad de organizarse tomando en cuenta este hecho.

Otro caso se presenta en el sector ganadero. Aquí los conflictos por el control de la asociación se dan primero entre los grupos locales, sin intervención de las autoridades políticas o gremiales. Luego se enmarcan dentro del juego político regional y estatal, y los protagonistas buscan apoyos para consolidar sus posiciones respectivas, sin realmente entrar en una lógica gremial. Las relaciones en el medio ganadero –por lo menos el de la costa de Veracruz– (alianzas, rupturas, enfrentamientos), responden más a lógicas personalizadas, muchas veces de tipo caciquil, donde las opciones y orientaciones del gremio no representan argumentos, sino que solamente acompañan los discursos. En esta medida, la lucha alrededor de la Asociación Ganadera local adquiere gran relevancia, ya que significa un cuestionamiento del orden social más que la mera organización del sector.

Los principales sectores de la producción agrícola regional conocen hoy mutaciones que implican una reordenación de los sujetos. Sin embargo, los enfoques de los grupos de poder existentes así como los de aquellos que aspiran a una mayor participación en los asuntos locales, difieren según los antecedentes políticos y organizativos de cada sector. Queda por entender cómo se combinan en la escena local, en interacción con las demás fuerzas políticas no directamente ligadas al ámbito productivo.

La lógica regional. Entre intereses locales y políticas nacionales

La región de Martínez de la Torre y los municipios adyacentes, todavía característicamente agrícolas, no pueden sino sufrir de manera profunda los cambios que afectan a los principales sectores de la producción. Para recuperar el equilibrio entre los distintos componentes de la sociedad local se necesita una recomposición tanto en el plano de la vida cotidiana —especialmente en la organización del trabajo—, como en la esfera política.

La escasez de mano de obra, una constante en la historia regional

Desde la formación e individualización de la región, a finales del siglo XIX, la escasez de mano de obra siempre fue destacada como el principal obstáculo para el desarrollo regional. Los hacendados recurrían a los enganchadores, que recorrían el territorio nacional y contrataban trabajadores por periodos más o menos largos, generalmente por varios meses. Así llegaron a la zona familias de Puebla, Tlaxcala, Guanajuato, San Luis Potosí (entrevistas, censo de 1895) para la cosecha de caña de azúcar y para trabajar en los primeros trapiches de Misantla y Tlapacoyan. La producción tabacalera también exigía una mano de obra abundante para la recolección y el secado, primer paso de su transformación en producto industrial.

Durante el periodo de la reforma agraria la inmigración se acentuaba, como señalamos, pero aun así no colmaba las necesidades de mano de obra. La instalación de ingenios y la extensión de las superficies plantadas con caña de azúcar aumentaron considerablemente las necesidades. Además, en la práctica, los ejidatarios no participaban en los trabajos agrícolas —en especial en el corte de caña— y empleaban sistemáticamente mano de obra temporal. Por casi 20 años, hasta los ochenta, la organización del trabajo en escala regional se construyó alrededor de migraciones pendulares entre la costa y la sierra, entre las comunidades y los pueblos rurales de la sierra y los ejidos de la llanura. Los cortadores de caña provenían de los municipios vecinos, aislados por la ausencia de vías de comunicación y de producción rentables pero también, en buen número, de los estados de Puebla y Oaxaca. Durante el periodo de la zafra estos cortadores se instalaban con sus familias en alojamientos colectivos sumarios, proporcionados por el ingenio, antes de continuar su viaje hacia el norte y regresar luego a sus comunidades de origen para la época de siembra del maíz. Este esquema se encontraba en todas las regiones donde se cultivaba caña de azúcar (por ejemplo, en los alrededores de Córdoba, en los Tuxtlas). Era frecuente que la mano de obra que llegaba por su propio pie, sin la intermediación del enganchador, no fuera suficiente; en este caso, tanto el ingenio como los "cañeros" recurrían a los mencionados enganchadores para que éstos registraran minuciosamente los pueblos de la sierra norte de Puebla, o de la Huasteca próxima, reclutando candidatos para el corte. Un dirigente agrario de aquella época menciona que entre los años 1972 y 1974 había una feroz competencia entre los ingenios para el control de la mano de obra eventual

> hacíamos retenes en la región, con guardias en las noches (para impedir que se vayan los trabajadores); faltaba gente para cortar y había luchas entre coyotes [enganchadores] que venían a "robar" mano de obra para otras zonas cañeras. También mandábamos coyotes para enganchar a cortadores a San Luis, Querétaro, Tamaulipas, dos meses antes de la zafra, de a 500 hasta 2 000 gentes para los ingenios de aquí (S. Cardeña, entrevista 1993).

Entre los ejidatarios y los cortadores se operó una clara división del trabajo. Los primeros preferían trabajar, sobre todo, en los cítricos o en la cría de ganado, labores menos penosas y por las que se pagaba más, mientras los cortadores eran todos trabajadores migratorios temporales, que volvían cada año. Los ejidatarios laboraban en sus parcelas o como asalariados agrícolas o incluso, con frecuencia, viajaban todos los días a la ciudad con la esperanza de encontrar alguna "chamba" aunque fuera mal pagada. Para los ejidatarios, la producción de caña de azúcar no suponía su participación en las tareas ni en la organización del trabajo agrícola; ambas estaban a cargo del ingenio y los sindicatos. Recurrir a la mano de obra externa era suficiente para colmar las necesidades de braceros.

Tal mercado de trabajo y los movimientos migratorios temporales que implica comenzaron a cambiar a partir de los ochenta, bajo el triple efecto de la crisis en la caña de azúcar, la concomitante expansión de los cítricos y el desarrollo urbano de Martínez de la Torre.

La suma pagada al cortador se estanca de un año a otro mientras los salarios de los trabajadores de la naranja llegan a ser cuatro o cinco veces mayores (en 1992 un obrero agrícola podía ganar 50 000 pesos diarios en la cosecha de naranja, pero el cortador de caña alcanzaba apenas los diez mil pesos y el peón de los grandes ranchos quizás menos); por esto, numerosos migrantes prueban su suerte y se arriesgan a permanecer en la región, pasando de un empleador a otro, de una tarea a otra. La relativa inseguridad del trabajo está ampliamente compensada, por un lado, por la expansión de la citricultura, que exige más y más brazos primero para plantar y limpiar, después para cuidar y cosechar y, por otro, por los salarios relativamente altos. Además, en este circuito no hay traba alguna de orden sindical, ni tampoco ninguna organización por encima de la explotación agrícola. Tanto la decisión del trabajador como la del empleador son individuales y no exigen la afiliación a un partido, sindicato o asociación de productores. En esa misma época la ciudad de Martínez de la Torre comienza a ofrecer algunas oportunidades para los oficios urbanos. Los varones combinan periodos de trabajo agrícola asalariado y otros como desocupados o de subempleo urbano con lapsos de trabajo en sus parcelas, ejidales o de su propiedad, rentadas o prestadas. Las mujeres trabajan en el comercio a domicilio o en la calle, y algunas se especializan en el negocio de mercancías de contrabando, de las que Martínez de la Torre se convierte en un centro de difusión regional. La caña de azúcar no es más, hoy día, el elemento rector de la organización regional del mercado de trabajo, que ahora no sufre ritmos estacionales tan marcados como antes. Este periodo de estabilización de la mano de obra en la región está acompañado por una disminución del poder de los sindicatos azucareros, antes grandes organizadores de la zafra y por un cambio profundo en la concepción del trabajo por parte de los cañeros, que en lo sucesivo deben trabajar directamente en las plantaciones o por lo menos organizar ese trabajo (véase *supra*).

Junto a este "sistema de caña de azúcar" declinante continúa existiendo otro que, por distintas razones, también utiliza mano de obra externa. Este último sistema mencionado está limitado a los espacios controlados por los grandes propietarios (más de 200 hectáreas), en general ganaderos. Estos rancheros importantes de la región emplean mano de obra originaria de la sierra, acarreada luego de la firma de un contrato temporal con un enganchador y con un certificado del presidente municipal del lugar de origen (generalmente un municipio de la sierra norte de Puebla) que comprueba la honestidad de los trabajadores. Éstos reciben por adelantado parte de su paga; constituyen cuadrillas de 10 a 20 hombres, que viven en la "hacienda" (o rancho) y vienen acompañados por una mujer que prepara las comidas y un aprendiz que acarrea el agua y la leña necesarias para cocinar. El productor trata de evitar al máximo las relaciones –tanto laborales como de simple vecindad– con los pueblos cercanos, en su mayoría ejidos donde sobreviven más mal que bien numerosos campesinos sin tierra y solicitantes de nuevas dotaciones agrarias. Las amenazas de afectación, reales o supuestas, reducen al mínimo los intercambios. Los rancheros prefieren una mano de obra "extranjera", dócil y "amarrada" por un tiempo determinado (casi siempre 30 a 40 días, generalmente no renovados para evitar todo arraigo) y, por añadidura, menos exigente en el salario y la extensión de la jornada de trabajo. Sin embargo, es muy frecuente, por un lado, que se trate de relaciones antiguas, heredadas de padres a hijos desde las épocas en que se establecieron los ranchos, cuando la mano de obra local faltaba y, por otro, que estén relativamente circunscritas a las grandes explotaciones instaladas al pie de la sierra (Misantla, Tlapacoyan).

Ambos sistemas tienden ahora a desaparecer. Las migraciones temporales son menos frecuentes y la población local puede colmar las necesidades de mano de obra. Las autoridades municipales comienzan incluso a inquietarse ante la emigración de los jóvenes, que apenas se inicia y que no puede detectarse en las estadísticas (entrevista enero de 1993).

La recomposición política. Entre los sectores que expiran y los territorios nacientes

Nacido y construido alrededor de personajes clave, el sistema político regional se diversifica y se incorpora al esquema nacional, antes de conocer hoy –como sucede en todas las regiones del país–, un retroceso del modelo corporativo. Estas tres fases históricas corresponden a tres grandes esquemas de comportamiento político y de relaciones entre las esferas local y extralocal (estatal o federal).

Los tres Manueles o las bases personalizadas del poder local

La región podría llamarse de los Manueles:[10] Manuel Zorrilla Bringas, el gran latifundista de comienzos de siglo, precursor de actividades agroindustriales y promotor de las vías de comunicación; Manuel Ávila Camacho, que pone en marcha el polo de desarrollo regional y hace posible el despegue de la ciudad de Martínez de la Torre en los años cincuenta; Manuel Zorrilla Rivera, líder local, desde los setenta, celoso servidor del pulmón regional: el ingenio. Los tres, cada uno a su manera, han moldeado la región y la han controlado políticamente, con apoyo en el plano nacional y en las apropiadas estructuras locales. Los dos últimos han sido, además, dirigentes nacionales que gozaron de poder de decisión en el modelo económico y político de desarrollo regional. Según la opinión de un notable local, "Manuel Ávila Camacho y Manuel Zorrilla eran los que arreglaban los problemas" (Baltasar, 1993).

El primero de los nombrados, presidente de la República a comienzos de los años cuarenta, determinó las grandes estructuras fundadoras: la carretera Nautla-Teziutlán y el ingenio azucarero. Pero, más allá de esas grandes orientaciones regionales, el mismo Ávila Camacho era propietario de una extensa hacienda (La Soledad), situada a la entrada de la ciudad y participó en varios

[10] Un pueblo cercano a Tlapacoyan lleva ese nombre, Los Manueles, sin que se haya podido conocer la razón ni confirmar la relación con los políticos mencionados.

proyectos de menor envergadura. En Pompeya construyó un pueblo-ejido que, desde su punto de vista, debía convertirse en un modelo para la región. Esta comunidad campesina tuvo un hospital rural, sus calles fueron trazadas a cordel y las casitas que las bordean, construidas en cemento armado, están decoradas con guijarros de río pintados, según una arquitectura homogénea y rebuscada, en el estilo europeo de aquellos años. Los ejidatarios de Pompeya son cañeros y lograron este arreglo a través de un convenio original: ellos deberían haber sido dotados de tierras de La Soledad, que Ávila Camacho logró "intercambiar" con las del actual pueblo –un poco más alejadas de Martínez de la Torre y del ingenio–, gracias a estas construcciones de tipo urbano en pleno campo. Desde la muerte de Ávila Camacho en 1953, estas instalaciones, especialmente el hospital, no tuvieron mantenimiento y hoy sólo subsisten los edificios, entre ellos un quiosco, por lo demás, espléndido. Don Manuel pretendía ser "cercano a sus gentes", las que recordaban a este hombre, anciano ya, cuando llegó a socorrer a las poblaciones azotadas por la gran inundación de 1953 y muerto pocos días más tarde. Más allá de este tipo de acciones puntuales y, por así decir, anecdóticas, Manuel Ávila Camacho intervino, en general, en toda la vida pública de Martínez de la Torre a través del nombramiento de candidatos a la presidencia municipal o de líderes sindicales. En esto era "secundado" por su hermano, el general Maximino Ávila Camacho, jefe militar muy presente en los conflictos agrarios de Martínez de la Torre y Tlapacoyan en los años cuarenta (expedientes de la CAM). Curiosamente, su influencia local parece haberse concentrado en el corredor Teziutlán-Tlapacoyan-Martínez de la Torre, y no alcanzó a Misantla, feudo de don Manuel Zorrilla Rivera.

Éste, forjado en los años veinte de la Revolución, abandonó los asuntos políticos luego de la derrota y asesinato de "su" candidato a la presidencia, Manlio Fabio Altamirano, en 1936, y su propio fracaso como candidato a gobernador frente a Miguel Alemán, en ese mismo año. A partir de entonces se consagró a la industria azucarera, y administró varios ingenios en los estados de Tamaulipas y Morelos antes de llegar a la región como gerente del ingenio La Libertad, que él mismo había contribuido a crear en 1958. De hecho, se desempeña como cacique político local, a la sombra de

Ávila Camacho en Martínez de la Torre y como dueño y señor en su propio territorio, Misantla. Durante la gubernatura de Marco Antonio Muñoz (1950-1956) intervino como mediador entre los campesinos organizados en comités agrarios y los grandes propietarios cuyas tierras eran susceptibles de afectación. Bajo su autoridad, estos últimos aceptaron fraccionar y vender parte de sus bienes a los campesinos, que se convirtieron así en "pequeños propietarios" (véase *supra*). Su área de influencia se extiende a toda la sierra de Chiconquiaco, donde nombra presidentes municipales y diputados. Don Manuel, aunque gozaba de un poder y una fama indiscutibles en Misantla y sus alrededores, no se incorporó nunca al aparato formal del PRI (aunque había sido cofundador del Partido de la Revolución Mexicana, PRM). Seguía una trayectoria personal, donde la autoridad individual se imponía a las jerarquías políticas, al menos durante un tiempo. A mediados de la década de 1960, sin embargo, había perdido buena parte de su poder y no pudo imponerse como diputado federal por Misantla en 1963, ni como mediador eficiente en un conflicto municipal en Yecuatla, en 1967 (entrevista Miguel Balthazar, en 1965 diputado local de Misantla, enero de 1993).

Los frágiles equilibrios entre los sectores (CTM, CNC, CROM, ex CNOP)

Muerto Ávila Camacho y desaparecido políticamente Zorrilla Rivera, la política regional formal se organiza alrededor de los tres sectores, agrario, obrero y "popular" del PRI. La oposición es prácticamente inexistente hasta hoy, excepto en Misantla donde el Partido de la Revolución Democrática (PRD) reivindicó la victoria en las elecciones municipales de 1988. Este municipio alberga, además, una oposición más antigua pero afiliada al PRI, con el profesor Arroyo a la cabeza de la sección del Sindicato Nacional de Trabajadores de la Educación (SNTE) en conflicto con los dirigentes nacionales.

Tlapacoyan no conoce la oposición. Aunque la actual presidenta municipal (1991-1994) se ha reivindicado alguna vez como militante del Partido Popular Socialista (PPS), es conocida más que nada por su riqueza y su participación en las obras de caridad en el municipio, bases sobre las cuales fue electa, postulada esta vez por el PRI.

El municipio de Martínez de la Torre prácticamente tampoco conoce la oposición. Antes de la "democratización" de los últimos años, ésta se reducía a una elección municipal disputada (y perdida) por el PPS en 1973 y a la participación en la municipalidad (luego de 1988) de dos regidores del PRD (responsables de Educación y cultura y Panteón y rastro) y de un edil del Partido del Frente Cardenista de Reconstrucción Nacional (PFCRN). Lo esencial de los debates se desarrolla sobre un fondo de priismo y corporativismo: es el juego y la competencia entre sus sectores que acapara la atención y aglutina los esfuerzos y reivindicaciones de las fuerzas políticas locales.

Además, las apuestas locales son esencialmente municipales. La postulación de diputados locales y federales[11] se negocia en Xalapa o en el Distrito Federal, de acuerdo con los equilibrios en el plano nacional y no pone en juego a los actores de envergadura local. En este parágrafo sólo analizaré el municipio de Martínez de la Torre; los de Tlapacoyan y Misantla no tienen las mismas lógicas sectoriales y serán estudiados más adelante.

En Martínez de la Torre, en términos de "cuotas de poder", el sector obrero no sobrevivió a la caída del imperio Zorrilla. Los líderes de la CTM, divididos entre sí y muy marcados por sus afiliaciones más personificadas que corporativas, no supieron conservar un poder que les había sido dado, "otorgado" por Manuel Zorrilla, sin fundamento local real. Desde los años sesenta pierden el control de las autoridades municipales. En los conflictos azucareros de la década de 1970 reencontraron, durante cierto lapso, una audiencia regional, que disminuyó con la decadencia de la caña de azúcar, al punto que no fueron tomados en cuenta en las

[11] La región está dividida en dos distritos electorales locales y dos federales. Por un lado, aquellos de Misantla que integran una veintena de municipios de la sierra de Chiconquiaco, hasta Perote y Acajete; por otro, los de Martínez de la Torre que comprenden: para el distrito electoral federal (décimonoveno) Altotonga, Jalacingo, Tlapacoyan, Tecolutla y Martínez de la Torre (su cabecera) y para el local (octavo) Jalacingo, Tlapacoyan, Nautla, Vega de Alatorre y Martínez de la Torre (cabecera).

negociaciones de 1991 sobre la privatización del ingenio. En la actualidad, el único representante de la CTM electo en la región, el diputado local Germán Muñoz Reyes, debe su cargo a pactos políticos entre Fidel Velázquez y el gobierno del estado en los cuales el primero aceptó canjear la diputación de Martínez de la Torre por la de Coatzacoalcos, donde la CTM tiene una base electoral real. Algunos estudiosos agregan razones extralocales para explicar la declinación de la CTM: esta central habría preferido negociar dentro del PRI las municipalidades más importantes (Coatzacoalcos, Minatitlán), a riesgo de perder la de Martínez de la Torre, algo totalmente prescindible frente a las regiones petroleras. Por lo demás, la CTM conserva siempre el primer síndico en el consejo municipal.

La CNC, en cambio, apoyándose en un sector ejidal numéricamente considerable, representa la principal fuerza política en Martínez de la Torre luego de los años sesenta. Teniendo a su cabeza a algunos líderes locales, varios de los cuales obtienen diputaciones locales (Galvarino Barría en la década de 1960, por ejemplo), la CNC "tendrá" la presidencia municipal hasta 1975 (véase cuadro 7). Obtuvo también la mayoría de las diputaciones locales, salvo la actual, debido a las mencionadas negociaciones con la CTM. Sin embargo, luego del "decenio agrario" de los años setenta, los dirigentes comienzan a dividirse, a tal punto que ahora se habla de la CNC como una institución "fracturada, sin liderazgo" ¡aunque abundan los líderes históricos, o quienes se reivindican como tales! Las luchas internas por el control del Comité Regional Campesino desacreditan las instancias locales que así se automarginan de la CNC estatal y, con más razón, de la entidad nacional. Con las recientes reformas constitucionales, los dirigentes locales se sintieron desposeídos de sus últimas cartas de triunfo y fuente de legitimidad, y acusan al gobierno de pretender destruir a sabiendas lo que queda del "liderazgo": "quieren acabar con nosotros" (S. Cardeña, G. de la Rosa, enero de 1993).

Por otra parte, la CNC pierde terreno a medida que la ciudad crece, que se desarrollan las colonias populares y que sus líderes se incorporan al sistema político local y regional. Carmelo Flandes es el primero y más importante de ellos, hasta nuestros días. Desde hace más de 20 años trabaja en la organización de nuevas colonias en Martínez de la Torre y se convierte rápidamente en vocal en la

CUADRO 7
Martínez de la Torre. Presidentes municipales 1961-1991

Fecha de inicio del mandato	*Presidente municipal*	*Sector del PRI al que pertenece*
1961. 1 de dic.	Prisciliano Nava Rey	Popular pero con "etiqueta" CNC
1964	Bricio Rincón Hernández	CNC
1967	Lic. Daniel Martínez Sandría	CNC
1970	Quím. Mario del Campo Martínez	CNC
1973	Pedro Manterola Rojas	Popular
1976	Lic. Cirilo Rincón Aguilar	CNC
1979	Arq. Antonio Rodríguez Baranda	Popular
1982	Lic. Andrés Vázquez González	Popular
1985 interinato de 7 meses	Germán Muñoz Reyes	CTM
1985	Gonzalo Morgado Huesca	Popular
1988	Ismael García Huesca	Popular
1992. 1 de enero	Miguel Ángel Cortázar	Candidato local

Fuente: Elaboración propia.

municipalidad, como representante del sector popular, que logra una regiduría en 1975-1976, luego la responsabilidad del DIF municipal y el puesto de tercer síndico en 1988. Carmelo Flandes se integra al PRI desde los ochenta (líder municipal en 1981-1982, actual delegado de distrito) y prosigue sus actividades en la Federación Estatal de Colonos (líder estatal en 1985-1988). Participa ahora en la transformación del Movimiento Urbano Nacional en un Movimiento Urbano Territorial que debe, según sus propias palabras, "integrar los inconformes al PRI" y constituirse en uno de los futuros seis "movimientos del nuevo PRI". En el plano local, la organización de colonos destaca desde 1978 por la invasión (pacífica según ellos, violenta según otros) de tierras urbanas desocupadas que estaban en proceso de sucesión hereditaria (algo muy frecuente). La presión de los colonos conduce a la expropiación y luego a la asignación de lotes a los "invasores" organizados. Con el mismo esquema se han ido formando otras colonias, en tierras ejidales desocupadas (12 colonias con 112 hectáreas en total) o en terrenos municipales. Afiliados a la CNOP, luego a la UNE, los colonos de Martínez de la Torre (en todo caso sus dirigentes) pretenden ser hoy la primera fuerza local, con 7 000 afiliados en 28 colonias populares y 5 000 solicitantes de lotes urbanos como afiliados potenciales. Sin embargo, el movimiento está a punto de dividirse. Aparecen nuevos líderes, y mientras algunos se reivindican como pertenecientes al PRI, pero son denunciados por la organización por fraude y corrupción, otros se reclaman de la oposición. El movimiento urbano cercano al PRD, la Unión de Colonos, Inquilinos y Solicitantes de Viviendas de Veracruz (Ucisver) comienza a establecerse en Martínez de la Torre pero es aún marginal.

Seguras de su número, desde comienzos de los años ochenta las organizaciones populares aspiran a participar en las negociaciones entre los sectores políticos. En 1986-1987, con motivo de un conflicto laboral en una "empacadora", los trabajadores se enfrentaron a la CTM y se apoyaron en el sector popular —con, por cierto, el sostén y apoyo del gobernador Fernando Gutiérrez Barrios—, antes de abandonar su sindicato y pasarse a la CROM. Se trataba, de acuerdo con un dirigente del sector popular, de hacer frente a la CTM "que no respetaba el liderazgo local y pretendía negociar en instancias superiores" y "nivelar los poderes locales" entre sectores del PRI (C. Flandes, entrevista 1993). Esta aspiración a "nivelar" los poderes parece haberse concretado más allá de sus esperanzas, y ahora los otros sectores no son siquiera, a los ojos de la UNE local, verdaderos adversarios en las negociaciones para la adjudicación de candidatos para las elecciones municipales o legislativas locales; la CNC está muy dividida, la CTM demasiado debilitada y los sectores "periféricos" como las mujeres (CIM) están "bajo control"[12] o no representan nada (los jóvenes). Este poder político se manifiesta en la selección de los candidatos a las elecciones municipales (véase cuadro 7), donde el sector popular reivindica seis de los ocho últimos presidentes municipales. Desde 1973, la CNC no obtuvo sino una presidencia municipal (1976-1979) y otra la CTM, en un

[12] Como prueba de este control el mismo dirigente mencionaba una reciente manifestación del DIF municipal, e indicaba "metimos 1 500 mujeres en el cine [donde se realizaba la reunión]" [*sic*].

interinato de siete meses en 1984. El presidente municipal actual escapa a la clasificación por sectores y es el primer alcalde electo sobre bases locales, sin negociación ni decisión de una instancia superior. Por primera vez "no funcionó el dedazo" y el candidato fue elegido, por supuesto dentro del PRI, por las personalidades y los dirigentes locales. ¿Puede tomarse esto como índice de una evolución real dentro del partido oficial, considerada como "democratización" por los militantes? ¿Cómo se han desarrollado estas supuestas transformaciones en los otros municipios?

Tres aspectos de un partido que envejece. Reflexiones sobre el peso de lo municipal en lo local

Como ha podido verse en las líneas anteriores, el juego político local se desarrolla entre las cúpulas corporativas, cuando no es dictado por "intereses superiores" o poderes personales que anulan todo margen local de maniobra. De hecho, la población local es poco escuchada o, más exactamente, poco consultada. Como confirmación, mencionemos la tasa de abstención en las últimas elecciones municipales en Martínez de la Torre: 80 por ciento. Sin embargo el PRI es fuerte, casi hegemónico, capaz de imponerse como mediador en los momentos de conflicto o en los grandes debates nacionales como, por ejemplo, en el caso de las reformas constitucionales recientes. Ideológicas o no, ¿cuáles son las bases de esta presencia local?

Las razones de pertenencia y militancia en el PRI varían de un municipio al otro. La problemática política se vuelve local y se adapta a las condiciones específicas de cada lugar.

En Martínez de la Torre, por ejemplo, lugar construido por y a través del Estado, las adhesiones políticas siguen líneas de separación válidas en el plano nacional (los sectores, las grandes corrientes internas del PRI); lo cual no impide las disensiones internas, los conflictos de autoridad entre los planos local, estatal o nacional. Esto es muy claro cuando se analiza la evolución de la CTM, "abandonada" por el centro, o de la CNC, en conflicto latente con la dirección estatal en Xalapa. Únicamente el sector popular, en política menos fuerte en el plano nacional, llega a imponerse en

Martínez de la Torre. Todos los políticos entrevistados, sean de oposición o dirigentes sindicales, se lamentan porque se ha creado un "vacío de poder". Las reformas políticas y económicas, en particular aquellas que entrañan el repliegue del Estado federal, son percibidas claramente como una amenaza al orden establecido, sin que los actores locales sean capaces, todavía, de ocupar ese lugar.

En Misantla y Tlapacoyan estas razones sectoriales ceden su lugar a otros procesos, que podríamos calificar de endógenos. La tradición política caciquil es muy antigua en Misantla. Manuel Zorrilla no es sino uno de los ejemplos más recientes. Las relaciones interpersonales, frecuentemente ligadas al compadrazgo real o supuesto, funcionan como fuente de alianzas o conflictos. Aun la autoridad del profesor Arroyo, como se dijo, líder sindical de estatura nacional, se traduce en Misantla por una mitificación del personaje. Su tumba atrae peregrinaciones y su estatua es un lugar de devoción, casi de culto. Los observadores locales, como un exdiputado o ciertas personalidades de Martínez de la Torre, atribuyen estas conductas, calificadas como arcaicas, a las condiciones de aislamiento que sufrió Misantla hasta fechas recientes. Antes de la construcción y el mantenimiento regular de las carreteras Misantla-Xalapa y Misantla-Martínez de la Torre (1960) la ciudad tenía una doble situación de callejón sin salida frente al mundo circundante y de pequeño polo regional para las comunidades de la sierra. A la vez cruce y punto muerto, Misantla era un microcosmos cerrado, donde las relaciones políticas se reproducían sobre las estratificaciones sociales existentes, donde los procesos de negociación social y política seguían lógicas muy localizadas y personalizadas. Paradójicamente, Misantla siempre tuvo una relación de oposición, muchas veces violenta, con las autoridades locales. Durante la guerra de Independencia, cuando la intervención francesa, más tarde en el porfiriato y durante la Revolución, la historia local está marcada por hazañas donde los protagonismos no son siempre ordenados: el centro contra lo local, pero también entre los grupos locales por el control de los recursos, materiales o no (la tierra, el poder municipal) (cf. González de la Lama, 1990). Aún hoy, Misantla es el único municipio de la región donde el PRD tiene presencia real, con tres escaños en el consejo municipal y una capacidad de movilización, tanto urbana como rural, muy superior a la del municipio mucho más poblado de Martínez de la Torre.

La situación es diferente en Tlapacoyan. Situado en una antigua ruta comercial, relativamente próspero, el pueblo tiene una oligarquía a la vez comerciante y terrateniente que parece haber controlado mejor los puestos de autoridad locales, sin mayores oposiciones o fricciones. A veces con el apoyo de instancias estatales (especialmente en el gobierno de Ruiz Cortines, con el influyente senador Rosendo Tepete, originario de Tlapacoyan y leal aliado del gobernador), a veces maltratados por una oposición muy relativa (el PPS), en el plano regional los poderes locales no representan, sin embargo, un asunto estratégico capaz de ahondar las divisiones, y las tomas de posición se mantienen en el ámbito local. Los comerciantes ricos son a la vez ganaderos, citricultores, cafeticultores; controlan el mercado local de trabajo agrícola, y administran su espacio local a través de redes familiares, sociales y políticas muy localizadas que lo convierten en un "territorio ranchero" (véase Hoffmann, 1992).

A MANERA DE CONCLUSIÓN. ¿PUEDE HABLARSE DE IDENTIDAD LOCAL O REGIONAL?

Al comenzar este texto, se trataba de un espacio delimitado por las necesidades del estudio: esa delimitación se hacía de acuerdo con criterios puramente geográficos: el espacio que rodea la actual ciudad de Martínez de la Torre. Luego, a medida que avanzaba el estudio, se detectaron gérmenes de organización regional, distintos en los diferentes periodos. En otras palabras, el espacio no era sólo geográfico sino también debían considerarse las condicionantes sociohistóricas.

En la colonia, la sierra y sus pueblos, la costa y sus latifundios; más adelante, a finales del siglo XIX, la influencia de las haciendas en el corredor Tlapacoyan-Nautla, marginando poco a poco a Misantla; por último, hacia 1950, la puesta en marcha del sistema regional actual. Martínez de la Torre se afirma como el polo regional moderno, dotado de infraestructura industrial, comercial y de comunicación que lo integran a la red nacional. Estas transformaciones sucesivas del espacio regional están acompañadas de reformulaciones de las relaciones entre un pueblo y su vecino, entre un municipio y los otros, entre los habitantes y los trabajadores de diferentes lugares. Se esbozan así grandes dinámicas regionales, que traspasan (o ignoran) los límites municipales, pero también es posible ver, en las prácticas políticas, el resurgimiento de especificidades muy localizadas, ligadas a la historia particular de cada lugar, y a partir de aquí a la composición social de sus habitantes. ¿La identidad quedará sujeta a los límites territoriales heredados o, como en Martínez de la Torre, a aquellos recientemente creados?

Traducción: Nelson Minello

ÁLAMO Y TUXPAN. UNA DEMOGRAFÍA DIFERENCIAL ENTRE DOS MUNICIPIOS CERCANOS

RAFAEL PALMA GRAYEB
con la colaboración de JEAN-YVES MARCHAL

Con los datos que proporcionan los censos de población y vivienda de 1990 y otros anteriores, presentamos un análisis comparativo acerca de la dinámica demográfica de dos municipios situados en la porción norte del estado de Veracruz; un correlato entre dichas tendencias poblacionales y otras relativas al empleo de los habitantes económicamente activos registrados entre 1930 y 1990.

Se trata de dos municipios, con sus ciudades y sus pueblos, que a pesar de ser contiguos y de que el número de habitantes sea similar en ambos, presentan evoluciones diferenciadas. Con su litoral hacia el golfo aparece Tuxpan, salpicado de lagunas costeras y con tierras, en su mayoría, bajas; en conjunto ocupa poco más de 1 000 kilómetros cuadrados, ahí donde la ciudad y otrora puerto fluvial del mismo nombre, ha concentrado la actividad económica desde por lo menos el presente siglo. Inmediatamente al oeste se ubica Álamo-Temapache, municipio cuyas planicies y suaves lomeríos acogen a una población más dispersa, distribución que tiene que ver con este duo de nombres, dos lugares que compitieron por ser la sede de la cabecera municipal y en donde el primero, con la expansión petrolera de los años veinte y la dotación ejidal de las fértiles riberas del río, acabó por prevalecer sobre el arraigo indígena de Temapache. Es precisamente ese río, el Pantepec, cuyo voluminoso caudal divide en dos a ambos municipios, el que separa las tierras del norte de las del sur pero, al mismo tiempo, crea una continuidad espacial: tanto el río como la planicie que le bordea forman una especie de cuña que penetra desde el mar hasta las estribaciones de la Sierra Madre Oriental.

Contigüidad, continuidad y contraste, es lo que encontramos en las poblaciones de ambos municipios; territorios de administración política, de unidad censal, pero que también reflejan delimitaciones históricas y hechos sociales. Sin embargo, aquí únicamente se presentan datos, cifras de la estadística demográfica, que nos permiten interpretar la evolución de la población, que se enriquece con las visiones que ofrecen la geografía y la historia (Marchal, 1992).

PIRÁMIDES DEMOGRÁFICAS: ¿SIGNIFICACIONES MUNICIPALES?

Una pirámide de edades es como una instantánea que registra un determinado conjunto de habitantes en un momento dado. Se representa gráficamente y como tal impone el análisis visual. Si construimos una para cada municipio –a partir de la información de 1990–, y las comparamos, veremos situaciones distintas (gráfica 1). Primero, ambas muestran una incipiente transición demográfica producto de la disminución de nacimientos, mucho más señalada en Tuxpan que en Álamo y que se aprecia con el primer grupo quinquenal (cero a cinco años de edad). Complementando esto, los recuentos de marzo de 1990 arrojan para Álamo un promedio de 2.9 hijos por mujer de 12 años y más, con una tasa de descendencia completa de 6.0 hijos, mientras que para Tuxpan son menores, 2.4 y 5.2, respectivamente.

Después de ese primer rango, es decir, arriba de los cinco años, uno de los conjuntos presenta una disminución sucesiva, acusada: estamos frente a 86% de los habitantes de Álamo. Esta progresión nos lleva a encontrar rápidamente que allí la mitad de la población cuenta con apenas 17 años de edad, dos años más jóvenes que la media de todo Veracruz o un año, si lo comparamos con todo el país. Con una centena de miles de pobladores, tal composición arroja una relación de dependencia de 86.0 personas a cargo de cada 100 en edad de trabajar.

Por su parte, Tuxpan, con poco más de 118 000 habitantes, reflejó en ese momento una pirámide menos nítida en su base, porque los infantes representan una proporción menor de la población total. Aquí encontramos una media de 20 años, es decir tres

Gráfica 1
Álamo-Tuxpan, Veracruz.
Estructura de la población, 1990.
Álamo

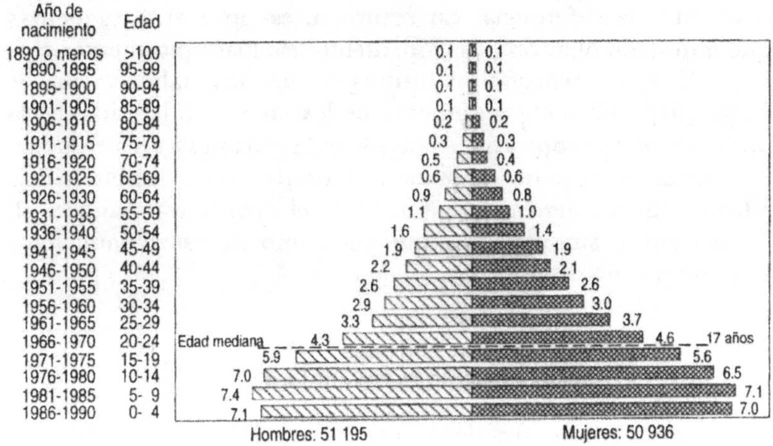

Tuxpan

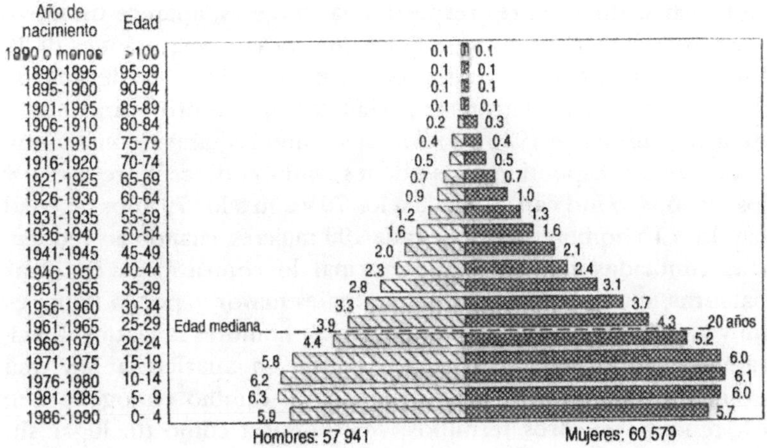

años más vieja que en el vecino Álamo, y suficiente para disminuir a 68.6 la razón de dependencia. Es aquí, en los estratos jóvenes, donde se hace la distinción entre los dos universos municipales: dado que jóvenes, adultos y viejos guardan proporciones similares en Álamo y Tuxpan, es el número de niños y adolescentes lo que constituye la diferencia. En resumen, estamos ante esquemas que muestran una composición, un modelo más típicamente urbano en Tuxpan; expectativas futuras de menor natalidad y mayor longevidad por el engrosamiento de los rangos en la mitad de la pirámide. Por el contrario, Álamo se nota próximo a otro esquema más rural, aunque no de manera definitiva, como veremos más adelante. Si mantenemos como válido el dualismo urbano-rural, apuntaremos, simplemente, que cada uno de estos municipios sigue su propio camino.

Hombres, mujeres y el peso de la inmigración

Estas mismas pirámides distinguen entre sexo y número de habitantes en cada municipio, según rangos quinquenales de edad. La relación entre Álamo y Tuxpan, a través de las tasas de masculinidad, ofrece una aproximación a la importancia de la migración y al momento en que ésta ocurre, suponiendo que con una proporción mayor de hombres respecto a las mujeres, aparece un movimiento de los primeros, que tiene que ver con migraciones de la fuerza de trabajo masculina. En este momento –la década de 1990– y bajo este supuesto, Álamo se presentó como lugar de atracción entre 1930 y 1970, tal y como las tasas de masculinidad, que corresponden a las edades comprendidas entre los 40 y los 79 años lo indican. Todavía a los 70 y aún a los 79 años de edad hay 15 o 16 hombres más por cada 100 mujeres, cuando las tendencias conocidas marcan como normal lo contrario o, en otras palabras, que la longevidad femenina es mayor y, por lo tanto, es muy común encontrar más mujeres que hombres ancianos. Precisamente así ocurre en Tuxpan, donde en apariencia hay una evolución demográfica más orientada al cambio endógeno que exógeno o, en otros términos, se comporta como un lugar sin inmigración notable.

Para entender los movimientos migratorios en Álamo hay que retroceder en el tiempo. Para ello se comparan dos pirámides a 30 años de distancia entre sí: 1960 y 1990 (gráfica 2). Presentar los esquemas en orden cronológico, ajustados según las fechas de nacimiento de la población, abre un plano de lectura complementario. Porque la migración que apuntamos para los años treinta se va hacia atrás, hasta 1875 (o aún antes). La gente que nació justo al principio del siglo y que hacia 1960 contaba con 60 a 64 años de edad representó, para el sexo femenino y en ese momento, una proporción mayor que la que había en el estrato más joven (55-59 años de edad). Aun los hombres con 85 y más años superan en 21.5 por cada 100 mujeres y hay más aún: hasta 36.4% en aquellos que nacieron entre 1901 y 1905, con 55-59 años en 1960.

En resumen, las pirámides utilizadas revelan una inmigración constante desde principios de siglo hasta la década de 1970. Todo esto es proporcional; no nos dice mucho sobre la cantidad de migrantes que pudieron haber llegado a Álamo. A juzgar por los momentos pico que aparecen en la pirámide de 1960, podríamos especular sobre un máximo de 100 hombres y 50 a 60 mujeres por año entre 1940 y 1945 e igualmente entre 1915 y 1920. Difícil decir otra cosa a partir de las estadísticas censales que analizamos.

Por otra parte, la proporción de las gráficas de 1960 y 1990 (gráfica 2) correspondientes a Álamo presenta elementos distintivos que sobre todo hablan de un paulatino pasaje a una menor natalidad; tal vez podríamos repetir lo dicho en la comparación de este municipio con Tuxpan para 1990, en el sentido de encontrar una estructura demográfica más rural en uno que en otro. Pero ante estas dos pirámides de Álamo, con 30 años de distancia entre ellas, notamos aún más la disminución entre las proporciones de niños de cero a cuatro años de edad. Esa disminución de la natalidad o incipiente transición demográfica habla de un conjunto amplio, que para 1990 rebasa la escala regional y abarca el conjunto del país. Frente a nuestros municipios podemos preguntarnos: ¿en Álamo y Tuxpan existen las mismas tendencias poblacionales pero desfasadas en el tiempo?

También podemos matizar la comparación de proporciones antes mencionada de otra manera, que ese 17% de niños con menos de cuatro años disminuya a 14% tres décadas después no

GRÁFICA 2
El aporte de la inmigración en la estructura de población. Álamo, Veracruz, 1960

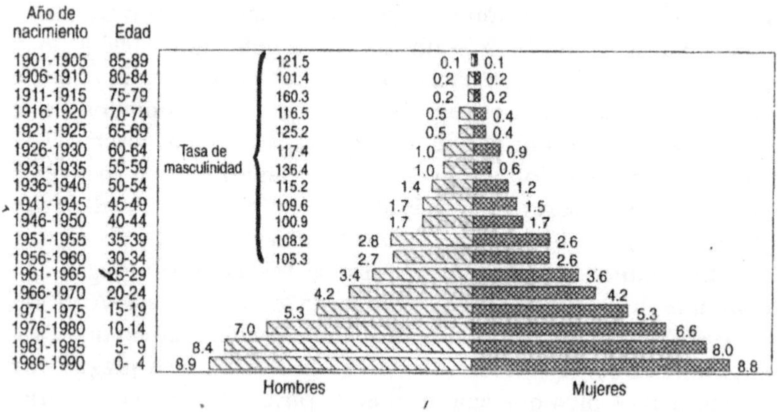

Álamo, Veracruz, 1990

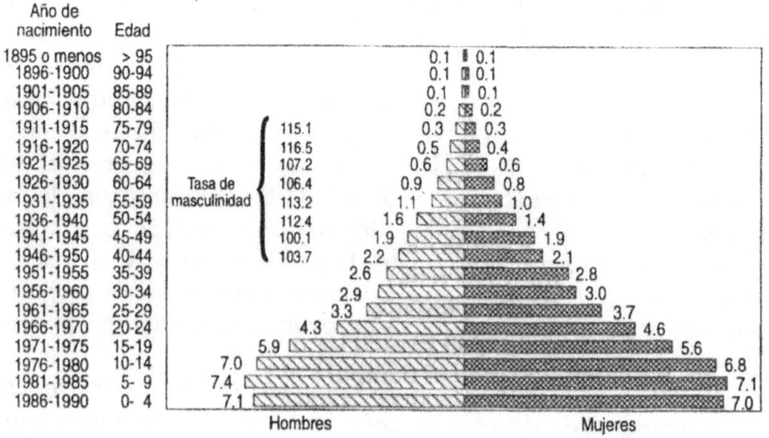

significa decremento absoluto, sino todo lo contrario. Álamo pasó de 7 700 niños de esas edades en los sesenta a 14 300 en los noventa. Diferente composición en un mismo municipio, pero al ritmo de 2.0% como tasa bruta de crecimiento anual en esa treintena de años.

Evoluciones entrecruzadas

El conteo que aparece registrado en los ocho censos[1] consultados muestra un aumento progresivo en el número de habitantes de los dos municipios estudiados. Entre 1921 y 1990 Tuxpan casi sextuplicó su población, necesitando 35 años (entre las décadas de 1920 y 1950) para duplicar y enseguida sólo 20 para volverlo a repetir. En esos años pasó de 20 000 a 120 000 habitantes; de una densidad promedio, según las diferentes superficies reportadas, de 19 hab/km^2 en 1921 a 110 en 1990.[2] Por su parte, Álamo[3] fue más espectacular, ya que en esos 69 años multiplicó su población 8.6 veces; es decir que se duplica, hasta ese momento, el número de sus efectivos más o menos cada 20 años. Álamo transitó de una densidad inicial de 9.4 a otra con 81 hab/km^2 en el periodo considerado.

Sin embargo, la velocidad con que ocurrió dicho crecimiento no fue constante y, de nuevo, aparecen marcadas desigualdades entre estos dos municipios vecinos y también entre sus respectivas

[1] Los censos de población fueron realizados en distintos momentos del año correspondiente: los de 1921 y 1930 en el mes de noviembre, los de 1940, 1950, 1960 y 1970 entre junio y julio, y el de 1990 en marzo. Además, en este último caso el tiempo de realización fue una semana completa, circunstancia que contrasta con los anteriores, que sólo tomaron un día.

[2] Las superficies varían según las fuentes consultadas. Mientras el *Anuario Estadístico* del estado de Veracruz de 1991, editado por INEGI ofrece 1 570.25 km^2 para Álamo y 930.53 para Tuxpan, el *Atlas Ejidal de Veracruz*, editado en 1989 por INEGI-ORSTOM señala respectivamente 1 137.57 y 1 061.89 km^2 y el IX Censo de Población, de 1970, atribuye a Álamo 1 262 km^2 y 1 075 km^2 a Tuxpan.

[3] En 1921 el municipio de Álamo no se censó. El IV Censo ofrece datos obtenidos de informes enviados por el municipio. En la época se consideró válida la cifra del total de habitantes, pero no la correspondiente a cada una de las localidades.

cabeceras. Básicamente los hechos significativos son dos: el peso relativo de cada cabecera respecto a su territorio y, por otro lado, el contraste entre los momentos de rápido aumento o contracción en el ritmo de crecimiento de la población.

La gráfica 3 ayuda a ilustrar estos fenómenos. Sobre el primero de estos hechos, resalta la importancia de la ciudad de Tuxpan respecto a su municipio, polo que trasciende su ámbito local y ha tendido a crecer explosivamente: 4.3% resulta ser su tasa media anual en esas siete decenas de años, mientras que el conjunto municipal refleja 2.5%, es decir, dos y medio habitantes más por cada 100 al año. ¿Atracción migratoria o concentración poblacional? Probablemente las dos cosas en momentos distintos; pero el caso es que Tuxpan pasó de contener 17% del total de habitantes de su municipio en 1921 a 41% en 1930, hasta 50% a principios de los noventa. Ahora, más de la mitad de los tuxpeños viven en la zona urbana, y la proporción aumentaría si agregáramos su localidad vecina, Santiago de la Peña, al otro lado del río, pues llegaríamos a 64% del total municipal.

No ocurre lo mismo en Álamo, donde la cabecera y el resto de las localidades crecen a un ritmo similar: 3.2% y 2.9% como tasa promedio anual para el conjunto y la ciudad cabecera, respectivamente, en estos 70 años. Esta última nunca ha contenido más de 20% de la población total de su municipio, y el contraste entre ella y Tuxpan se aprecia bien en la gráfica 3. A diferencia de su vecina ciudad costeña, Álamo, en el centro de un meandro del Pantepec, parece ser un pivote más que el corazón del municipio –tal y como podríamos definir a Tuxpan–, con un crecimiento cercano al equilibrio entre ella y el resto de su área municipal. Si bien el aumento de ambos conjuntos marcha paralelo, es decir, el número de habitantes de Álamo-Temapache se aproxima al de Tuxpan sin realmente alcanzarlo, en las cabeceras no sucede así: la del primero apenas rebasa los 20 000 pobladores mientras que la del segundo alcanza ya los 70 000 habitantes en 1990. Vieja diferencia, pero ahora suficientemente acentuada.

El otro fenómeno que tratamos de apuntar se refiere al comportamiento de las tasas de crecimiento para cada universo considerado. Resulta que al graficar dichas tasas por cada decenio intercensal encontramos una oposición sistemática o, mejor dicho,

Gráfica 3
Álamo-Tuxpan, Veracruz.
El crecimiento de las cabeceras municipales, 1921-1990

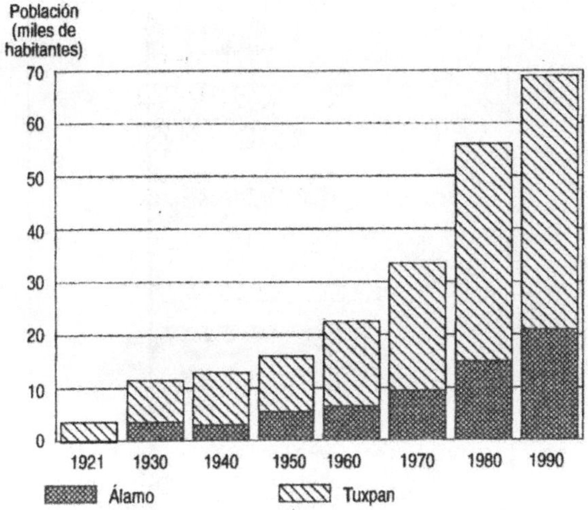

El crecimiento de los municipios, 1921-1990

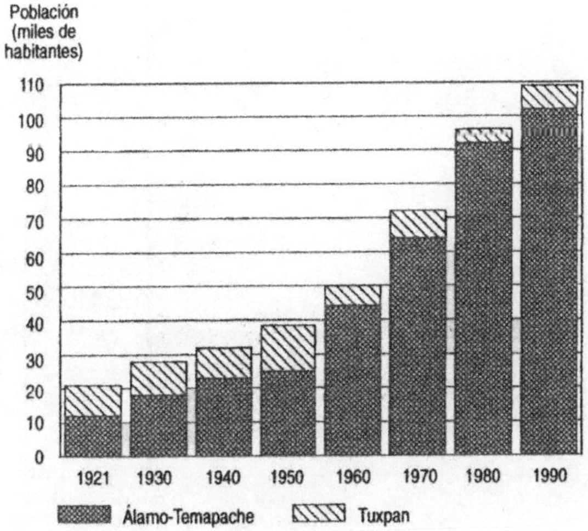

Fuentes: Censos Generales de Población y Vivienda.

Gráfica 4
Álamo y Tuxpan.
Tasas de crecimiento decenal 1921-1990

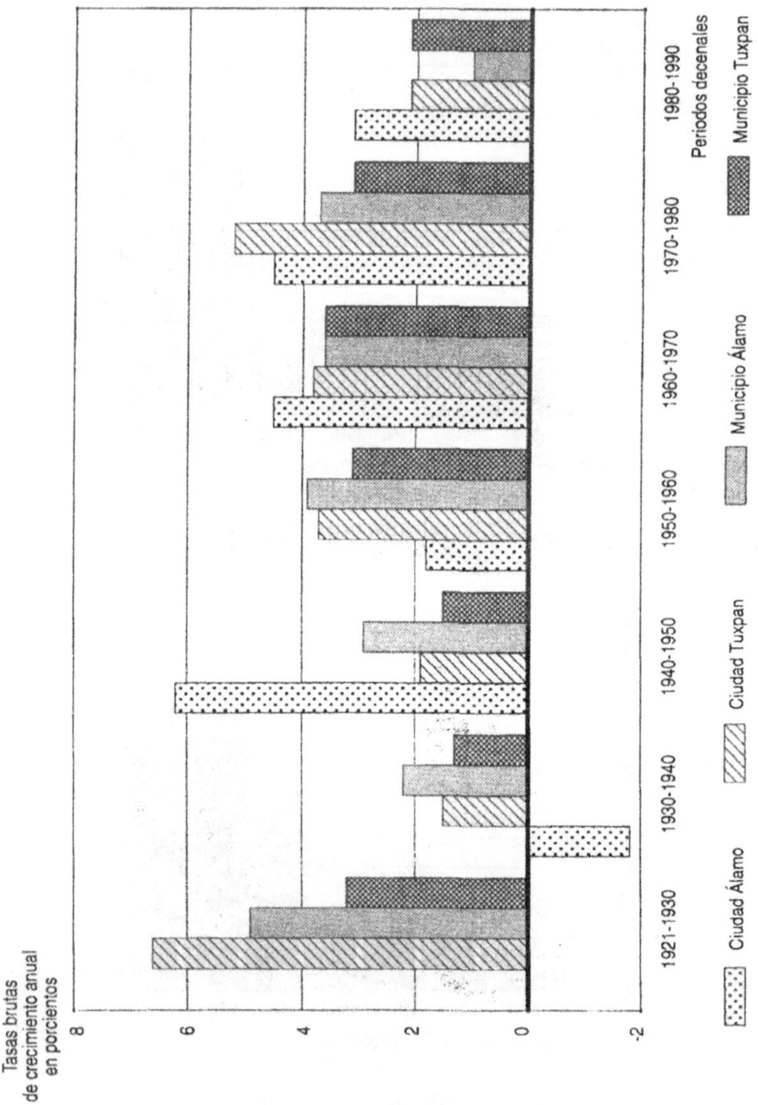

recurrente. Cada vez que una de las ciudades tiene un repunte, la otra sufre una disminución; más aún, cuando en ambos lugares las tasas se incrementan en el resto de sus respectivos municipios, éstas decaen. La gráfica 4 muestra el valor de la tasa anual de diez en diez años. Los cruces señalan tendencias simultáneas, pero en unos a la baja y en otros a la alza, según los diversos ritmos de crecimiento al paso de los años.

Empezamos entre 1930 y 1940. El crecimiento de Tuxpan viene de una tasa superior a 10% en la década anterior y llega, en este periodo, apenas a 1.5%. Por el contrario, sus otros pueblos vienen de perder población (desaparecen casi uno de cada 100 habitantes: –0.6%) y, en este mismo momento, casi logran igualar (1.2%) el crecimiento de su cabecera. Pasemos ahora a los años cuarenta. En Álamo ocurre exactamente lo contrario que en la ciudad de Tuxpan en la década anterior, pero con una vitalidad increíble pues mientras pierde población en los años treinta –se van alrededor de dos cada cien al año– ahora recibe seis. Para ese entonces, mientras la ciudad de Álamo se dispara, Tuxpan apenas repunta, el resto de su jurisdicción se mantiene igual mientras que los otros pueblos de Álamo ven bajar su ritmo de 3 a 2.2%. Para la década siguiente, la de 1950, de nuevo se suscita una inversión: todas las localidades de ambos municipios ven aumentar su ritmo de crecimiento excepto la ciudad de Álamo, que cae de 6 a sólo 1.7%. Los saltos en la velocidad de crecimiento demográfico son importantes, al punto que nos hacen pensar en la calidad de los datos. Pero, sin cuestionarnos demasiado en la forma de censar en aquellos tiempos, parece indudable que estamos ante fenómenos migratorios, más de corta que de larga distancia, donde la población parece fluir entre dos "vasos comunicantes" que son los municipios y ciudades vecinas a los que nos ocupan, a menos que el entorno regional juegue un papel aquí insospechado. Si bien alcanzar momentos pico tan acentuados sugiere tanto atracciones como rechazos migratorios que rebasan los límites de nuestros municipios, el desbalance cronológico en sus ritmos de crecimiento implica una conexión estrecha entre ambos: uno sube mientras el otro decae, y al poco tiempo la situación se invierte. Pero nos planteamos la duda: ¿estamos ante un correlato ficticio, artificial?

En general, este tipo de fluctuaciones se estabiliza a la alza entre 1960 y 1980. En esos 20 años la zona urbana de Álamo se mantiene en 4.4% anual, e igualmente el resto de su municipio: 3.5 o 3.6%. Por su parte, la ciudad de Tuxpan vivió un incremento de casi 4 a 5% anual, el más elevado que ha tenido desde 1940; mientras que las otras localidades de su municipio –la excepción al movimiento alcista– caen de 3.5 a menos de 1%. Si comparamos esta disminución con lo que se nota en la gráfica anterior (gráfica 3), concluimos, sin muchas dudas, que en este periodo hubo concentración a favor de la urbanización del viejo puerto. Finalmente, los años ochenta muestran un aumento generalizado de efectivos con tasas menos violentas, que para la cabecera de Tuxpan y sus otras localidades se traducen en 2% anual, para la de Álamo en 3% mientras que para el resto de su municipio alcanza 1.1%, en este último la más baja desde 1930. Con estas tendencias llegamos al momento actual, 1990, cuando encontramos una correspondencia entre esa disminución de la natalidad, ilustrada por las pirámides de edades ya mencionadas y esta baja en las tasas anuales; en este momento no podemos hablar tanto de migración sino del papel que desempeña el crecimiento natural, es decir, la relación entre nacimientos y defunciones locales.

¿VIVIR DE QUÉ?

La información contenida en los censos va más allá del conteo de los habitantes y sus localidades por municipio, y de ella extraemos aquí dos variables más: la distribución de los trabajadores según los sectores económicos de actividad y su posición actual dentro del trabajo con sus respectivos ingresos. Incluir estas variables tiene que ver con lo dicho antes, precisamente sobre esa diferencia entre un cierto modelo urbano y otro rural, iniciada por la comparación entre dos pirámides de edad.

De las cifras señaladas en el cuadro 1, sobresale la importancia de las actividades agropecuarias y cómo éstas tienden a disminuir en su participación, en uno de los municipios mucho más que en el otro. Álamo, a pesar de una paulatina caída en esos años, a la fecha todavía se manifiesta como un territorio especializado con casi dos terceras partes de su población ocupada trabajando en la agricultura. Tiene 7 300 agricultores, campesinos o empresarios, muchos de ellos ejidatarios, que a la vez emplean 8 300 jornaleros o peones más otros que son familiares de aquéllos pero no remunerados; en total, poco menos de 17 000 hombres están dedicados a las labores del campo según el censo de 1990. No sucede así en Tuxpan, donde algo menos que la mitad de esa cifra, casi 9 000 hombres, constituyen ahora el sector agropecuario municipal, sector que a pesar de disminuir proporcionalmente en esas seis décadas ganó 3 000 personas en Tuxpan mientras que en Álamo 10 000.

CUADRO 1
Población ocupada por tipo de actividad 1930-1990
(porcentajes)

	Álamo			*Tuxpan*		
Actividad económica	*1930*	*1960*	*1990*	*1930*	*1960*	*1990*
Agricultura y ganadería	86.1	79.4	65.1	71.3	47.7	26.7
Petróleo y manufacturas	5.9	7.1	10.0	10.3	20.0	23.9
Comercio, administración, servicios y transportes	8.0	13.5	24.9	18.4	32.3	49.4

Aunque los sectores de actividad en uno y otro municipios tengan tendencias similares, las diferencias proporcionales y absolutas entre ellos son bastante marcadas. Primero, se observa que en ambos casos el sector secundario requirió de esos 60 años para duplicar su participación, mientras que el terciario sorprendentemente la triplicó y el primario, como ya se mencionó, cayó 21% en Álamo y en un fuerte 44.6% en Tuxpan. Como se aprecia, el peso relativo de esos sectores no es igual y en realidad el derrotero económico de los municipios se bifurca a pesar de esa similitud de tendencias: uno sigue especializado en la agricultura, el otro diversifica su economía, pero sobre todo la terciariza porque ahora la mitad de todos sus efectivos ocupados se ubica en ese sector. En Tuxpan, hablar de las ocupaciones de su gente significa, principalmente, abordar las actividades comerciales y los servicios de transporte, administración pública y los comunales, como educación. En el comercio tuxpeño laboran 2 500 trabajadores para 236 patrones, a los que hay que agregar 1 400 comerciantes independientes, fijos o ambulantes, apoyados con un centenar de familiares no remunerados; en total, alrededor de 4 300 hombres y mujeres dedicados al comercio: 12.6% del total de ocupados. Por su parte, los servicios ocupan 8 000 empleados entre maestros, oficinistas, choferes, policías y otros trabajadores de mantenimiento en servicios públicos; en total unas 10 000 personas que representan 28.5% de todos los que tienen un empleo en 1990, ocupación que se vincula aún más con una vida urbana.

Acorde con esta nueva estructura ocupacional, la distribución del ingreso señalada en el último censo no descubre otras diferencias, sino que señala las desigualdades en su reparto dentro de los municipios e indica diferentes sujetos. Tanto en Álamo como en Tuxpan, dos terceras partes de los trabajadores recibieron menos de dos salarios mínimos ($ 9 920.00 diarios en marzo de 1990),[4] es decir que casi todos los jornaleros, peones, más de la mitad de los campesinos y casi todos los artesanos y obreros de Álamo –en total 16 500 personas– percibieron como máximo $ 600 000.00 mensuales; la misma proporción se da para los empleados, dependientes y algunos comerciantes de Tuxpan, que allí suman 21 600 personas. En Álamo, además, 11.5%, el doble de los 1 500 trabajadores familiares no remunerados, declaró no haber recibido ingresos al menos durante la semana anterior al momento del censo; en Tuxpan esta categoría se comporta igual: también hablamos del doble de los familiares no asalariados, salvo que las cifras son sensiblemente menores: 6.9% o 2 300 personas. Al otro extremo de la escala salarial aparecen 2% en Álamo y 1.6% en Tuxpan que ganaron diez o más veces dicho salario mínimo, es decir, dos tercios de aquellos 736 que declararon ser patrones en el primero o la mitad de los 900 empresarios comerciales para el segundo, con un salario que equivalía por lo menos a tres millones de pesos mensuales. La cuarta parte restante de los ocupados en ambos municipios se sitúa entre esos ingresos extremos, aunque entre dos y tres salarios mínimos. Al final encontramos similares

[4] En términos comparativos, un dólar estadunidense valía, en esas mismas fechas, 3 000 pesos.

tendencias ocupacionales, parecidos repartos del ingreso, pero distintos resultados y sujetos.

COSAS RURALES Y COSAS CITADINAS

Al tratar de hilvanar sobre todo este conjunto de gráficas y cifras demográficas cuya única fuente son los censos de población y vivienda, nos acercamos a la distinción entre estructuras rurales y urbanas mencionada antes. Pero hay que aproximarse con cuidado a esta conclusión, porque no es muy conveniente hacer separaciones simples tan sólo enunciando con números cierta ruralidad o urbanidad; por ejemplo, no debemos olvidar que cada uno de los dos municipios aquí considerados tiene su propia ciudad, lugares de poder que, además de estar situados cerca del centro geográfico de sus jurisdicciones territoriales, concentran las estructuras básicas y los equipamientos financieros, administrativos y, sobre todo, los mercados locales. Establecer la diferencia entre lo rural y lo urbano en nuestros municipios no depende de la ausencia de ciudades o falta de una economía de mercado, sino del papel que éstas desempeñan respecto a su propio territorio; en este sentido podríamos preguntarnos ¿quién vive para quién: la ciudad para su terruño o éste para su ciudad? Planteado de esta manera, podríamos ubicar a Álamo en el primer caso y en el segundo a Tuxpan; este último ha tendido a concentrar la población en la cabecera municipal, a terciarizar su economía favoreciendo el comercio, los servicios y también dando empleo a sus mujeres, que representan una quinta parte del total de su fuerza laboral, una de las probables causas para explicar ese mayor descenso de la natalidad. En Álamo, por el contrario, ya vimos que hay otra distribución poblacional, en tanto que su cabecera no parece succionar a los migrantes o viejos habitantes del municipio, según lo comprueba la ya mencionada evolución del peso demográfico de la ciudad. Cabe mencionar que en 1900 mientras Tuxpan tenía 351 localidades, en Álamo se censaron sólo 294 localidades y de ellas apenas la mitad tenía entre uno y cien habitantes, mientras que en su municipio vecino esta misma categoría abarca 75% de las localidades. Por esa diferencia es que no debemos hablar, por ahora, de dispersión. En cambio, podemos mencionar otros lugares significativos por el número de sus habitantes, como Potrero del Llano con 4 700 o Estero del Ídolo con casi 4 000; esta presencia de otras localidades de cierta importancia no se produce en Tuxpan, salvo que queramos distinguir como algo aparte a Santiago de la Peña o Alto Lucero, dos lugares muy cercanos a la cabecera y prácticamente conurbados con ésta. Además, Álamo presenta una especialización económica centrada en la agricultura, más para el mercado que para el autoconsumo, que, por un lado, explica ese balance en la distribución espacial de sus habitantes y, por otro, nos induce a considerar la importancia del trabajo aportado por la familia y, además, el por qué del tamaño de la unidad doméstica y su relación con una mayor natalidad. Así llegamos a dos gruesas tendencias demográficas y dos evoluciones económicas, que ahora develan estructuras vecinas que unas veces se contraponen y otras se equilibran, pero que finalmente se distinguen entre sí. En resumen, definir una como urbana y otra como rural tiene que ver con una específica composición por edades de la población, la cambiante especialización dada por la posición de los trabajadores en la economía, y la evolución del tamaño y peso relativo de cada ciudad respecto a su municipio.

Explicar las causas que generaron estos comportamientos es otro asunto, y estas páginas sólo quedan como acompañantes de otras (Marchal, 1992) cuyo sujeto es precisamente ese análisis histórico y geográfico, también económico y sociológico, necesario para darle mayor profundidad a este conjunto de cifras sobre la demografía de estos dos lugares veracruzanos. Así, más que nada este análisis comparativo aspira a ser una provocación al lector para abordar un duo de viejos territorios cuya dinámica demográfica, como hemos visto, refleja su constante renovación. Espacios que resultan viejos y a la vez nuevos, porque finalmente estamos ante un crisol, ambos –Álamo y Tuxpan– son lugares en formación que, más que otros, viven en constante transformación.

Xalapa, Veracruz, enero de 1993

ALTAMIRA, TAMAULIPAS: ENTRE FRAGMENTACIÓN ECONÓMICA Y AFIRMACIÓN POLÍTICA DE UNA IDENTIDAD

MARIELLE PEPIN-LEHALLEUR
MARIE-FRANCE PRÉVÔT-SCHAPIRA

PROCESO DE URBANIZACIÓN Y "REGIÓN"

En el extremo sureste del estado de Tamaulipas, la zona de Altamira aparece como franja fronteriza entre el mundo del campo y el de la ciudad y las industrias. Esta ambivalencia motivó que la eligiéramos entre las regiones donde observamos y comparamos procesos evolutivos del ámbito rural a lo largo del siglo, en el entendido de que no partimos de una definición que oponga *a priori* campo y ciudad o que plantee un necesario tránsito del uno hacia la otra, sino que intentamos explicar la génesis y la dinámica de situaciones locales que presentan combinaciones variadas y de distinto peso de rasgos de urbanidad y de ruralidad.

Altamira ilustra a la vez un proceso de urbanización avanzado y la permanencia de una fuerte ruralidad bajo la forma de una agricultura próspera. Resaltan, particularmente en este caso, la coexistencia cercana de patrones muy diferenciados de ocupación y uso del espacio y los contrastes entre actividades económicas, tipos de relaciones sociales, actitudes y prácticas ante el poder político.

Relatamos en otro trabajo la evolución de las personas y de las cosas, los sucesos alógenos –de peculiar impacto aquí– los proyectos y las alianzas de los grupos locales (véase Pepin-Lehalleur y Prévôt-Schapira, 1992). Seguimos un hilo cronológico para descubrir cómo se transformaban los espacios mientras el tiempo político se aceleraba. Así, en algunos decenios, la actividad agropastoral conoció una verdadera mutación que devino en la especialización de las producciones y las vinculó con mercados exigentes y dinámicos; en los mismos años sesenta y setenta, media docena de plantas fabriles se establecieron una tras otra entre terrenos ejidales y ranchos, formando pronto un corredor petroquímico. En las inmediaciones se inició, en los tiempos de auge (1980-1982), la construcción de un gran complejo portuario e industrial que, entre tropiezos y reanudaciones, iría reflejando los intentos del país por sortear la crisis. En los intersticios de la expansión industrial, los terrenos ejidales próximos se vieron convertidos en meta y destino de cientos de familias en busca de un solar, bajo el impulso y la protección del sindicato de los petroleros, en los tiempos en que éstos dominaban políticamente la región. Desde la caída de su líder (en 1989), el manejo de esta situación irregular y el trato con los pobladores se plantea como el mayor reto para el grupo social que, a fuerza de alianzas y habilidad, había logrado mantenerse hasta entonces en los puestos políticos de mando.

Más que en otros lugares, la heterogeneidad social y económica se traduce aquí, de manera inmediata, en un desafío político, puesto que la zona de Altamira, terreno de expresión de estos procesos disímbolos, cubre un municipio.

Su configuración física no es insignificante. De forma triangular, el territorio municipal se encuentra contenido y delimitado en su extremo suroriental por el bloque denso de la conurbación de Tampico-Ciudad Madero y en las márgenes este y sur por el Golfo de México y por la laguna Champayán y el río Tamesí. El embudo se abre ampliamente hacia el noroeste, sin solución de continuidad entre sus espacios agropastorales y los que pertenecen al municipio de González y, más allá, al de Mante. Así, dos vertientes tienen una delimitación física particularmente marcada, mientras recortes administrativos separan, al sur, un gradiente de progresiva densificación del hábitat y, al norte, un *continuum* natural y económico. La frontera visual entre lo urbano y lo rural o, dicho de manera más propia, entre lo construido (o en vías de serlo) y lo cultivado, pasa en medio del territorio considerado.

El territorio de Altamira y, singularmente, el doble eje carretero y ferroviario que lo atraviesa de par en par, constituyen el único modo de aproximación por tierra al conjunto urbano, portuario e

Municipio de Altamira

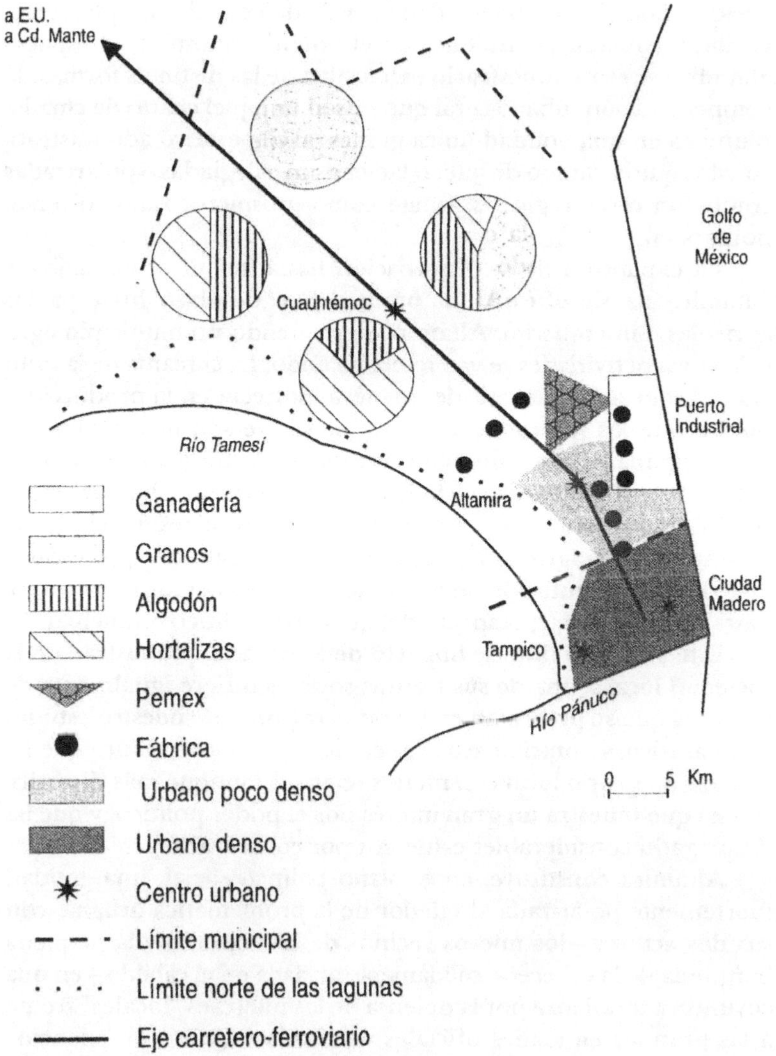

industrial de Tampico-Ciudad Madero, y cubren toda la zona de contacto entre ocupación agropecuaria y urbano-industrial del suelo. A falta de homogeneidad o, en su defecto, de complementariedad y coherencia sistémica en el orden económico, el espacio altamirense es un muestrario exhaustivo de las distintas formas de compenetración urbano-rural que se dan en aquel cuarto de círculo, reunidas en una entidad única gracias al imperativo administrativo. Más que el campo de interrelaciones privilegiadas o polarizadas como son otras regiones, funge como un microcosmos diverso, polimorfo.

La expansión de la conurbación hasta incluir al poblado de Altamira ha significado un proceso que desplazó los espacios agrícolas. Sin embargo, Altamira sigue siendo un municipio agrícola cuyas actividades se van intensificando. La cercanía de la gran ciudad sólo se hace sentir de manera indirecta en la producción, puesto que los mercados a los que se dirige son principalmente extra-regionales; pero ahí están físicamente localizadas las oficinas gubernamentales (estatales y federales) y las sucursales bancarias que sirven a la agricultura y, sobre todo, ésta es la residencia de la mayoría de los agricultores pudientes, circunstancia que influye tanto en la configuración de su red de relaciones como en su actitud, hasta ahora distante, respecto del quehacer político municipal.

Este segundo tipo de impacto de lo urbano que sustrae de la sociedad local a una de sus figuras sociales difiere igualmente de los casos que se presentan en las otras regiones de nuestro estudio comparativo, y contribuye a explicar la supremacía política que ha ganado un grupo local con menos recursos (aunque más diversificados) que muestra un gran interés por el poder político, y que ha desplegado considerables esfuerzos por conservarlo.

Altamira constituye, en el plano político social, una entidad fuertemente polarizada alrededor de la problemática urbana, con sus dos actores –los nuevos vecinos de las colonias y la pequeña burguesía de la cabecera, sólidamente anclada en el cabildo– en una coyuntura de alianza por la defensa de los intereses "locales" frente a las grandes entidades oficiales y privadas. Quizás el "silencio" rural sea un factor importante, por ausencia, de la definición de un localismo que la actividad agrícola y los intereses gremiales de los agricultores –tanto ejidales como privados– podrían cuestionar.

LAS INVERSIONES DE CAPITAL EN EL ESPACIO MUNICIPAL

Si el juego político unifica de algún modo a Altamira, su espacio económico, en cambio, aparece fuertemente fragmentado aun cuando la localización de ciertos factores puede suscitar interacciones positivas o perversas (precio del suelo, contaminación de tierra, agua y aire, abastecimiento de agua potable, transporte, etc.). La lógica espacial de las inversiones se diferencia claramente según el sector y el tipo de actor económico.

Una lógica agrícola extralocal

Las inversiones de los grandes agricultores rebasan con amplitud el cuadro regional.[1] Por un lado, la extensión de las empresas agrícolas es macrorregional, desde la frontera estadunidense hasta el norte de Veracruz para las más grandes, y generalmente a horcajadas sobre varios municipios desde Altamira hasta El Mante.

Las estrategias sobre la tierra apuntan a asegurar la disponibilidad de superficies importantes, en un marco jurídico en el cual, hasta la reforma del artículo 27 constitucional, el vínculo productivo con la tierra primaba sobre el principio de propiedad. Esta flexibilidad responde a una necesidad de diversificación de la producción —hortalizas, cereales, algodón— y de adaptación a las fluctuaciones del mercado, tanto el de exportación como el nacional. De esta manera, los productores agrícolas privados se extienden con mucho sobre las tierras ejidales de la zona, a través de "contratos" de renta, escritos o no, cuyos términos varían según el cultivo. Si se trata de granos, encontraremos "asociaciones" en las cuales el ejidatario aporta la tierra y el trabajo, mientras el empresario invierte en semillas y otros insumos obtenidos gracias al crédito. Los beneficios se reparten por mitades, una vez descontados los costos de los diferentes gastos. El precio de una hectárea de

[1] Puede citarse el ejemplo de una gran empresa en los estados de Veracruz, San Luis Potosí y Tamaulipas. Emplea entre 1 000 y 1 500 trabajadores temporarios y 1 000 permanentes, que deben saber leer y escribir y "ser trabajadores". Entrevista, febrero de 1992.

temporal oscila alrededor de los 200 000 pesos por año, es decir, dos ciclos de cultivo. Para sembrar algodón, cuyos costos de producción son de dos a tres veces más altos, se recurre con más frecuencia a la renta en dinero, generalmente junto con un acuerdo de contratación para el ejido. Pero puede suceder también que las circunstancias favorezcan una asociación para el cultivo de algodón, como sucedió en la temporada de 1991 cuando los altos precios del año anterior empujaron a numerosos agricultores a tentar suerte. Para esto debieron encontrar disponibles buenas tierras de temporal y quizás proponer a sus usufructuarios afrontar juntos los riesgos. En este caso concreto, la audacia no resultó beneficiosa, pues las lluvias y los precios bajos se aunaron para ocasionar numerosas pérdidas.

En relación con la inversión total en la producción, el precio de la tierra pesa en una proporción variable según el cultivo. Relativamente alta para los granos representa un onceavo en el caso del maíz –una hectárea de temporal rentada por 200 000 pesos al año permite realizar dos cosechas, con un costo de producción directo de un millón de pesos por hectárea en el ciclo primavera-verano 1991– y alrededor de una décima a una catorceava parte para el algodón, en tanto que una "buena" tierra de temporal, rentada a 200 000 o 300 000 pesos no permitirá sino un ciclo de producción de algodón, cuyos costos, por otra parte, se elevan a 2 600 000 pesos por hectárea en 1991.

Distinto es el caso de los cultivos que exigen un uso intensivo de capital. Los productores de hortalizas de Altamira, que son alrededor de una cincuentena, buscan también conseguir grandes superficies con riego, pero no lo logran en el mismo municipio, donde todas las tierras de riego ya están concentradas en manos de empresarios privados. Por ello, la demanda se traslada hacia la zona situada a horcajadas en los municipios vecinos de González y El Mante. Las tierras irrigadas se rentan, por ciclo, un poco más caras, entre 150 000 y 200 000 pesos, pero esta suma representa una parte muy baja en los costos totales (que ascienden a 5 o 6 millones de pesos), variando entre 1/26 y 1/41.

Entre 1990 y 1992, nos han dicho, la gama de precios no ha cambiado, lo que implica, de hecho y al tomar en cuenta la inflación, una baja relativa. En diciembre de 1992 nos han mencionado precios de 200 000 a 300 000 pesos por año para la tierra irrigada y la existencia de una oferta excedente. Esto es consecuencia directa de la escasez de crédito que se hizo sentir gravemente después de 1989. Quizás sea necesario agregar –hacia 1992– una primera reacción a la reforma del artículo 27 constitucional en el sentido de una mayor disposición de los ejidatarios a rentar sus tierras, que se ha vuelto legal ahora, pero no hemos recibido ningún comentario en este sentido.

Las condiciones favorables que encuentran los empresarios agrícolas para extender su campo de operación en la producción, además de la diversificación de ésta y de sus mercados, permiten explicar que la inversión se concentre en la producción y penetre poco otras ramas como las de la transformación o la comercialización. En este momento el control ejercido por los *brokers* y los introductores de los mercados metropolitanos no favorece en nada la organización de los productores en el plano regional. Puede pensarse, sin embargo, que la firma del Tratado de Libre Comercio entre México, Canadá y Estados Unidos (TLC), la creación de circuitos regionales de aprovisionamiento de carne y los corredores agroindustriales todavía en proyecto, generarán ánimo en los productores locales para participar de manera organizada.

El enclave de la petroquímica

El polo petroquímico funciona como un enclave. La lógica de las grandes empresas se inscribe en una estrategia que sobrepasa ampliamente el cuadro regional. Las empresas nacionales (Monterrey) o internacionales tienen puesta su mira en la exportación; ellas han encontrado en el polo estas ventajas: nuevas instalaciones portuarias, cercanía de un oleoducto de Petróleos Mexicanos (Pemex), buena infraestructura puesta a su disposición por la federación, disposición de importantes volúmenes de agua, cercanía de una gran ciudad que permite atraer a los funcionarios directivos –aunque muchos de ellos se quejan de la insuficiencia de viviendas– y reclutar parte de la mano de obra calificada, exención de impuestos, que justifican la localización. Las cámaras de comercio e industria locales han denunciado frecuentemente la débil reinversión en subcontratación, pero al decir de las empresas del polo, las pequeñas y medianas empresas (PME) regionales no tienen capacidad para responder a la demanda de grandes volúmenes ni para respetar los plazos.

Los planes iniciales fueron profundamente modificados por la crisis: en la década de 1980 se abandonó el proyecto siderúrgico y se redujo la inversión en general. De hecho, el polo se especializó en la fabricación de bienes petroquímicos intermedios, siguiendo así el camino abierto por la empresa Dupont (pigmentos y productos químicos), la primera en instalarse, al comienzo de los sesenta. Desde 1990, la actividad se reanuda con la instalación de Indelpro y BASF.

Actividades terciarias menores en la cabecera y grandes establecimientos foráneos

En conjunto, el comercio y los servicios de Altamira continúan siendo los de un pequeño pueblo, a pesar de la afluencia masiva de población en el municipio desde fines de los años setenta. Pero los que se han instalado en el municipio y cuya presencia significó el desplazamiento del centro de gravedad demográfico hacia el sur, son más que nada colonos, de bajos ingresos. El débil desarrollo de los servicios y el comercio –no tanto en número sino en importancia– se explica también por la cercanía de la gran ciudad que es, para todos –tanto para los nuevos colonos como para los habitantes de la población– la ciudad de los servicios, de la administración, de las grandes cadenas de supermercados. La presencia en el territorio de Altamira de instalaciones universitarias (IEST, Tecnológico de Monterrey), de grandes supermercados (Blanco), está vinculada más que nada al crecimiento hacia el norte de la ciudad de Tampico. Aparentemente, la sociedad local de Altamira participa poco de este movimiento. Esta parte del municipio funciona más que nada como una reserva territorial para el capital privado de una ciudad ya saturada. Por lo tanto, algunas inversiones (Arteli, Blanco) relacionadas con un comercio más moderno en Altamira, son obra de capitales de Tampico o de fuera. De hecho, aun si actualmente las autoridades municipales se enorgullecen de esas inversiones, el candidato a la presidencia municipal en 1989 ponía el acento sobre el subequipamiento que caracteriza esta zona de rápido crecimiento.[2] El hecho de que algunas personas que se habían marchado a Tampico pretendan ahora recuperar sus locales comerciales es el indicador de cierta atracción de Altamira a partir de la construcción del puerto industrial.[3] Este movimiento se hace a expensas del muy pequeño comercio tradicional que todavía domina ampliamente en Altamira.[4]

La evolución de los distintos sectores de actividad (cuadros 1 y 2) señala claramente, por un lado, el retroceso no de la agricultura sino del peso relativo del empleo agrícola y, por otro, el fuerte crecimiento de las actividades industriales y de servicios en la última década, para una población económicamente activa que entre 1980 y 1990 creció más del doble, pues pasó de 11 244 personas a 23 608. Esto, por otra parte, debe relacionarse con que la población del municipio se triplicó después de 1970 y con los cambios vinculados, en buena parte, con la construcción del puerto industrial.

[2] Entrevista a G. de la Portilla, candidato del PRI a la presidencia municipal, que destacaba la vejez del equipamiento público, la saturación de las escuelas y la necesidad de construir un hospital público (noviembre de 1989). En su último Informe (noviembre de 1992) el alcalde anunció la creación de un centro de formación en Altamira, dedicado a los obreros y técnicos de la petroquímica.

[3] Entre 1980 y 1982, el número de afiliados a la Cámara Nacional de Comercio (Canaco) de Altamira pasó de 240 a 480. En 1982, el representante de la Canaco local expresaba su temor de que los servicios y el comercio de Altamira no pudiesen responder al aumento de la demanda provocada por la construcción del puerto industrial. Cf. "El desarrollo urbano de Altamira", *Notieconomía*, núm. 8, febrero de 1982.

[4] En el mencionado Informe de la municipalidad se señala la existencia de 486 comercios de alimentos, 37 de artículos de menaje y personales, tres de accesorios para la reparación de automóviles, siete de materiales de construcción, cinco de combustibles y 328 de artículos varios. Cf. "Altamira, un bastión en el sur de Tamaulipas", 1989.

CUADRO 1
Altamira. Evolución de la población activa, por sectores, 1950-1990

Años	*Población activa total*	*Agricultura*	*Industria*	*Comercio y servicios*
1950	4 307			
	34%			
1960	7 265			
	35%	75%	13%	12%
1970	7 635			
	26%	61%	19%	19%
1980	11 300			
	31%	29%	24%	46%
1990	23 606			
	28.5%	21.2%	37%	38%

Fuente: censos generales de población y vivienda, 1950 a 1990.

CUADRO 2
Altamira. Evolución de la población activa por ramas de actividad, 1970-1990

	PEA	*Agric.*	*Industria*	*Constr.*	*Com. y transp.*	*Gobierno*	*No espec.*
1970	7 635	4 651	1 035	395	1 172	80	283
1980	11 244	3 235	1 751	978	1 392	866	2 952
		28.8%	15.6%	8.7%	12.4%	7.7%	26.3%
1990	23 608	4 992	5 401	3 371	7 749	1 237	890
		21.1%	22.9%	14.3%	32.8%	5.2%	3.7%

Fuente: censos generales de población y vivienda, 1970 a 1990.

EL MERCADO DE TRABAJO

La dinámica demográfica

La inmigración y las nuevas actividades productivas han modificado profundamente la distribución de la población en el espacio municipal (cuadros 3 y 4). *Grosso modo,* podemos distinguir dos grandes etapas en las cuales variaron los pesos relativos de los centros.

Cuadro 3
Altamira. Evolución de la población rural y urbana, 1950-1990

	Población total	*Población urbana* *	*Población rural*
1950	12 625		100%
1960	20 736	11%	89%
1970	29 386	30.5%	69.5%
1980	36 499		
1990	82 585	75%	25%

* Se considera población urbana la que vive en localidades con 2 500 habitantes o más. En 1960 la cabecera municipal tenía solamente 2 260 habitantes, pero presentaba las características de un pequeño pueblo.

Fuente: censos generales de población y vivienda, 1950 a 1990.

Cuadro 4
Altamira. Evolución de la población e importancia relativa de las localidades, 1950-1990

	1950	*1960*	*1970*	*1979*	*1980* ***	*1990*
Total	12 625	20 736	29 386	45 993	36 499	82 585
Villa Altamira	1 358	2 260	6 053	16 344*		24 122
	10.7%	11%	20.5%	8 829**		29%
Est. Cuauhtémoc	618	1 820	2 890			5 377
	5%	8.8%	9.9%			6.5%
Lomas del Real	991	1 252	1 544			1 199
	8%	6%	5.3%			1.5%
Miramar		292	608	4 000		32 890
				8.7%		40%
F. I. Madero			608	943		+
L. de la Puerta		303	450	800		+
La Pedrera		195	320			679
F. Medrano		112	153			700

* Estimación del plan parcial de desarrollo.
** Plan de ordenamiento.
*** 1980. No hay datos por localidades.
+ En 1990 estas localidades se incluyen en las cifras de Miramar.

Fuente: censos generales de población y vivienda, 1950 a 1990; Plan parcial de desarrollo, 1979.

En el periodo entre los años cuarenta y setenta, dominaba la población rural dispersa en los ejidos y los ranchos, cuando todavía había mala comunicación con la cabecera, simple centro administrativo que llegó a agrupar un décimo de la población en la década de 1960. El fuerte aumento poblacional de los cincuenta está relacionado con la importancia de las dotaciones agrarias. Podemos ver, de igual manera, que aquellas localidades vinculadas con el ferrocarril, punto de acopio y de salida de la producción agrícola —Estación Cuauhtémoc, Estación Esteros, Estación Colonias— concentran casi una quinta parte de los habitantes. En cambio, el crecimiento de los años sesenta y setenta se debe, más que nada, a la expansión de la frontera algodonera, que atrae a numerosos migrantes. Esta etapa se caracterizó por una fuerte urbanización de la cabecera, pero también del poblado agrícola de Estación Cuauhtémoc, lugar de reunión de los trabajadores agrícolas. Esta última localidad concentra en 1970 casi 10% de la población del municipio. Lomas del Real, en cambio, sufre una evolución distinta. Este lugar, que en 1950 rivalizaba en importancia con Altamira, queda fuera de la dinámica algodonera, aunque en 1970 sus salinas ocupan todavía cerca de dos tercios de la población activa.

Durante las décadas de 1970 a 1990, especialmente en el último decenio, la urbanización del municipio —más de 75% de la población es urbana en 1990— lleva consigo la concentración en tres lugares, la desaparición de ciertas localidades o, por lo menos, su declinación y la aparición de otras.

El fenómeno más visible es la aparición, en el sur del municipio, de un inmenso agrupamiento suburbano que con el nombre de Miramar comprende el fundo legal del ejido en sí mismo además de las antiguas localidades de La Ganadera, Francisco I. Madero, Monte Alto, Laguna de la Puerta, a las que se agregan otras que han mantenido su identidad censal, como La Pedrera y F. Medrano. Con sus 34 260 habitantes, es decir más de 40% de la población del municipio, sobrepasa largamente a la cabecera. Esta última sufrió, sin embargo, un fuerte crecimiento en el decenio de 1990 y tiene 24 122 habitantes —esto es, 29% de la población del municipio— en esa década. Veremos adelante que las fuertes migraciones de los años setenta y la llegada de la población del centro de Tampico provocaron la suburbanización más que la urbanización de Altamira. Además, el desarrollo de la agricultura comercial supone un aumento en cifras absolutas de la localidad ferroviaria de Estación Cuauhtémoc. Ésta disminuye, sin embargo, su peso relativo con referencia a 1970. Por último, el casi abandono del trabajo en las salinas, pues gran parte de sus superficies fueron expropiadas para la construcción del puerto industrial, entrañó la declinación de Lomas del Real (1 199 habitantes) que había sido desde el siglo pasado uno de los puntos centrales de la actividad productiva del municipio.

Los flujos hacia Altamira desde Estación Cuauhtémoc y Miramar se han intensificado, y también lo han hecho las migraciones pendulares entre Altamira, Miramar y Tampico.

Rigideces y flexibilidades del mercado de trabajo

El mercado de trabajo de Altamira y de la conurbación se caracteriza, por un lado, por las tensiones vinculadas con la influencia —mucho más fuerte que en otros estados y aun que en otras zonas tamaulipecas— del sistema corporativo que divide el territorio en una multitud de espacios en los cuales cada sindicato o corporación ejerce su monopolio, por otro, por la existencia de un gran "sector informal" de trabajadores libres. Es un esquema general que podemos encontrar en todo sistema corporativo, y que impone su tónica al mercado de trabajo. Las relaciones que tal sistema establece permitieron al "núcleo duro" —donde están los trabajadores organizados— obtener las ventajas ligadas a la negociación colectiva, mientras que los otros, a medida que se alejan de ese centro, sólo reciben beneficios ocasionales (trabajadores temporarios) o sencillamente son excluidos. Estas situaciones combinan rigidez y flexibilidad, desde los trabajadores con empleos protegidos por un contrato colectivo hasta los colonos. Para éstos los beneficios de sus relaciones con el "núcleo duro" no están en la esfera del trabajo sino en la de la reproducción; así ha sido durante el reinado de los petroleros: acceso a la tierra, ayuda social, tiendas del sindicato con precios subvencionados y abiertas a la población en general. De esta manera, no es necesario oponer un sector a otro, pues el entrelazamiento entre lo formal y lo informal es fuerte y las redes clientelísticas atraviesan y a la vez unen ambos mundos. No se da una situación de enfrentamiento entre sindicatos y patrones y el mercado de trabajo no se organiza sobre oposiciones tajantes entre formal e informal, rigidez y flexibilidad, trabajadores libres y sindicalizados. Al contrario, su funcionamiento depende del complejo juego que, para regular las tensiones y los conflictos, se establece entre los diferentes polos que lo estructuran: los sindicatos, muchas veces en competencia entre sí, las autoridades del trabajo, los empresarios. Las negociaciones o regateos permiten eludir la norma. Estamos, sobre todo y muy especialmente en Altamira, en el corazón del poder local, pues los arbitrajes de la junta de conciliación y el peso de las élites político-sindicales hacen que las redes políticas y el mercado de trabajo estén fuertemente entrelazados.

Como veremos adelante, el sindicato de la construcción es un buen ejemplo del poder que confiere el control de ese mercado de trabajo y de las alianzas que se anudan para monopolizar los privilegios.

El impacto de las coyunturas

La vida de la región de Tampico-Ciudad Madero ha estado marcada, desde comienzos de siglo, por ciclos económicos en los que se alternaron tiempos de prosperidad y de crisis, fases de expansión con otras de profunda retracción en el mercado de trabajo (véase Prévôt-Schapira, 1990). La aplicación o no de las reglas implícitas y explícitas del mercado de trabajo también es función de la coyuntura, pues en periodos de gran demanda de mano de obra los mecanismos corporativos se hacen menos rígidos y, en parte, caen las barreras que impedían la entrada al mercado. Luego de un periodo de estancamiento debido a la crisis del algodón a fines de los sesenta, entre 1978 y 1982 –lapso que coincide con el comienzo de la construcción del puerto industrial y la "redistribución" del maná petrolero por la sección 1 del Sindicato de Trabajadores Petroleros de la República Mexicana (STPRM)–, ha sido una época favorable para el empleo en toda la región. A los puestos de "temporarios" del sector petrolero se añade la contratación masiva en la rama de la construcción, que tiene en ese momento un gran dinamismo y atrae a los migrantes de los estados de Tamaulipas, Veracruz y San Luis Potosí hacia el norte de la conurbación y los pueblos cercanos al futuro puerto industrial.

Estos movimientos migratorios han sido analizados por Fourt (1983) a partir de una encuesta realizada por la Coordinación de puertos en las "colonias del norte" (en los municipios de Tampico, Ciudad Madero y Altamira). La mitad de los encuestados habían nacido en el estado de Tamaulipas, un cuarto en el de San Luis Potosí y un quinto en el estado de Veracruz. Por otro lado, el análisis de los municipios de origen señala que la migración ha abrevado en el espacio de la conurbación. La mitad de las personas originarias de Tamaulipas nacieron en Tampico (el fenómeno del traslado desde el viejo centro degradado hacia las periferias). El estudio permite establecer una correlación entre el estatus socioprofesional de los migrantes y las zonas de origen. Aquellos que vienen del estado de San Luis Potosí son mayoritariamente de origen agrícola, mientras los nacidos en Tamaulipas provienen del mundo obrero y de los servicios. En cuanto al estado de Veracruz, la encuesta muestra una fuerte proporción de comerciantes y de migrantes de origen agrícola.

Los censos de población sólo permiten captar la migración interestatal (cuadro 5). En este cuadro puede verse la fuerte participación del estado de San Luis Potosí y del Bajío (Querétaro, Guanajuato) en el periodo de expansión agrícola del municipio, al final de la década de 1960. Por el contrario, desde los años ochenta el estado de Veracruz aumenta su participación y en 1990, 42% de la población nacida fuera de Tamaulipas proviene de Veracruz. ¿En qué medida esto tiene relación con las redes clientelísticas del líder petrolero que "cultivaban" las zonas petroleras del norte de Veracruz?

La crisis de 1982-1988, que golpea a todo el país y muy especialmente a la región, está en proporción con los "años de prosperidad". Luego de las grandes inversiones estatales en infraestructura y en vivienda (Instituto del Fondo Nacional de la Vivienda para los Trabajadores, Infonavit, Fondo de Vivienda del Instituto de Servicios y Seguridad Social de los Trabajadores del

CUADRO 5

Altamira. Cambios de residencia, 1970-1990

Nacidos en	*1970*	*%*	*1980*	*%*	*1980*	*%*
Total prov. de otro estado	7 484	100.0	5 995	100.0	23 997	100.0
S. L. Potosí	3 833	51.2	1 633	27.2	8 959	37.3
Veracruz	1 288	17.2	1 236	20.6	9 987	41.6
Guanajuato	484	6.5	186	3.1	556	2.3
Querétaro	412	5.5	130	2.2	596	2.4
Nuevo León	309	4.1	249	4.1	490	2.0
Coahuila	171	2.3	86	1.4	201	0.8
Distrito Federal	77	1.0	154	2.6	662	2.7
Jalisco	148	1.9	125	2.1	268	1.1
Hidalgo	91	1.2	71	1.2	596	2.5

Fuente: Censos Generales de Población y Vivienda, 1970-1990.

Estado, Fovissste) la región de Tampico presenta ahora las más altas tasas de desocupación del país.[5]

Los conflictos entre las secciones sindicales locales se agravan en especial en la rama de la construcción, que ha proporcionado muchos empleos. Los trabajadores libres del norte que habían integrado abundantemente la sección 4 de Tampico –como supernumerarios– se vieron despedidos. El número de afiliados se limitó a 3 000, aunque la sección ocupaba, cuando había trabajo, a unas 7 000 personas.[6] Los mecanismos para impedir la entrada son cada vez más severos. Sólo los hijos de los afiliados pueden ingresar al sindicato y obtener trabajo. Sucede lo mismo con la vigilancia de las obras, organizada por el sindicato para vigilar que los empresarios empleen un número suficiente de obreros sindicalizados.[7]

[5] Véase "Inflación y desempleo", *El Diario de Tampico*, 14 de diciembre de 1992.

[6] Véase "La construcción de la zona conurbada", *Notieconomía*, órgano informativo de la zona conurbada del río Pánuco, febrero de 1986.

[7] Entrevista a R. Mandujano, dirigente de la sección 4 de la construcción (Tampico), en agosto de 1987, en plena crisis. Cada mañana los camiones del sindicato, obligatoriamente, llevan a las obras a los obreros sindicalizados, que los empresarios deben contratar, so pena de paralizar el trabajo.

Es en este contexto que deben interpretarse los repetidos conflictos entre los sindicatos de la construcción y la municipalidad de Tampico cuando esta última, con el beneplácito del gremio de petroleros, había comenzado en las nuevas colonias algunos programas de infraestructura basados en la ayuda mutua y la utilización de mano de obra "libre".[8] La sección altamirense de la Confederación de Trabajadores de México (CTM) se ha separado de la Federación de Trabajadores del Sur de Tamaulipas desde finales de la década de 1970 para escapar al muy fuerte control de los petroleros.

Desde 1990 la reactivación económica se hace notar en la región con la reanudación de las obras del puerto industrial, la instalación de nuevas empresas en Altamira y la continuación de los trabajos en el muelle de atraque. Sin embargo, este renacimiento se inscribe dentro de un contexto de modificación de las reglas del juego en el plano nacional (medidas de desregulación) y regional (caída del cacique petrolero) que debilitaron algunos monopolios –pequeños y grandes– del lugar y redistribuyeron los papeles. A esto se agregan las fuertes repercusiones de la caída de La Quina, que llevó a la supresión de más de 7 000 empleos en Ciudad Madero, entre los trabajadores temporales de Pemex y los de las empresas y tiendas sindicales que fueron cerradas. La dinámica de la oferta de empleo se desplaza de Ciudad Madero a Altamira.[9]

Cuenca de empleo o mercado de trabajo segmentado

Cabe preguntarse si el mercado de trabajo está suficientemente unificado en la aglomeración Tampico-Madero-Altamira como para hablar de una cuenca de empleo, o si prevalecen las divisiones entre municipios, actividades y tipos de empresas. Las informacio-

[8] Véase "Grupos de choque de albañiles paralizan obras del ayuntamiento", *El Mundo*, 3 de febrero de 1987.

[9] Véase F. Ortiz Pinchetti, "Arrastra hasta la economía regional la destrucción de La Quina y su imperio", *Proceso*, 1991.

nes de que disponemos permiten esbozar algunas características de la organización del mercado de trabajo.

Los espacios en los que se inscriben los flujos de trabajo varían de un sector a otro y llegan a superponerse. Unas veces sin contornos claros, otras muy estructurado, este ámbito de geometría variable juega un papel determinante en las relaciones entre el vecindario y el poder político local.

1) El empleo industrial: un enclave que se busca reconquistar

En el empleo industrial, las redes de reclutamiento operan dentro del espacio conurbado y más allá en lo que concierne a los funcionarios de dirección. Esto significa que una gran parte de la mano de obra, sindicalizada o no, proviene de Tampico-Ciudad Madero, y es transportada a Altamira, cada mañana, por los camiones del sindicato petroquímico.

De los 10 000 trabajadores del polo, la mitad está sindicalizada, 20% son transitorios, una proporción menor que en otras ramas. Se trata de un grupo de trabajadores estables que gozan de salarios y prestaciones que se encuentran entre los más elevados de la zona, entre los cuales, por lo menos hasta 1991, los petroleros estaban a la cabeza. En 1990 el salario promedio de los obreros calificados era de 50 000 pesos diarios, a los que hay que agregar las prestaciones y la participación de utilidades.[10] Organizado en secciones de empresa, el sindicato nacional petroquímico tiene 11 de ellas en Altamira, que tienen poca relación entre sí. El contrato colectivo de cada empresa se firma en la ciudad de México. El sindicato petroquímico tiende a distinguirse del sindicalismo tradicional —de acuerdo con las palabras del secretario nacional de comunicación (originario de Altamira, a donde llega semanalmente)— en tanto es partidario de un sindicalismo centrado en la empresa. El gremio petroquímico acepta la flexibilidad en el trabajo, es decir la polivalencia y el control de la productividad, a cambio de mejores salarios, de una formación dentro de la empresa que facilite las promociones y de buenas condiciones de seguridad e higiene. Ha

[10] En la petroquímica la participación en los beneficios es importante. En 1991 Policyd redistribuyó 15 millones de pesos. AISTAC, octubre 1990 y 1991.

sido gracias a tales posiciones que las nuevas empresas como BASF e Indelpro han aceptado instalarse en el puerto industrial.[11]

En la conurbación, esto significa que este gremio se separa nítidamente de los sindicatos "coco", como el de los petroleros, que han dado pie a la mala reputación de la región entre los empresarios. Este discurso, esta voluntad de dar una imagen de Altamira como "refugio de paz social" son compartidos tanto por los sindicatos de la construcción, como por el organismo oficial de promoción de empresas del puerto industrial (AISTAC) y las autoridades municipales.[12] Las empresas del polo que han tenido problemas con el mundo sindical de Altamira son aquellas que, al otorgar la titularidad de ciertos trabajos de construcción al sindicato petroquímico, no acataron las reglas corporativas y los monopolios. Pero aquí estamos frente a un conflicto intersindical por el control de las fuentes de trabajo y el reparto de "territorios".

La otra fuente de trabajo importante en el lugar son los trabajos de carga y descarga de las mercancías en el puerto. Desde 1989 el Gremio Unido de Alijadores (GUA) de Tampico, con mecanismos de entrada muy firmes, controla el empleo en la zona portuaria de Altamira. Por lo tanto, también esta posibilidad de trabajo queda casi totalmente fuera del alcance de la población altamirense.

El reclutamiento industrial, tan ajeno al municipio, ha sido desde el comienzo de la industrialización un tema de preocupación, de reclamo, de protesta de las autoridades municipales que han exigido que la población de los ejidos cercanos a las nuevas instalaciones sea integrada a la industria. Estamos dentro de la problemática clásica de "polo *versus* enclave" que hemos encontrado en otros sitios industriales desarrollados por el gobierno federal en la década de 1970, donde la débil integración de los trabajadores contratados desató las reacciones de las autoridades regionales o municipales pero también movimientos de resistencia de los

[11] Entrevista a I. Pérez Maya, secretario de comunicación del Sindicato de Trabajadores de la Industria Química, Petroquímica, Carboquímica, Similares y Conexos de la República Mexicana, octubre de 1990.

[12] Entrevista de Q. Almazán "los sindicalistas de Tampico y Ciudad Madero abusan, y esta mala reputación afecta también a Altamira", octubre de 1990.

pobladores locales.[13] Durante la última presidencia municipal (1989-1992) se logró un acuerdo con el sindicato petroquímico para que sean reclutadas con prioridad "gentes de Altamira", sin mayor precisión en cuanto al número de éstas. ¿Se debió a la necesidad de las empresas de reforzar los lazos con la reserva de mano de obra cercana o fueron alardes del presidente municipal y del líder sindical? Además, actualmente ¿quiénes son "las gentes de Altamira"? ¿Los habitantes de las recientes colonias populares? A medida que éstas se consolidan y al mismo tiempo se extiende la demanda, ellos participan en la oferta de mano de obra, sobre todo no calificada, aunque también calificada. Esto plantea la cuestión del vínculo entre el empleo creado en el polo y las formas de ocupación de estas colonias, que agrupan a poblaciones muy heterogéneas.[14]

De hecho, es en la agricultura, la construcción y los servicios donde puede encontrar trabajo la población local. Sin embargo, en la agricultura el mercado de trabajo se organiza en un plano regional; en cambio, en la construcción y en los servicios es local.

2) Agricultura: polo de atracción de mano de obra

En vez de los flujos de trabajo cortos, intensos, estables, reglamentados, de los trabajadores industriales, el sector agrícola de Altamira absorbe la mano de obra de una amplia zona, con fuertes fluctuaciones estacionales.

Digamos, antes que nada, que sólo algunas grandes empresas agrícolas proporcionan un número importante de empleos permanentes, que alcanzan en total algunas centenas.[15] Durante medio año los trabajos en el campo están fuertemente mecanizados, en

[13] Véase el Coloquio franco-mexicano sobre *El impacto de los grandes complejos industriales en el espacio latinoamericano*, Instituto de Geografía UNAM/CREDAL, y "L'État aménageur en Amérique Latine: villes et ports industriels", *Travaux et Mémoires de l'IHEAL*, núm. 35, 1984.

[14] El número es alto en relación con la población activa del municipio –23 mil personas en 1990– pero a la vez es mínimo si lo relacionamos con los 50 mil empleos previstos al comienzo de los años ochenta.

[15] Son, sobre todo, empresas agrícolas que integran una primera etapa de transformación, tales como el empacado y acondicionamiento de hortalizas o el

especial sobre las tierras sembradas de granos pues en aquéllas de hortalizas algunas tareas son manuales, y la población campesina de la región es suficiente para esos trabajos. Durante el verano, muchos jóvenes parten hacia la frontera con Estados Unidos para buscar trabajo, o intentan contratarse como albañiles en la construcción local.

En cambio, la fuerte demanda de mano de obra durante la pizca del algodón y la cosecha de hortalizas –desde noviembre hasta abril o mayo– atrae a una importante masa de población y determina una corriente migratoria regional. Los ejidatarios y los campesinos sin tierra de los pueblos vecinos se contratan para la cosecha y proporcionan alrededor de 30% de la mano de obra; sin embargo, para satisfacer la demanda de brazos, los patrones deben recurrir a los trabajadores migrantes, que los empresarios estiman entre 2 000 y 3 000 mientras el Comité Municipal Campesino, de la Confederación Nacional Campesina (CNC), lleva ese número a cerca de 7 000. Las fuentes de reclutamiento utilizadas son tres: los trabajadores "libres", el sindicato y los enganchadores.

Los trabajadores libres, tanto de la localidad como de fuera, se concentran en la población agrícola de Estación Cuauhtémoc y en un radio de cinco kilómetros, que comprende también Corpus y Santa Gertrudis. Algunos vienen de lejos, como lo señalan las entrevistas realizadas en febrero de 1992 por M. C. Cebada. Es posible encontrar, por ejemplo, trabajadores "golondrinas" de Sinaloa o Chihuahua, cuya parcela ejidal no es suficiente para vivir. Estos trabajadores libres esperan en la terminal de autobuses o en el zócalo de Cuauhtémoc para ser reclutados ya sea directamente por un patrón, ya por medio de un megáfono o por radio.[16]

Otros –más frecuentemente los locales–, recurren al sindicato de jornaleros agrícolas afiliado a la CTM, cuyo papel se limita a una función formal de intermediación entre patrones y trabajadores. El sindicato de jornaleros, convencido de que todas las garantías

despepite del algodón, o bien los establecimientos agrocomerciales de acopio de granos.

[16] La Plaza de Armas recientemente remozada es el orgullo de Cuauhtémoc. Un astuto comerciante instaló enormes bocinas y cobra 20 mil pesos la hora (precios de agosto de 1992) para trasmitir el llamado al trabajo.

legales –higiene, alojamiento, cuidados médicos– no se pueden aplicar, interviene muy poco ante los patrones para exigir mejores condiciones de vida y de trabajo. Por supuesto, los empresarios alimentan esta visión, al agitar cada tanto tiempo la amenaza de mecanizar la pizca del algodón.[17] Es frecuente la mención de los problemas sociales y de seguridad que plantean las grandes concentraciones de trabajadores estacionales. Actualmente el representante de Solidaridad en Estación Cuauhtémoc considera que los trabajadores agrícolas deben constituir un nuevo sindicato, afiliado a la CNC, para que puedan ser registrados y mejor protegidos.[18] Él mismo se aboca a esta tarea, discretamente, para no crear problemas ("revuelo" expresa) y de esta manera llegar a un acuerdo cupular con la CTM. Recordemos que ésta no es una dinámica específica de la región. El debilitamiento del sector ejidal y por lo tanto de la CNC debido a la reforma del artículo 27, exige idear otra forma de control y de integración de los trabajadores agrícolas al sistema político.

Junto con los trabajadores libres y los sindicalizados, los empresarios han recurrido también al clásico sistema de "enganchadores" para lograr el número necesario de obreros. Desde tiempo atrás –la tradición es muy antigua– las Huastecas potosina, veracruzana e hidalguense –principalmente las zonas indígenas– y los municipios tamaulipecos cercanos proporcionan una parte de las cuadrillas (equipos de trabajo).

A comienzos de los ochenta, las zonas indígenas suministraban alrededor de un tercio de la mano de obra. El estudio de Romer

[17] Podemos citar el ejemplo de un patrón que compró dos máquinas para pizcar algodón –cada una de las cuales remplaza a 100 trabajadores– aunque le costaron 30% más que en Estados Unidos, pues la mano de obra es insuficiente en los momentos de gran demanda. De acuerdo con este propietario, la pizca manual acarrea muchos problemas. Es necesario ir muy rápido (ante el temor de las lluvias) y muchas veces es difícil reunir equipos de trabajadores, a los que es necesario pagar más. Según sus palabras, "el sindicato es una plaga" por lo que prefiere trabajar con máquinas y con trabajadores "libres", pues "el que sabe trabajar no tiene necesidad de recurrir al sindicato" (febrero de 1992).

[18] El presidente de Pronasol de Estación Cuauhtémoc plantea que es necesario organizar el mercado de trabajo en ese sector en interés de todos. Pero debemos insertar este discurso en el ámbito de los cambios que se producen actualmente en el campo con la reforma del artículo 27 constitucional.

de 1986 (en prensa) señala que desde regiones como Huejutla (Hidalgo), Tantoyuca y Tempoal (Veracruz), las corrientes migratorias laborales de las comunidades nahuas se dirigen hacia el norte de Veracruz y el sur de Tamaulipas, en especial a los municipios de Altamira y de Aldama. Desde la década de 1950 se escuchan en los pueblos de la sierra los anuncios radiofónicos que ofrecen trabajo en las zonas de agricultura comercial. Estas migraciones se han intensificado con el desarrollo del cultivo algodonero en el sur tamaulipeco y con la pavimentación de la ruta Pachuca-Tampico que pasa por Huejutla (1972-1975). Desde fines de los sesenta muchas de las superficies abandonadas por el algodón han sido utilizadas para el cultivo de hortalizas (chile, tomate, cebolla) y la migración continúa. Resulta claro que a partir de la década de 1970 se forman cuadrillas que van a trabajar a las zonas ganaderas y de cultivos comerciales —caña de azúcar, tabaco, hortalizas, naranjas— y se desplazan de un lugar a otro, en función del calendario agrícola, las condiciones de trabajo y los salarios. El mencionado estudio de Romer señala la existencia tanto de un "mercado" regional de trabajo que se extiende desde Martínez de la Torre (Veracruz) hasta Soto la Marina (Tamaulipas) como de circuitos que pasan por diversas microrregiones, creados por los primeros enganchadores originarios de las zonas de migraciones "estacionales", quizás los maestros bilingües de nahuatl.[19] Este foco de oferta de mano de obra cuyo centro neurálgico es Huejutla, está organizado por una verdadera red de intermediarios —los enganchadores, los capataces y los cabos— que pueden movilizar rápidamente a una gran cantidad de trabajadores. Los pueblos cercanos a la carretera son los más grandes proveedores de mano de obra. Los patrones prefieren contratar mano de obra indígena pues es menos exigente; permanece en el lugar durante dos o tres semanas, mientras los trabajadores locales pueden abandonar el trabajo de un día para otro. Los contratos de 12 días permiten a los jornaleros indígenas retornar a sus hogares para cumplir con sus obligaciones comunitarias (*faena*) cada 15 días. Usualmente los traslados se hacen en camionetas enviadas por los patrones, en

[19] Este espacio comprende tres de los lugares de trabajo de nuestro programa de investigación: Altamira, Álamo y Martínez de la Torre.

muy pocas ocasiones en transportes colectivos. Las cuadrillas de 10 a 12 personas son organizadas por un cabo, vínculo entre las comunidades y los lugares de trabajo. Éste recibe un adelanto de los salarios, parte del cual es entregado a la familia antes de la partida. El cabo también es responsable de la organización del trabajo. En Altamira, a diferencia del corte de caña y de las labores en los ranchos ganaderos, toda la familia puede trabajar en la pizca. Por ello, son muchos los trabajadores que llegan con ella y viven todos en el mismo lugar de cultivo, hacinados en las galeras o bajo toldos tendidos entre los árboles.[20]

Por su parte, las familias residentes en zonas rurales cercanas a Estación Cuauhtémoc se contratan directamente con los patrones, sin recurrir al sindicato. Tal como sucede en otras regiones de México, son cada vez más numerosas las mujeres que trabajan tiempo completo en la cosecha (Lara Flores 1991; Pedrero y Embriz, 1992). Aunque sea más duro, muchas de ellas prefieren el trabajo a destajo, que no implica discriminación por sexo en el salario. Es costumbre contratarse regularmente con patrones ya conocidos y con los cuales se establecen relaciones de confianza.[21]

En épocas de cosecha, los trabajadores estacionales apenas cubren la demanda de mano de obra y la competencia de la industria obliga a los patrones a ofrecer mejores salarios que en otras regiones agrícolas similares. El número de trabajadores necesarios puede variar mucho de un día para otro, de acuerdo con la madurez del producto, las condiciones climáticas y las fluctuaciones de precios, todo lo cual refleja la variedad de formas de determinación de la remuneración. El trabajo puede ser pagado por día, con doble salario diario, incluso por horas como un incentivo excepcional, o ser remunerado en función del volumen recolectado.

La región tiene un salario mínimo rural, establecido por la Comisión Nacional de Salarios Mínimos, que ascendía a 12 000 pesos diarios en febrero de 1992, de acuerdo con el que se pagan los trabajos manuales de preparación, siembra y cultivo. Pero para asegurar un número suficiente de trabajadores en la cosecha, las

[20] Es muy difícil platicar con ellos sin la autorización del patrón (Cebada, 1992).

[21] Véase encuesta en La Esperanza y Quinta Rosa, diciembre de 1962.

remuneraciones deben ser bastante más altas que el salario mínimo. Generalmente alcanzan a 15 000, quizás 20 000 o aun 25 000 pesos por día de acuerdo con la rapidez que sea necesario cosechar, si amenazan la evolución de los precios o las lluvias. Inversamente, cuando la cosecha es pobre, el salario puede bajar a 10 000 pesos y forzar a los trabajadores migratorios a contratarse en la zona portuaria de Tampico o en la frontera, en el distrito de riego del río Bravo. Las jornadas legales de trabajo de ocho horas frecuentemente alcanzan 12 o 13 horas, "de sol a sol", pagadas con sobreprecio. La protección de la seguridad social es débil.[22] Los trabajadores sólo pueden acudir a la clínica del Instituto Mexicano del Seguro Social (IMSS) si tienen un permiso (aviso o pase) otorgado por el capataz. La cotización patronal al IMSS se calcula en función del número de hectáreas sembradas de los distintos cultivos declaradas por el agricultor y por el número de días de trabajo necesarios para cada uno de esos cultivos.[23] A partir de esto, a cada propietario se le proporciona el correspondiente número de permisos para atención médica.

El salario a destajo significa para muchos mayores ventajas, pero también mayores diferencias de un día al otro y por lo tanto más riesgos. Los patrones que utilizan este sistema sostienen que responden a una demanda de los trabajadores y que el salario mínimo diario no constituye suficiente estímulo. Pueden surgir conflictos alrededor del volumen cosechado; no obstante, la ausencia de organización y la amenaza de contratar enganchados penden sobre los trabajadores mientras, por su lado, el patrón debe cuidarse de no enajenar su mano de obra. Uno de los entrevistados dijo haber ganado hasta 70 000 pesos diarios en el apogeo de la cosecha de chile, pagado a razón de 300 a 350 pesos por kilo recogido. Éste es un volumen excepcional, pero cuando la cosecha es abundante es frecuente recolectar hasta 100 kilos diarios y, por lo tanto, ganar entre 30 000 y 35 000 pesos. Otros trabajadores han

[22] En una entrevista, un trabajador con más de 27 años de servicio en un rancho señaló que luego de un accidente de trabajo (que le ocasionó la amputación de una pierna) no recibió ninguna pensión.

[23] El número de días necesarios está fuertemente subestimado y varía, por ejemplo, de tres días por hectárea para los granos hasta 40 jornadas para la misma extensión de tomate.

hablado de sumas del mismo orden ganadas en el algodón, con las mismas variaciones.

Frente a estos pagos diarios, los trabajadores migratorios gastan semanalmente un mínimo de 50 000 pesos, 10 000 para alojamiento (dormir bajo techo) y 40 000 para hacer dos comidas diarias. Por lo tanto, no pueden permanecer en la región cuando los salarios bajan, mientras los trabajadores locales están en mejores condiciones para soportar la presión.

En las décadas de 1960 y 1970 se han intensificado las migraciones laborales. Pero en los ochenta la importancia relativa de la migración indígena de pueblos lejanos ha tendido a disminuir en la medida que la mano de obra de los ejidos participa en una proporción cada vez mayor en el reclutamiento. La escasez del crédito en estos últimos años ha incrementado este fenómeno. Al igual que en El Mante, el espacio de los flujos de trabajo se ha estrechado.

La alternancia entre la fuerte demanda de trabajo en tiempo de cosecha y el "vacío" del verano determina la situación del empleo agrícola en el municipio y alimenta el ofrecimiento estacional de mano de obra en la construcción.

Estamos aquí frente a uno de esos escasos espacios de trabajo que escapan casi totalmente al corporativismo, y las formas de regulación utilizadas están dominadas por las relaciones interpersonales con el patrón, el enganchador o el capataz. La variedad en los sistemas de reclutamiento, con formas de contrato poco reglamentadas, permite —a partir de las "zonas cautivas"—, asegurar un reclutamiento tanto más regular cuanto el patrón trate correctamente a sus trabajadores y cuide de desarrollar relaciones de vecindad privilegiadas (préstamo de maquinaria pesada para reparar un camino, pequeños favores personales, etc.). Fluctuaciones estacionales, precariedad en las relaciones, oferta difusa pero demanda concentrada. Todas estas características han dado, hasta ahora, poca posibilidad de participación al poder político local en las relaciones de trabajo en este sector. La reforma del artículo 27 constitucional y el desarrollo del asalariado agrícola parecen hacer evolucionar las relaciones hacia un nuevo sentido.

3) Lugar de residencia y búsqueda de empleo

El mercado laboral es local en los servicios, el pequeño comercio, los trabajos de construcción, el empleo proporcionado por el municipio. ¿Los trabajadores de la agricultura se trasladarán a la construcción de acuerdo con la oferta? En esta última rama la paga es dos veces mayor que el salario rural, aunque en la agricultura la posibilidad de trabajar a destajo permite duplicar ese mínimo y ganar aún más cuando toda la familia trabaja. ¿El pasaje del empleo rural al urbano es reversible o no? Para responder a esta pregunta, en vez de partir de la rama de actividad más vale considerar el medio social de origen y los lugares donde se vive. En efecto, la búsqueda de empleo está fuertemente determinada por el origen de las poblaciones y, sobre todo, por el lugar —el medio— en el que ellos viven. Puede decirse que este dato es esencial para conocer las redes que permiten el acceso a tal colonia urbana en vez de tal otra, pero también para comprender la manera de utilizar el solar y por qué nuevas poblaciones urbanas se aproximan más al mundo rural o al urbano.

En el proceso de urbanización reciente es posible distinguir tres modelos: las colonias urbanas en medio del campo, aquellas que nacen como extensión de la cabecera y las colonias ligadas al crecimiento de la gran ciudad.

La separación entre mercado urbano y rural no existe en el primer modelo. Es frecuente que un trabajador agrícola se emplee como albañil en la temporada muerta y participe en los trabajos desarrollados por la municipalidad (banquetas, plaza) o en los programas federales o estatales de infraestructura. En muchas localidades, la regla es la pluriactividad y la polivalencia para los trabajadores, en su mayoría de origen rural. Esto aparece claramente en la encuesta realizada en diciembre de 1992 en varias colonias urbanas cercanas a Estación Cuauhtémoc. Quienes viven en La Esperanza o en Quinta Rosita trabajan alternativamente en los ejidos o en los grandes predios cercanos y en la construcción, aunque en este último caso hay que salir de la localidad y los transportes son caros.

En el segundo modelo, alrededor de Altamira, en las franjas donde se entremezclan lo rural y lo urbano, sucede lo mismo. La sobreimposición del medio rural y del mundo ejidal es todavía muy fuerte. Sin embargo, numerosas mujeres jóvenes de estos lugares quieren trabajar en los servicios y el comercio del centro, mientras los hombres son albañiles.

Pero, a diferencia de los dos primeros casos, vivir en la zona suburbana, es decir en las colonias de Miramar y Monte Alto, implica una clara ruptura con el empleo rural; aquí no se oye hablar de buscar trabajo en la agricultura, ni siquiera en periodos de alta desocupación. Esto ha sido confirmado tanto por nuestras encuestas como por el censo de 1990.[24] En la zona de Miramar, donde la población económicamente activa es de más de 3 000 personas, apenas 100 trabajan en el sector primario. Se ha creado una población "mezclada" cuya proporción de habitantes de origen urbano –muchos de ellos provenientes del centro de Tampico– es más fuerte que la de origen rural. Frecuentemente estos últimos crían en su solar algunos animales domésticos, práctica que suscita las protestas de los vecinos de costumbres más citadinas.

En estas colonias "residenciales", donde el pequeño comercio de comestibles y los servicios son escasos y sobre todo discretos,[25] los hombres trabajan fuera de sus colonias, en los talleres de reparación, en las gasolinerías, mientras los jóvenes lo hacen en los transportes (taxis colectivos, minibuses). Pocos son obreros fabriles. Por supuesto, en estas colonias recientes es la construcción el sector que impone el ritmo de trabajo y proporciona la mayoría de los empleos masculinos. De acuerdo con los censos, el empleo en la construcción pasó en Altamira de poco menos de 1 000 a 3 370 entre 1980 y 1990. Estos trabajadores de la construcción –albañiles sobre todo, pero también carpinteros o cerrajeros– son, fundamentalmente, eventuales. Esto significa que para ser reclutados deben recurrir a las secciones sindicales titulares del contrato,

[24] Véase el cuestionario de la encuesta realizada en diciembre de 1992 a los dirigentes de colonos en diez colonias del municipio de Altamira; en la zona suburbana en Monte Alto/Sipobladur, Monte Alto/Dupont, La Ganadera y Primavera; en las franjas urbanas de Altamira, en Venustiano Carranza, Américo Villarreal, Portes Gil y Alameda; y en La Esperanza y Quinta Rosita, cercanas a Estación Cuauhtémoc.

[25] La clara escasez de capital es la causa principal del bajo número de comercios y talleres en estas colonias. Pero también interviene el temor a las obligaciones fiscales, y se evitan los anuncios, dejando "que las buenas direcciones circulen de boca en boca" (entrevista, diciembre 1992).

aunque no estén afiliados al sindicato que ha firmado dicho contrato de trabajo con la empresa constructora. Es verdad que en ciertos casos, especialmente en periodos de muy fuerte oferta y tratándose de obreros no calificados (peones), las empresas constructoras pueden reclutar directamente trabajadores "libres" mediante avisos en la prensa. Para los obreros calificados de la construcción el control sindical se mantiene firme, aun si los cambios que tuvieron lugar en este último sexenio han sido rápidos y han debilitado el monopolio sindical. En Altamira la separación en tres secciones –todas afiliadas a la rama local de la CTM– ha sido el resultado de divisiones y luchas entre los diferentes líderes para controlar una de las piezas clave del mercado de trabajo local.[26] Las distintas secciones han acordado que, en cada contrato, la sección titular de éste reparta los empleos entre todas ellas.

Los salarios –entre 25 000 y 40 000 pesos diarios, respectivamente, para los peones y los obreros calificados– están fijados por el contrato colectivo celebrado para cada obra. En una rama donde la protección social se reduce teóricamente a la estricta aplicación de la Ley Federal del Trabajo, la nueva dirección de la sección inicial de Altamira desarrolla acciones de tipo mutualista: creación, mediante aportes voluntarios, de una caja de auxilios mutuos que cubre invalidez y vejez y un fondo de solidaridad para ayudar a las viudas de los afiliados. En este momento la sección lucha para que el reparto de utilidades (participación en las ganancias de la empresa) se incorpore al contrato colectivo, puesto que las empresas lo declaran en Hacienda (para pagar menos impuestos).[27]

[26] La sección inicial de la construcción (Sindicato de Trabajadores de la Rama de la Construcción, Similares y Conexos del Municipio de Altamira) fue fundada en 1962 a partir de la instalación de la Dupont, para que los empleos no fueran acaparados por Tampico.

Diez años más tarde se produjo la primera escisión (Sindicato de Trabajadores para la Industria de la Construcción, Similares y Conexos del Municipio de Altamira); la segunda división se dio en 1990 cuando el líder del primer sindicato de la construcción y de la Federación de Altamira, expresidente municipal además, fundó su propia sección luego que fue acusado de corrupción y expulsado de la que controlaba desde 1965 y a partir de la cual había construido su poder y fortuna.

[27] El actual dirigente del sindicato fue quien descubrió que la empresa CYDSA, donde él trabajaba, declaraba ante la Secretaría de Hacienda el reparto de utilidades, sin haberlo hecho realmente.

El empleo doméstico es el más frecuente entre las mujeres, pagado a la semana (60 000 a 90 000 pesos semanales más alojamiento y comida) o diario (20 000 pesos) para lavar y planchar. La búsqueda de una ocupación remunerada las obliga "a salir de la colonia a buscar trabajo" ya sea en Tampico, Ciudad Madero o en las más cercanas colonias de Altamira. Las redes de relaciones y el anuncio en la prensa juegan un papel importante, pero muchas veces van de puerta en puerta proponiendo sus servicios por el día. El trabajo fuera del hogar les plantea el problema de cuidar a sus hijos; muchas mujeres deben confiar en la solidaridad de sus vecinos.

También se encuentran en estas colonias, sobre todo entre las jóvenes, empleadas y vendedoras que trabajan ya sea en el pequeño comercio del pueblo de Altamira, ya en los grandes almacenes instalados a lo largo de la ruta Altamira-Tampico. En este caso el salario sólo asciende a 12 o 13 000 pesos diarios, pero es regular (seis días de trabajo a la semana). Por otra parte, cada vez más se desarrolla en los sectores populares la venta a domicilio de productos comprados "a distancia" en las regiones productoras (confección en San Luis Potosí, calzado en León, etc.). Desde poco tiempo atrás, la empresa de transportes de Altamira fleta un "especial" —cuyos asientos, cada uno de los cuales cuesta 15 000 pesos, se reservan— que cada lunes emprende una gira por algunos lugares de aprovisionamiento en México (Tepito) y alrededores (Chiconcuac).[28]

Hasta aquí hemos dado los pormenores sobre la situación de quienes trabajan en Altamira. Pero es necesario insistir en que la desocupación está siempre presente, en proporciones variables pero alrededor de 30% según las estimaciones de varios líderes de colonia entrevistados. El desempleo aparece más que nada como un concepto masculino. Sin embargo, aunque las mujeres declaran

[28] De acuerdo con los cálculos de una entrevistada que vive de este comercio, invirtiendo un millón de pesos [antiguos] (además de los 15 000 del viaje) en la compra de ropa, juguetes y "novedades", es posible recuperar la inversión y lograr una ganancia de un millón en dos meses sin vender demasiado caro; esto es más de lo que los intereses bancarios o cualquier otro trabajo pueden ofrecer. La entrevistada esperaba poder duplicar la inversión, pero un volumen de venta más importante podría plantear dificultades para hallar clientela (La Primavera, diciembre de 1992).

menos estar desocupadas, también sufren esta situación. La desocupación es particularmente aguda entre los jóvenes, tanto en el sector agrícola como en la construcción.

Empleo, desregulación y organización de los espacios

Los respectivos espacios del empleo urbano y el agrícola presentan un fuerte contraste. Marcados por una organización imprecisa y donde predominan las relaciones interpersonales, los flujos de trabajo agrícola se extienden sobre un espacio regional que tiende a estrecharse. A esto se contrapone la muy fuerte división del mercado de trabajo urbano a partir de territorios sindicales cuyos límites son el resultado de relaciones de fuerza locales en el seno del corporativismo mexicano. Las redes invisibles de la administración sindical han, de alguna manera, detenido la creación de un verdadero mercado de trabajo en la conurbación y, en cambio, han ocasionado la creación de múltiples carteras de empleo cada una de ellas con un flujo muy reducido. En los periodos de crisis esta división ha sido más fuerte y se han avivado los conflictos entre las distintas secciones sindicales del sur tamaulipeco.

Si se ve hasta qué punto el corporativismo ha dividido el espacio en varios monopolios, es más difícil mostrar cómo las nuevas reglas de la última década imprimen su huella en el espacio y producen cambios en su organización.

La desregulación, en tanto debilita la influencia sindical, tiende, sin duda, a eliminar los lugares de exclusión. Pero, al hacerse desde posiciones adquiridas, esto ocasiona conflictos entre trabajadores y entre jurisdicciones. En este sentido, el ejemplo de los microbuses es ilustrativo. En 1992, apoyado por la Federación de Trabajadores del Sur de Tamaulipas, tradicional bastión de la CTM, el gobierno tamaulipeco, luego de múltiples tentativas, logra poner fin al monopolio de las cooperativas de conductores de taxis colectivos, cuyas rutas eludían pasar por las colonias periféricas más aisladas. Luego de luchas y conflictos, la entrada de los microbuses a estas colonias las integran al espacio público. La mejor comunicación debida al transporte colectivo acompaña y refuerza la incorporación de los colonos a la vida cívica, luego que la acción municipal sustituyera a la más furtiva y clientelística de los petroleros. El desarrollo de las líneas de microbuses, por su parte, estrechará en diversos sentidos los lazos entre la cabecera de Altamira y sus colonias, puesto que quien tenga que ir de compras aprovechará para buscar empleo, realizar algún trámite y estrechar relaciones en el ayuntamiento.

Esta desregulación contribuyó a debilitar otras corporaciones locales –la de los camioneros, por ejemplo– que habían prosperado a partir de un sistema de privilegios y estaban poco preparadas para enfrentar la competencia. Cuando en julio de 1989 la Federación suprime las condiciones anteriormente impuestas al transporte interestatal de mercancías, el sindicato de camioneros de Altamira perdió el monopolio de la carga de materiales en el espacio municipal. En el conflicto con la empresa Cementos del Golfo –que utilizó para sus obras sus propios camiones– los tribunales federales han desestimado la reclamación del sindicato tanto en la primera como, ante la apelación, en la segunda instancia.[29] Cuando el sindicato intentó presionar y solicitó la ayuda de Fidel Velázquez y de las autoridades municipales, ambos recomendaron moderación, lo que significaba aceptar el nuevo estado de cosas.

Ahora, los espacios de trabajo se diseñan nuevamente en un juego más abierto. ¿Cuáles serán las nuevas reglas? Es posible observar luchas intersindicales fuertes, como por ejemplo la que opone a los estibadores de Tampico con los de Altamira, pero también entre los sindicalizados y quienes no lo están; y son los jóvenes, principalmente, quienes quieren romper las trabas puestas en práctica por los sindicatos, en un momento en el que el poder central alienta esos movimientos. Sucede lo mismo entre los sindicatos y las empresas. Los posibles lugares de conflictos se multiplican y quizás se atomizan.

Con base en el estudio del mercado de trabajo es posible ver cómo la pequeña élite político-sindical ligada a la CTM ha controlado el poder local, cuando se ha apropiado, de manera muy territorializada, del mercado de trabajo local. Hasta ahora, la autoridad municipal actuaba como eslabón final de un poder centralizado

[29] Véase "El caso de Concreto del Golfo", *Diálogo*, semanario de Tampico, junio de 1991.

doblemente –gobierno y CTM. Pero, con el estrechamiento del Estado, por un lado, disminuye su capacidad de árbitro y, por otro, se hace más profundo el divorcio entre ese Estado y el sector obrero. Sin embargo, el debilitamiento de su función en el plano sindical podría redundar en una activación de la negociación política en el ámbito local.

IDENTIDAD Y PODER MUNICIPAL

En Altamira planteamos la hipótesis de que la identidad local pasa por el poder, en ausencia de un fermento "natural" de unidad que extrajera su fuerza de una historia compartida; aquí tiene primacía el espacio político administrativo. Es a partir de su gestión que eventualmente puede construirse un proyecto con capacidad de movilizar grupos tan variados como ejidatarios, colonos, empresarios agrícolas, gran empresa, sindicatos, etcétera.

La singularidad de este territorio radica en que su organización depende de potentes fuerzas externas de importancia regional, nacional o internacional –empresas paraestatales, *brokers*, industrias petroquímicas, corporaciones sindicales de la conurbación etc. Estas fuerzas no mantienen lazos directos con las poblaciones locales y, por lo tanto, tampoco tienen por qué tener consideraciones especiales con ellas. Hasta entonces el poder municipal había gozado de la protección del gobierno federal y de la confederación sindical obrera para mantener dentro de límites tolerables las contradicciones flagrantes y la acción sindical fue siempre el instrumento escogido.

¿Cuáles son, en este momento, las cartas de que dispone el poder local para definir un proyecto común a los diversos grupos, que le permita unificar a las fuerzas centrífugas dentro de un marco plural? ¿Cuál es el margen de maniobra del municipio para escoger entre distintos proyectos y asegurar el éxito de los mismos?

El gran desafío para el poder local ha sido superar las contradicciones reiteradas entre, por un lado, la llegada tanto de distintas inversiones y actividades como de poblaciones de fuera y, por otro, la necesidad de encontrar sus propios intereses en los distintos cambios sufridos. En la actualidad, en una coyuntura de recuperación, predomina la actitud de apropiarse mentalmente de lo hecho y de lo que se ha proyectado (universidades, infraestructura, industrias) y la voluntad de integrar las nuevas poblaciones recién llegadas. Los informes anuales del presidente municipal son, en este sentido, muy significativos. El proyecto municipal se construye alrededor de dos objetivos; uno es lograr que Altamira se incorpore a la modernidad ("Altamira se ha convertido en la ventana por donde México ve hacia el futuro") y el otro se centra en reconstruir la identidad a través de la reapropiación de su territorio y la incorporación de los habitantes ilegales a la esfera del derecho ("Éramos altamirenses sin patrimonio. Dueños de nada...").[30]

Prioridades en la gestión municipal

El último decenio presenció un aumento en los recursos municipales debido más a la presión ejercida por las autoridades del cabildo sobre las empresas paraestatales instaladas en Altamira para que éstas pagaran efectivamente sus impuestos que a una mayor capacidad fiscal y administrativa de la pequeña burocracia municipal. Desde el comienzo de la década de 1980, las autoridades comunales subrayaron en su discurso la debilidad de su presupuesto en relación con los problemas que la comuna tenía que resolver frente a la instalación del puerto industrial y la llegada de una población flotante. Los munícipes denunciaron también que los impuestos pagados por las grandes empresas instaladas en su territorio iban o al estado o a la federación y que sólo se revertían en el municipio bajo la forma de donaciones –en sumas irrisorias, por otra parte.[31]

[30] Véase el Segundo Informe del H. Ayuntamiento de Altamira, noviembre de 1991.

[31] "El florecimiento de gigantescas industrias con presupuestos cien veces superiores al del ayuntamiento causa verdaderos contrastes. Es por ello que las autoridades municipales –según precisa el alcalde Abad Flores Álvarez– están conscientes de la imperiosa necesidad de que tales industrias reinviertan en Altamira algunos de los beneficios que han obtenido de aquí. Dos o tres de ellas han donado material y pintura para alguna escuela; sin embargo, en el futuro, las empresas deberán colaborar más activamente en las soluciones de los problemas que sufre Altamira", *Notieconomía*, núm. 8, 1982.

En 1981, el presupuesto municipal era de 32 500 000 pesos; en 1982 ascendió a 100 000 000. Los aumentos significativos del comienzo de los noventa están vinculados a la vez a la reforma municipal, al lugar que ocupó Altamira en el seno de la conurbación y a la contracción de la federación en los grandes negocios industriales. Éste es, asimismo, uno de los aspectos de la descentralización.

El municipio logró obtener para sí una parte de los derechos aduaneros del puerto industrial. En marzo de 1990 esto significó alrededor del 7 u 8% de su presupuesto.[32] En el informe anual del municipio, esta victoria fue presentada como la del sector obrero de Altamira, posible gracias a la intervención de Fidel Velázquez —"ángel tutelar de Altamira"— ante el secretario de Hacienda. Todos estos discursos señalan el peso de los inevitables intermediarios "del centro". De la misma manera, la gestión de Fidel Velázquez, con su ayuda para desenmarañar la madeja burocrática, permitió la regularización masiva de terrenos urbanos invadidos en Altamira.

El presupuesto municipal pasó en un año (1990/1991) de 6 500 000 000 de pesos a 11 900 000 000, un aumento de 83%. Los 8 000 000 000 de pesos entregados por el gobierno de Tamaulipas permitieron este fuerte incremento. Los aportes de la federación representan 7% del presupuesto y los recursos propios del municipio —2 000 000 000— constituyen 18% del mismo. La fuente más importante es el impuesto predial (36%), recaudado por las oficinas estatales que lo revierten al municipio, luego siguen diversas tasas de servicios (alumbrado público, recolección de basura) y las aplicadas a las transacciones immobiliarias. En 1992 el municipio aumentó 200% el impuesto predial de las empresas industriales. La comuna también logró que el Fondo de Desarrollo Portuario (Fondeport) pagara este impuesto predial y se establecieron negociaciones con el mismo fin con Pemex y la Comisión Federal de Electricidad (CFE). Los salarios constituyen 16% —lo que es poco— de los gastos, mientras 55% de éstos se destinan a los trabajos públicos y los servicios municipales. El municipio tiene una deuda de poco

[32] Entrevista con el subtesorero del municipio, octubre de 1990.

más de 1 000 000 000 de pesos, que se divide en 400 000 000 con el gobierno tamaulipeco y 659 000 000 con los bancos.[33]

Dentro de la conurbación, Altamira no es ya el pariente pobre y puede imponer sus puntos de vista en las distintas negociaciones —es decir, oponerse a Tampico— (por ejemplo, en los problemas del destino final de la basura, o del empalme carretero directo hacia Veracruz, etcétera).

La regularización de la propiedad de la tierra y la introducción de servicios básicos en las nuevas colonias han sido las grandes tareas de la última administración municipal. Ochenta por ciento de las tierras estaban ocupadas ilegalmente en 1990. Por supuesto, la regularización es indisociable de la dinámica social desatada por el poder central. Debemos reubicar esta acción en el cambio de orientaciones de las grandes políticas sociales, como el programa Solidaridad que toma en cuenta preferentemente a las poblaciones más pobres, sobre todo aquellas de las mayores colonias urbanas surgidas a partir de invasiones. Por otra parte, en el contexto político local, la regularización supone la reconquista de los espacios ocupados anteriormente bajo la férula de los petroleros, como lo hemos ya señalado en "Cuclillos..."

En cuanto a la instalación de los servicios públicos en las colonias, es interesante señalar que se han invertido las prioridades. Contrariamente a las reglas de la Secretaría de Desarrollo Urbano y Ecología (Sedue) y SIPOBLADUR, los servicios de infraestructura —electricidad, agua potable y, en el futuro, drenaje— han sido introducidos paralelamente a la regularización de los terrenos ocupados y en algunos casos incluso antes.[34]

¿Hacia una nueva configuración del poder local?

Para comprender la actual gestión municipal quizás sea necesario recordar la importancia atribuida en el periodo de Miguel de la

[33] ¿Se trata del aval bancario ofrecido a los comités de electrificación de las colonias?

[34] Véanse en el Anexo 1 los detalles sobre electrificación, agua potable, drenaje y regularización de la tierra.

Madrid a la descentralización administrativa y a la reforma municipal. Para el municipio de Altamira la reforma del artículo 115 constitucional fue, ciertamente, un importante instrumento para lograr mayor autonomía y mejor dominio de su territorio.

¿Significó también la democratización de la vida política local? Hemos visto que el poder local ha sido ejercido durante casi 30 años por una pequeña élite político-sindical que se estableció a partir del control de un segmento del mercado de trabajo, control que ha aprovechado a la vez para constituir sus propias clientelas políticas y para ocupar una fuerte posición en ciertos sectores económicos vinculados a la concesión de un monopolio (rutas de camiones, de distribución, control de las contrataciones, etcétera).

El personal político comparte una formación "en la práctica", en las estructuras políticas o corporativistas clásicas del PRI. Genaro de la Portilla es el primer presidente municipal que ha asistido a la Universidad ("que tiene título"), aunque su origen también es ese pequeño ambiente local. Esta clase política, totalmente moldeada en la cultura priista, con sus redes de sociabilidad (sindicatos, masonería, Club de Leones), sin una fuerte capacidad de proyectarse más allá del territorio comunal, se ha mantenido dentro del aparato municipal. Algunos han tenido cargos de responsabilidad en el partido, pero ninguno de ellos se ha destacado en los planos regional o estatal. Un sistema relativamente cerrado cuya "independiencia" había sido amenazada por el sindicato petrolero, con el que la élite política altamiranense tenía relaciones ambiguas y conflictivas. Este "pequeño mundo" es sacudido ahora por la modernización económica y política.

¿En qué medida todo aquello que significaba la fuerza de esta clase política local no está en vías de desaparecer? Nuevos actores parecen sustituir a fuerzas debilitadas por las medidas de descorporativización del gobierno actual, actores que habían estado ausentes del juego municipal o habían sido marginados del mismo.

Los empresarios agrícolas afirman ahora cierta voluntad de participar en la vida política local, de ver representados sus puntos de vista y, en un futuro no muy lejano, ejercer por sí mismos el poder municipal. La pregunta nos lleva a los tipos de relación que, en estas nuevas circunstancias, ellos entablarán con los otros personajes del mundo rural y con los defensores de los intereses urbanos.

La Iglesia, a través de sus asociaciones caritativas, ha estado presente en las colonias de invasión desde la mitad de los ochenta. Es a partir de Caritas-Tampico, fundada en 1984, que la burguesía de esta ciudad interviene en los barrios pobres de la conurbación, en particular Miramar y La Ganadera. La distribución de leche para los niños, la construcción de una sala de usos múltiples, un apoyo organizativo a la población en sus demandas de regularización de la tierra, aseguraron en algunas colonias una presencia de la Iglesia junto a la más imponente de los petroleros. Más tarde la estafeta ha sido tomada, como hemos visto, por el ayuntamiento. Desde 1989 el nuevo equipo municipal está comprometido muy directamente en las colonias populares, a través de la administración del programa Voluntad y Trabajo (V y T), pero también a partir de intervenciones personalizadas que le han permitido captar para sí la clientela de los petroleros. En este momento, en la medida en que el Pronasol emplea todos los medios posibles e invita a participar a todas las fuerzas vivas, Caritas continúa su actividad dentro del marco de un programa federal que, en cierta medida, retoma las ideas y las prácticas de las asociaciones caritativas de la Iglesia.

La puesta en marcha, desde el comienzo del sexenio de Salinas de Gortari, del programa Solidaridad supone la formación en las colonias de comités del mismo nombre, apolíticos, que definen las prioridades y organizan la participación en dinero y en trabajo de la población. En Altamira, esta nueva estructura de colonia ha sido mirada con desconfianza. El temor de ver surgir nuevas figuras con ocasión de la formación de los Comités Solidaridad, que sacudirían las redes existentes, explica lo que nosotros hemos analizado en "Cuclillos...", como una confusión permanente entre el V y T y Solidaridad. Nos parecía entonces que los comités de este último programa podían ceñirse a la estructura preexistente de asociaciones de colonias dependientes del PRI por pertenecer al sector popular del partido (UNE), las que recientemente habían pasado al control de la municipalidad. Sin embargo, lo que se manifestó fue la negativa por parte de quienes habían logrado esta implantación local a dejarse desplazar por una red controlada por el centro: sólo se ha añadido el nombre de Solidaridad a un programa que funciona con los fondos de V y T. La alianza realizada con un gobernador conciliador no podía reeditarse con un poder central fuerte. Ceder su legitimidad en beneficio del presidente de la República frente a los colonos, negaría todo el proyecto de identidad del municipio que encarna el presidente municipal. Sin llegar a la confrontación pública, se ha limitado el financiamiento de Solidaridad al proyecto de *escuela digna* y se han guardado ciertas formas, puesto que el presidente Salinas vino a inaugurar, en nombre de Solidaridad, la instalación de agua potable de la colonia Nueva Tampico que el gobernador y el alcalde habían inaugurado antes.

Esto nos lleva al tema de la modernización y la democratización de la vida política local. El segundo aspecto de la reforma de 1983 fue abrir los consejos municipales a la oposición. Hasta ese momento esta última había existido sólo en la versión muy suavizada del Partido Auténtico de la Revolución Mexicana (PARM). En esta nueva configuración, ¿puede aparecer una verdadera oposición? y, si es así, ¿apoyada por qué fuerzas?

Las elecciones presidenciales de 1988 revelaron el debilitamiento del PRI en todo el país y los partidos de oposición ganaron un nuevo espacio. Esto ha provocado debates y agitación en el seno del aparato, entre aquellos que ven en la modernización del partido y de la vida política la única posibilidad de salvación y los otros, los "conservadores". En el plano local, los efectos de esta agitación se hicieron sentir con retraso y sobre todo, con un sentido diferente. Las divisiones se han dado más por el apego a las reivindicaciones localistas frente a las exigencias del centro que por la afiliación a una u otra posición.

Los resultados de las elecciones municipales de 1992 dieron la victoria a la candidata oficial del PRI, designada de acuerdo con los mecanismos de arbitraje que habían dado resultado en épocas anteriores. Rechazando la imposición del centro, una fracción importante de la clientela priista intentó un golpe de fuerza con el mecanismo, ya conocido, de afiliarse al PARM. Aunque los riesgos de esta aventura terminaron por asustar al propio candidato disidente y a muchos de sus seguidores, que volvieron al seno del PRI, la división entre localistas y centralistas parece profundizarse. El beneficiado ha sido ahora el parmismo, lo que puede comprenderse al pensar que hay con él una connivencia que no existe con el

Partido Acción Nacional (PAN) o el Partido de la Revolución Democrática (PRD). Pero una transformación del juego político en el plano nacional puede obligar a alianzas distintas (véase el resultado de las elecciones de 1986 a 1992 en el cuadro A2.2 en Anexo 2).

Por último, se puede avizorar el surgimiento de nuevas asociaciones fuera del sistema fuertemente instrumentado por el partido, en la medida en que las normas jurídicas pueden justificar una decisión que es ante todo política. Efectivamente, existen ya dos agrupaciones "leales" que ocupan el territorio de la organización vecinal en las colonias: una tiene registro estatal, la otra municipal. En la lógica corporativista de la división del espacio y de la organización de la sociedad, que vela para que no exista sino una asociación por territorio, ¿habrá espacio para nuevas agrupaciones independientes del sistema? Si no es así, ¿por qué se mantendrían, en el plano del control de las poblaciones, las reglas corporativistas que, al mismo tiempo, se denuncian en la esfera productiva?

ESPACIO MUNICIPAL Y PODER LOCAL

Luego de decenios de un desarrollo agrícola que se extiende sobre espacios regionales, las implantaciones industriales y la proliferación de colonias fragmentan el territorio. Cada segmento se particulariza, se perfilan nuevas dinámicas, nuevos intereses y actores diferenciados, y su coexistencia debe ser negociada políticamente. Mientras una parte de Altamira se integra a los conjuntos más amplios de la conurbación y del polo industrial de Tampico-Ciudad Madero, los diversos componentes del mundo agrícola se organizan alrededor de nuevos centros. Es en el seno de la entidad político administrativa del municipio donde estos espacios yuxtapuestos encuentran su interdependencia. Esto obliga a multiplicar las escalas de análisis, pues lo rural y lo urbano aparecen vinculados de manera distinta según el periodo y la unidad de espacio considerados.

En Altamira no se trata tanto de lo urbano, sino de lo suburbano. La proximidad de Tampico, la desproporción de fuerzas económicas presentes y la débil capacidad de atracción del pueblo de Altamira han dado sus características específicas a la colonización urbana e industrial de las tierras agrícolas del sur del municipio. La función productiva y la residencial permanecen separadas: la mayoría de los obreros y altos empleados de las fábricas viven en Tampico, mientras la población de las colonias contiguas debe buscar trabajo en otra parte. La inclusión de una parte del territorio municipal en la aglomeración urbana, restringiendo la autonomía de Altamira, le hace perder muchas de sus capacidades de organización económica. La periferia carece de los atributos centrales de la urbanidad y la pequeña villa no puede proporcionárselos. Las colonias arrastran a su cabecera hacia la conurbación, de la que Altamira no es sino un segmento y, de esta manera, nuevas colonias y el centro antiguo ingresan conjuntamente en la gran categoría de lo suburbano.

A diferencia de otros casos estudiados en nuestro programa, donde existe una fuerte interacción entre la ciudad y el campo, lo suburbano se desarrolla a expensas de lo rural sin aportarle, como contrapartida, recursos y mercado para sus productos. Para dar sólo un ejemplo: Ciudad Mante refleja el desarrollo de la región y liderea los municipios rurales que la rodean, mientras los recientes cambios agrícolas poco han modificado a Altamira. Lo suburbano extrae su dinámica del lugar que ocupa en la aglomeración y parece volver la espalda a lo rural.

Hasta los años setenta, el pueblo de Altamira mantuvo relaciones funcionales clásicas con sus alrededores agrícolas (administración, pequeño mercado local, servicios) aunque tanto la infraestructura como los mercados de la gran agricultura se localizaban en otras esferas y los agricultores más poderosos y dinámicos vivían en Tampico. Pero el papel de Altamira va disminuyendo en el curso de la década de 1980, aun para los ejidatarios. Los órganos administrativos y financieros con poder de decisión así como los proveedores de insumos y las empresas o asociaciones que aseguraban la comercialización dejan de lado a Altamira y prefieren instalarse ya sea en Tampico, ya en El Mante, o aun a lo largo del eje carretero que une ambas localidades. Es en beneficio de una centralidad dispersa (múltiples pequeños centros) que una Altamira desde ahora suburbana pierde su papel frente a la agricultura, no reteniendo sino la función cívico-administrativa que le confiere su estatus de cabecera municipal. De esta manera, la agricultura y lo urbano (suburbano) no tienen en común sino la instancia municipal. Desde el punto de vista espacial y de organización de las actividades productivas y de las relaciones de fuerza que las rigen, ambos universos son arrastrados hacia órbitas opuestas. Sin embargo, no son extraños el uno al otro, en la medida en que las corporaciones y ciertos individuos pueden aprovechar esta proximidad e inscribir sus estrategias (sobre la tierra, el empleo, la inversión) en el conjunto de la zona de contacto.

De su capacidad para mantenerse en esta colindancia, la burguesía urbana de Altamira extrajo su capacidad de negociación política y preservó un poder real, pero muy estrechamente localizado y delimitado. Este equilibrio sobre el filo de la navaja fue profundamente perturbado por la irrupción del puerto industrial y la afluencia de nuevos pobladores que aumentaron las fuerzas centrífugas. Pero es gracias a la importancia de este proyecto macroindustrial y de esta forma de urbanización –por una suerte de "efecto perverso"– que el poder municipal de Altamira puede alimentar la ambición de no convertirse en un satélite de Tampico y Ciudad Madero y, en cambio, fortalecerse como interlocutor cuando se trata de tomar decisiones económicas y políticas que afectan la región. Aunque desde el punto de vista de las dinámicas económicas los límites municipales pueden ser muy artificiales, el poder se convierte en local y se plantea como tal cuando se hacen explícitos los intereses locales, materializados en apuestas visibles frente a intereses externos o de orden jerárquico superior.

Traducción: Nelson Minello

ANEXO 1

1. Electrificación

En 1991 se electrificaron 28 colonias urbanas y seis ejidos, dentro del programa V y T, para lo cual los habitantes aportaron 20% de la suma necesaria. Los proyectos de este mismo programa para 1992 favorecerán a 35% de la población, con un costo de 7 500 000 000. El municipio auxilió a los beneficiarios con casi la mitad del aporte personal exigido, al contribuir con 660 000 000 de pesos. Este aporte ha sido decisivo para la consolidación del patronazgo político del municipio en esas colonias, aunque muchos de sus habitantes se dicen convencidos que de todas formas ellos mismos hubieran pagado todo de su propia bolsa.

CUADRO A1.1

Colonias electrificadas	*Número de personas beneficiadas*	*Porcentaje de la población*
Antes de 1990	42 531	46.5
En 1990	15 282	16.7
En 1991	33 605	36.7
Total	*91 418*	*97.9*

Fuente: Segundo Informe del H. Ayuntamiento de Altamira, 1991.

2. Agua potable

La introducción del agua potable, con la ayuda de V y T, Solidaridad, Comisión de Agua Potable y Alcantarillado (Coapa), el municipio y los propios colonos, benefició a 17 185 personas, 3 613 de ellas con el aporte directo del municipio.

CUADRO A1.2

Servicios de agua potable

Servicios de agua potable	*Número de personas beneficiadas*	*Porcentaje de la población*
Antes de 1990	23 305	24.0
En 1990	7 866	8.1
En 1991	20 798	21.4
Total	*51 969*	*53.6*
Sin servicio	45 031	46.4

Fuente: Segundo Informe del H. Ayuntamiento de Altamira, 1991.

Para 1992, los trabajos realizados hicieron posible introducir el agua potable en la zona urbana de Nueva Tampico, que ocupa la mayor parte de Miramar y cuya población ha sido estimada por la municipalidad –muy por encima de las cifras del Censo de Población y Vivienda de 1990– en 40 000 personas.[35]

En las colonias que carecen de este servicio la municipalidad instaló tanques o depósitos de agua. El municipio luchó –a la vez ante Carlos Rojas (Solidaridad) y Sedue– para que la instalación de agua de DUPORT-Altamira, con un pozo perforado en una zona poco habitada y con una capacidad de 300 litros por segundo, sea administrada por Coapa y, de esta manera, pueda utilizarse para suministrar agua al conjunto de la zona urbana de Altamira. Estamos en presencia de un movimiento inverso al de los setenta, cuando las instancias de la federación se "apropiaban" y administraban trozos de espacios industriales, urbanos o agrícolas sin que las autoridades locales pudieran tener ninguna injerencia. Ya no son los momentos en que el centro administraba los espacios productivos; al contrario, esta recuperación, esta reapropiación de su propio espacio por las colectividades locales, se inscribe dentro del movimiento más general por el cual el Estado se desprende de ciertos sectores. De todas formas, esto corre a parejas con una intervención fuerte y muy centralizada en otros puntos como, por ejemplo, el programa Solidaridad (véase Pécaut y Prévôt-Schapira, 1992).

[35] Véase el Segundo Informe... citado.

3. Drenaje

El retraso es aquí considerable pues no existe ni siquiera en el primer cuadro de Altamira o en los enclaves urbanos de los trabajadores sindicalizados (petroleros y electricistas). El municipio ha comenzado a introducirlo a partir del centro del pueblo; para la segunda etapa, que abarcaría a las colonias instaladas en el exejido de Miramar, se espera que Pronasol financie la mitad de su costo, estimado en 15 000 000 de pesos.

4. La regularización de la tierra

En 1991 se habían regularizado 30 lotes urbanos en el exejido Francisco I. Madero y 5 000 lotes en el de Miramar. El propio presidente Salinas entregó los títulos de propiedad el 3 de agosto de 1991, pocos días antes de las elecciones legislativas federales. Podemos preguntarnos cuáles serían las razones del repentino celo de un organismo –la Corett–, cuya lentitud, corrupción y malversación son notorias, que en menos de dos años regularizó más de 6 000 parcelas.

También están en vías de regularización otras zonas, mediante la expropiación de 253 hectáreas en las colonias Monte Alto, Industrial Guerrero, Francisco Villa, que ampara 2 743 lotes y donde Sipobladur ha entregado 269 títulos de propiedad. De la misma manera, se ha solucionado el litigio entre la Dupont y los habitantes de la zona urbana contigua a esta empresa que afectaba a 372 lotes y 1 700 personas. Entre 1991 y 1992 se han beneficiado con la regularización, o en otras palabras, han obtenido la propiedad, 50 000 personas en 10 000 lotes.

ANEXO 2

Cuadro A2.1
Altamira. Presidentes municipales, 1958-1992

Periodo	*Nombres*	*Sector político*	*Profesión*
1992	Delia Calles	CNOP/UNE	jueza
1990/1992	G. de la Portilla*	CTM	abogado, maestro escuela privada
1987/1989	Q. Almazán*	CTM	Sind. construcción
1984/1986	J. Márquez R.*	CTM	Sind. camionero
1981/1983	Abad Flores*	CTM/SUTERM	Sind. electricistas
1978/1980	Rogelio Rodríguez	Junta Administrativa Civil	
1975/1977	A. Martínez S.	CNC++	ejidatario
1972/1974	Reynaldo Castillo*	CNOP	burócrata
1969/1971	J. Macías Castillo	CNOP	maestro rural
1966/1968	Guillermo Rivera Flores	CNC/CTM	ejidatario y estibador algodón
1963/1965	Alejandro Briones	CNC/CTM	estibador y Sind. camionero
1960/1962	Aurora Cruz de Mora*	CNC	ejidataria
1958/1960	Lázaro Gallegos*	CNOP	mecánico, muy vinculado con el mundo campesino

++ Impuesto por Enrique Cárdenas (gobernador del estado) y el presidente Luis Echeverría.

Fuente: Reconstrucción a partir de entrevistas realizadas a los presidentes marcados con un asterisco.

Cuadro A2.2
Elecciones municipales, 1986-1992. Votación total por partido político

	1986	*1989*	*1992**
PRI	5 671	6 124	16 000
PARM	2 013	2 322	8 000
PAN	–	112	
PRD	132	61	
PST/PFCRN	115		
PPS			
Totales	7 931	8 619	24 000

* Información recogida *in situ*.
Fuente: López Aceves, 1991.

Cuadro A2.3
Altamira. Evolución de la población rural y urbana, 1950-1990

	Población total (miles)	*Población urbana**	*Población rural*	
1950	12	625	100%	
1960	20	736	11%	89%
1970	29	386	30.5%	69.5%
1980	36	499		
1990	82	585	75%	25%

* Se considera población urbana la que vive en localidades con 2 500 habitantes o más. En 1960 la cabecera municipal tenía solamente 2 260 habitantes, pero presentaba las características de un pequeño pueblo.

Fuente: Censos generales de población y vivienda, 1950 a 1990.

COMARCA SANTA ENGRACIA

ARTURO ALVARADO Y
NELSON MINELLO

INTRODUCCIÓN

Geografía y demografía

Dentro de la zona central de Tamaulipas se extienden cuatro municipios[1] –Victoria, Güémez, Hidalgo y Padilla– que comprenden la principal zona citrícola del estado. Ante nosotros se presenta una llanura extensa, cercada a lo lejos y en el rumbo norte noroeste por las estribaciones de la Sierra Madre; por el este franco la planicie continúa –fuera de nuestros municipios– hacia el horizonte y, más allá, se encuentra con el golfo; al norte noreste, en cambio, se topa con una serranía baja, llamada Sierra de San Carlos.

El clima es semicálido subhúmedo con lluvias en verano en la zona de Victoria, Hidalgo y Güémez y semiseco en Padilla (INEGI, 1992:10). La temperatura media anual oscila entre 22 y 24°C, aunque algunos días puede llegar a 38 o 40 o bajar hasta cuatro o cinco; excepcionalmente, como en 1983, presenta temperaturas inferiores a cero grados –con los problemas para la agricultura que luego veremos. La región central de Tamaulipas goza entre 245 y 275 días despejados al año; los nublados se dan preferentemente entre junio y octubre, vinculados con las lluvias (Tamaulipas, s/f:26).

[1] Éstos forman parte de 27 municipios de la región agropecuaria del centro, que posee un perfil económico agrícola y ganadero. La producción agropecuaria destaca en su participación en el PIB estatal porque su PEA se dedica a las actividades del sector primario en una proporción de 50 por ciento.

La zona es de tierras fértiles, "pero con un régimen de lluvias irregular, haciéndola poco propicia para la agricultura" como señala doña Adelaida Benítez de Noriega (1989:15), descendiente de una familia de antigua prosapia tamaulipeca. Las lluvias, irregulares, alcanzan una precipitación media anual de entre 600 y 800 mm (Tamaulipas, s/f:26).

El área de estudio está cruzada, de este a oeste, por varios ríos, de los cuales los principales son el Corona y el Purificación, pero también tenemos que contar al Santa Ana –que luego se llama Caballeros–, el Pilón, el Santa Engracia y otros, además de algunos arroyos, y no olvidar los cursos que aparecen en época de lluvias.

Los ríos bajan de la sierra y acumulan a su paso el agua de muchos arroyuelos y una que otra corriente más caudalosa, aprovechan también manantiales que brotan generosos en sus orillas y vierten esa agua en los lechos de los ríos. De hermoso ver, éstos están poblados de añosos sabinos, muchos de ellos creciendo en el mismo cauce y que inclinan sus ramas hasta el agua, formando en algunos lugares verdaderas cortinas vegetales. Tienen –como ríos de llanura– meandros y pozas que invitan a bañarse en un agua fría y cristalina que se antoja en los ardores de la canícula. Su fondo de piedra mantiene la limpidez del espejo de agua y no es difícil ver en sus orillas grupos de niños y niñas gozosos y alborotando con sus risas y gritos, como también adultos lavando sus autos o camiones y todos haciendo día de campo. Algunos poblados cercanos a sus orillas aprovechan su agua, enviándola mediante bombas a sus casas, de manera que buena parte de la población goza de agua entubada en su lote, entre otros servicios.

La utilización de estos ríos o arroyos y la construcción de canales o presas es de vieja data. Todavía hoy se puede ver en funcionamiento el canal que surtía de agua a la hacienda de El Carmen (véase Benítez de Noriega, 1989), excavado por sus peones a principios de este siglo; en la zona de Santa Engracia también existe, desde hace muchos años, una pequeña presa, construida sobre el arroyo del Guayabo. Estos bordos y canales se derivan a su vez en una red secundaria, que riega huertas y solares, ejidales y de pequeña propiedad; además, los propietarios de estas últimas han perforado pozos profundos, con los que riegan sus huertas. En

Cuadro 1
Población total por municipios y tamaño de localidad

	Total		*De 1 a 99 habitantes*		*De 100 a 499 habitantes*		*De 500 a 999 habitantes*		*De 1 000 a 1 999 habitantes*		*De 2 000 a 2 499 habitantes*		*De 2 500 o más habitantes*	
Municipio	*Localidades*	*Habitantes*	*Loc.*	*Hab.*	*Loc.*	*Hab.*	*Loc.*	*Hab.*	*Loc.*	*Hab.*	*Loc.*	*Hab.*	*Loc.*	*Hab.*
Güémes	217	15 014	184	1 709	27	7 053	4	2 799	2	3 453	–	–	–	–
Hidalgo	179	26 320	129	1 768	44	10 624	3	2 468	1	1 103	–	–	2	10 357
Padilla	106	14 280	106	879	14	3 836	2	1 124	–	–	–	–	2	8 441
Victoria	239	207 923	209	1 647	24	6 129	3	1 759	2	3 392	–	–	1	19 499

Fuente: *XI Censo General de Población y Vivienda, 1990*, tomo I, cuadros 1 y 3, Instituto Nacional de Estadística, Geografía e Informática, México, 1991.

suma, una red de hilos de agua que contribuyen a dar vida a las plantaciones realizadas por el hombre.

De esta región hemos escogido una subregión comprendida, en términos generales, entre los ríos Purificación y Corona; lo que nosotros llamamos –véase más adelante– la "comarca" de Santa Engracia. Allí confluyen cuatros municipios, Victoria, Güémez, Padilla e Hidalgo (véase mapa A.1, en el anexo). El punto de estudio está dado, más que por coordenadas geográficas o regiones delimitadas por accidentes naturales, por el cultivo de los cítricos. En otras palabras, es una región construida, como veremos más adelante, a partir del cultivo principal.

Los municipios en estudio –excepto Victoria, por la presencia de la capital estatal– son fundamentalmente rurales, entendiendo como tales aquellas localidades menores de 2 500 habitantes. De acuerdo con el censo de 1990 (tomo 1, cuadro 1), los 15 014 habitantes de Güémez, 89.9% de los de Hidalgo, 98.0% de los de Padilla y 99% de los habitantes del municipio de Victoria viven en localidades menores de 2 500 habitantes (véase cuadro 1).

La población de los cuatro municipios (véase cuadro 2), si restamos los 194 996 habitantes de la capital, nos queda reducida a 68 541 personas, 3.0% de la población total de Tamaulipas.

Cuadro 2
Municipios de Güémez, Hidalgo, Padilla y Victoria: población total por sexo

Municipio	*Total*	*Hombres*	*Mujeres*
Estado	2 249 583	1 111 698	1 137 883
Güémez	15 014	7 856	7 158
Hidalgo	26 320	13 689	12 631
Padilla	14 280	7 368	6 912
Victoria	207 923	102 231	105 692

Fuente: *XI Censo General de Población y Vivienda, 1990*, Tamaulipas, tomo 1, cuadro 2, Instituto Nacional de Estadística, Geografía e Informática, México, 1991.

La mayoría de estos habitantes han nacido en los mismos municipios donde residen, pues el censo de 1990 (tomo 1, cuadro 4) señala que los nativos de cada lugar son, respectivamente, 93.9,

89.2, 91.9 y 89.8% en Güémez, Hidalgo, Padilla y Victoria respectivamente. No parecen ser tampoco entidades fuertemente expulsoras, aunque el fenómeno de la migración –hacia la capital, hacia Estados Unidos– sin duda existe.

En los cuatro municipios la estructura por edades es similar (véase anexo 3); aproximadamente la mitad tiene menos de 20 años y una décima parte del total 60 y más años. En otras palabras, cerca de 40% de los habitantes están entre los 20 y los 59 años.

La población económicamente activa (véase anexo 4) oscila entre 36.6% en Güémez y 44.6% en Victoria. Resulta notable, acorde con la característica rural de estos municipios, la escasa participación femenina.

La estructura ocupacional muestra que más de la mitad de la PEA está ocupada en la agricultura; en Güémez es 72.2, en Hidalgo 68.7 y en Padilla 62.4 por ciento. Las actividades que le siguen, con porcentajes menores son, en Güémez: servicios, construcción y comercio, que ocupan, las tres, menos de 15%; en Hidalgo la agricultura está seguida, en este orden, por servicios, comercio e industria manufacturera, que sumadas alcanzan 20% de la PEA, mientras en Padilla los servicios ocupan 15%, seguidos por el comercio y la industria manufacturera. Por las cifras y el conocimiento de la zona puede afirmarse que la mayor parte de las mujeres, más que salir a laborar fuera, se mantienen dentro del hogar, en el trabajo inherente a éste. La excepción es el municipio de Victoria que, con la distorsión que implica la capital, presenta prácticamente 20% de la PEA ocupada en el sector de servicios comunales y sociales, seguido por el comercio, servicios profesionales y construcción, mientras la agricultura ocupa aquí un muy modesto 5.6 por ciento.

La tenencia de la tierra se reparte entre pequeños propietarios y ejidatarios; dentro de ella, en 1965 Tamaulipas tenía 333 334 ha de riego, de las cuales 26% eran propiedad ejidal, y 74% privada.[2]

De acuerdo con el cuadro A.1 del anexo, en los cuatro municipios hay 160 ejidos, que constituyen 12.3% del total de los ejidos y comunidades tamaulipecos. En conjunto ocupan menos de

[2] La parcela media ejidal era entonces de 9.5 ha, y la de propiedad privada de 19.8 ha. *Censo agropecuario*, México, Secretaría de Agricultura y Ganadería, 1969, p. 21.

250 000 hectáreas, que albergan a 7 586 ejidatarios o comuneros (87.5% de los cuales están bajo un régimen de parcela individual).

Según el *Anuario estadístico del estado* (cuadros 4.1.1.1 y 4.1.1.2), los porcentajes de los ejidos cuya actividad principal es la agricultura en Güémez, Hidalgo, Padilla y Victoria son de 90.2, 96.6, 100 y 95%, respectivamente.

En cuanto a la disponibilidad de agua, en los ejidos y comunidades agrarias de Güémez tenemos que 30.8% de su superficie es de riego, la proporción en Hidalgo alcanza a 45.9%, en Padilla es de 48.4% y en Victoria llega a 17.1% (INEGI, 1992, cuadro 4.1.1.2).

El cultivo perenne más importante está constituido por los cítricos. Como muestra el cuadro A.2 del anexo, el porcentaje que ocupan éstos oscila entre el tercio y la mitad de todos los cultivos de cada ejido. Además hay un desarrollo bastante sostenido de las hectáreas plantadas desde 1970, cuando los ejidos comienzan a cultivar cítricos (recordemos que en la propiedad privada los venían plantando desde, prácticamente, principios de siglo).

Los cítricos

A principios de siglo algunos hacendados introducen plantas de cítricos –fundamentalmente, naranjas– más para consumo de la casa que para su venta. Descubren, con cierta sorpresa, que las plantas se dan muy bien, que la producción crece y hay que repartir las naranjas excedentes. Alguien piensa que puede ser un cultivo rentable, y aparecen las primeras huertas –Carmen de Benítez, Santa Engracia–; la naranja se vende en fresco, el ferrocarril permite llevarla a Tampico, a Monterrey y poblaciones intermedias. Sin embargo, la zona no es, todavía, citrícola; los cultivos principales son, según las épocas, henequén, caña de azúcar, ganado y, siempre –hasta hoy día– maíz. En 1940 hay un rebrote en la citricultura y el cultivo se extiende algo más; es posible exportar naranja a Estados Unidos, pero todavía no cambia la fisonomía de la zona. A fines de los setenta hay un desarrollo más importante –es la época en la que en el mercado estadunidense se valoriza el jugo natural. Sin embargo, la producción de Nuevo León (Montemorelos, en especial) mantiene el cultivo de los cítricos en un nivel discreto en la Comarca Santa Engracia.

Pero he aquí que en 1983 los agricultores de Florida, en Estados Unidos, y los de Montemorelos en Nuevo León sufren, durante varios días, una helada que congela frutos, quema árboles y destroza las raíces.[3] La producción de cítricos en esas dos zonas prácticamente se anula. El mercado de la fruta cambia. La naranja mexicana —entre ella la tamaulipeca— se valoriza día con día. Estados Unidos necesita importar fruta, jugo, gajos, aceite, etcétera. Es el momento del *boom* en la zona. Quien tenía huertos en producción puede vender ventajosamente sus cítricos; al final del año agrícola queda con buen dinero. Ante el auge planta nuevos huertos de cítricos —mientras se espera su desarrollo, en los ejidos continúa cultivándose maíz—, vende su pequeña cosecha y también gana buen dinero. Comienzan a proliferar las máquinas y las técnicas —tractores, fumigadoras y, en los últimos tiempos, unas impresionantes podadoras; también aparecen los pozos y las bombas, las tuberías de agua, el aspersor debajo de cada árbol—, surge la agroindustria y se fundan jugueras y gajeras, y en este, aquel y aquel otro camino se ven huertos en desarrollo, casi todos en zona de riego, pero también algunos en temporal. En 1990, la región tenía cerca de 12 000 hectáreas de cítricos en producción y 10 000 en desarrollo. Los cítricos se esparcen en la zona, que abarca terrenos de cuatro municipios: norte de Victoria, Güémez, Padilla e Hidalgo.

Un observador puede preguntarse ¿hay tanto mercado para los cítricos? ¿Realmente toda esta gente obtendrá buenas ganancias con estos cultivos? ¿Cuál será la suerte de los cítricos en los próximos 10 o 15 años? El auge y el incremento de los precios fue prometedor, pero no duró. Además, el clima no ha ayudado a los productores, como se verá con detalle más adelante; en el invierno de 1985 sufrieron otra helada y en mayo de 1991 una onda cálida desfloró los árboles. Por estas causas, entre 1984 y 1993 no hubo cosechas importantes, a pesar de que los precios fueron elevados. Como contraparte, durante estos años ocurrieron drásticos cambios en los apoyos económicos que otorgaba el Estado a los produc-

[3] Esta helada también afectó a Comarca Santa Engracia, pero no dañó los árboles y los productores de la zona lograron cosechar la fruta y procesarla.

tores. Resultados más inmediatos de esto son la desprotección económica y sobre todo el enorme crecimiento de las carteras vencidas.

Durante 1993 la cosecha fue por fin muy abundante, pero la enorme oferta tiró los precios hacia abajo. Frente al gran incremento de la producción, los productores reciben cada vez menos ingresos.

Pero antes de contestarnos estas —y otras— interrogantes, veamos con más detalle la región, su historia, su geografía, su desarrollo económico, demográfico y laboral, etcétera.

"Comarca" Santa Engracia

La colonización y la formación de las haciendas en el centro de Tamaulipas

La "comarca" de Santa Engracia, construida por nosotros, es una extensa superficie al pie de la Sierra Madre, entre los ríos Corona, Purificación y Pilón; es un territorio donde se desarrolló ampliamente la economía agrícola desde el siglo XIX y que se ha mantenido en forma continua como zona productiva a lo largo de su historia, durante el porfiriato, el movimiento revolucionario, la reforma agraria y hasta nuestros días. Sus raíces económicas, agrícolas y sociales se extienden desde fechas remotas, pero es sobre todo con la reforma agraria iniciada en la década de 1920, cuando su rostro contemporáneo comienza a forjarse. Sus raíces, decíamos, muestran un poblamiento regional continuado, pero de poca densidad y de bajo crecimiento, que se desarrolla con las apropiaciones y denuncias de terrenos, más que con el despojo de propiedades indígenas. La combinación de estos factores de apropiación, población reducida y un arranque económico muy favorecido por el auge comercial ocurrido en Tamaulipas durante el porfiriato, imprimieron en la zona una dinámica homogénea de crecimiento que le permitió integrarse regionalmente.[4]

La zona central de Tamaulipas, con su eje articulador en Ciudad Victoria, su capital, tendría un particular destino al resto

[4] En ese extenso territorio que forma parte del centro del estado, el clima es muy variado, mesotermo y de lluvia deficiente en todas las estaciones. Formaba

del estado. Allí, durante el porfiriato se consolidó la hacienda como unidad productiva y social.

Los municipios de Hidalgo, Güémez y Padilla, lugares prominentes en la historia agraria tamaulipeca, señalan el especial desarrollo de las haciendas del centro, como forma dominante de la propiedad, de las relaciones laborales y de producción y de la formación de las clases hacendaria y campesina; muestran los movimientos políticos de campesinos y rancheros, el surgimiento del liderazgo de Portes Gil —piedra angular del desarrollo agrario en el estado durante el presente siglo— y sus organizaciones, del vínculo entre la política local y el desarrollo global del estado, así como de la situación social y política que vive el campo de Tamaulipas.

La constitución de la propiedad privada y la apertura de tierras al cultivo en la región comienza cerca de 1850, con las divisiones de grandes potreros y estancias ganaderas obtenidas por mercedes reales durante la colonización de Juan José de la Garza, en el siglo XVII. Con la consolidación del porfiriato se inicia la formación de la propiedad moderna; el *Anuario estadístico* estatal registraba en 1906 para el distrito del centro 70 haciendas y 884 ranchos, con 50 propietarios (INEGI, 1990). La población ascendía en 1930 a cerca de 80 000 habitantes; Hidalgo tenía 10 951; 4 691 Padilla y 6 682 Güémez (DGA, 1931)

Un caso singular fue la estancia de San Vicente, propiedad de Carmen Gándara, quien se casó con Simón de Portes. Este último contribuyó al desarrollo económico del estado al introducir el cultivo de caña rayada con semillas de Cuba, sembrada por primera vez en Santa Engracia y que produjo una suerte de revolución

parte del antiguo Distrito del Centro, valle encerrado por la Sierra Madre Occidental y la de San Carlos, así como por la prolongación de la Sierra de Tamaulipas. Ésta fue la zona de mayor producción agrícola, principalmente en el vértice formado por los ríos Pilón, Casas y sus afluentes, que fertilizaban una extensión mayor a las 16 000 hectáreas. Sus principales cultivos han sido cereales, pero también se crio ganado caballar, vacuno y variedades menores. Comprende los municipios de Llera, Hidalgo, Ciudad Victoria, Villagrán y parte de Padilla. Marte R. Gómez, *Primera convención de la liga de comunidades agrarias y sindicatos campesinos del estado de Tamaulipas*, México, Ed. Cultura, 1927. Ángel Bassols *et al.*, *Las Huastecas*, México, Trillas, 1977, pp. 18-22.

en la agricultura local. En las inmediaciones de la estancia se construyó una finca que primero se conoció como Enramadas y tiempo después bajo el nombre de San José de Santa Engracia.[5] Años después pasó a manos de José Martínez, comerciante liberal y antiintervencionista (Alvarado, 1992).[6]

El porfirismo apoyó la economía agrícola-ganadera en el centro del estado. Desde 1890 el ferrocarril de Tampico a Monterrey proporcionó a las haciendas la oportunidad de surtir esos mercados, amén del norteamericano, por los puertos marítimos.

Con el ferrocarril, las haciendas de la región, en especial las de los municipios de Hidalgo, Villagrán, Padilla y Victoria, abrieron y ampliaron su frontera agrícola, invirtieron en alguna infraestructura para riego por gravedad, para el cultivo o elaboración de maíz, tomate, arroz, caña de azúcar, alcohol y piloncillo, al tiempo que mantuvieron el área de ganado. Los finqueros desarrollaron lazos de solidaridad política y unión sanguínea, que llamaban a la conformación de una comunidad de propietarios.[7]

Desarrollaron también proyectos como la retención y canalización de las aguas de los ríos Corona, Santa Engracia y Purificación. El autor y constructor de las obras fue el ingeniero Francisco Benítez, quien en la primera década del siglo comenzó las obras en el río Purificación, para irrigar sus propiedades, las tierras de las haciendas El Carmen, La Cruz y anexas.

Hoy, esta infraestructura permanece como la obra de canalización básica a partir de la cual opera el riego en toda la zona de estudio y lo que se conoce como el distrito de riego del río Purificación. A partir de la misma se han dado ampliaciones y

[5] Sobre la historia de la propiedad véase *Registro de la propiedad del municipio de Hidalgo, Tamps.* Libro 95, 1A35 y 1A4, en el Catastro Público de Ciudad Victoria, Tamaulipas.

[6] También libro de correspondencia de Jacobo Martínez, c. 1876, y documentos de la querella de Simón de Portes a José Martínez.

[7] Para un mayor desarrollo del tema, véase Arturo Alvarado, *El portesgilismo en Tamaulipas*, México, El Colegio de México, 1992. Por ejemplo, los lazos familiares entre los Canseco y los Collado, propietarios, respectivamente, de las haciendas El Carmen y El Carmen Galindeño; también tuvieron lazos con los González y los Benítez, de El Carmen de Benítez, que fue vendida después a Juan Filizola, con los Martínez, de Santa Engracia.

obras nuevas, estas últimas menores; las ampliaciones han consistido, sobre todo, en la extensión de los canales de riego y en obras de apoyo y mantenimiento de los mismos, para aumentar la frontera irrigable. Actualmente, la superficie irrigada por esta canalización, más otras regadas por obras en los ríos Santa Engracia, Corona, diversas canalizaciones de arroyos secundarios y por pequeñas presas ubicadas al norte de Hidalgo, y, sobre todo hoy en la pequeña propiedad, por pozos. Esto ofrece una superficie irrigada de cerca de 32 000 ha.[8] Entre otras obras recientes está la presa de La Mesa que data del sexenio de López Mateos y con la cual se construyeron canales de derivación al norte de este municipio.

Aprovechando las inversiones previas y el éxito de la caña de azúcar, hacia principios del siglo se construyeron un trapiche y un vaso de lo que llegó a ser la presa de La Aurora, en la porción occidental del casco y los canales que distribuirían las aguas del vaso y de los ríos que cruzaban la hacienda, abriendo al riego permanente 2 600 ha. Esta obra la realizó también Francisco Benítez. Con estas obras la inversión en caña de azúcar, arroz, tomate y maíz rindió sus mejores frutos hasta los inicios de la Revolución. También se experimentó con legumbres, frutas e –impulsado por la familia Zorrilla– henequén, que tuvo un enorme auge, al tiempo que se criaba ganado caballar y vacuno.

La formación de los mercados regionales durante el porfiriato favoreció las inversiones hechas por José Martínez en la finca. Martínez aumentó su extensión original con compras de porciones de las haciendas colindantes de Santa Gertrudis y El Carmen de Benítez, La Cruz, El Carmen, La Diana y San Juan, denuncias de porciones de terrenos nacionales y demasías, y por enlaces matrimoniales.[9]

Entre las familias Martínez, González y otras, se formaron las haciendas de Santa Engracia, La Cruz, Santa María, San Juanito y El Carmen. Asimismo, algunos propietarios crearon fracciona-

[8] No hay estadística del número de pozos y la capacidad de éstos.

[9] Por ejemplo, José Martínez hijo casó con Guadalupe González, hija de Francisco, propietario de la hacienda del Carmen, y abuelos de Enrique Cárdenas González. Desde esa relación se adhirió a la comunidad de propietarios la hacienda Santa Gertrudis. Además, tenían lazos con los Benítez, propietarios de El Carmen de Benítez y de la hacienda Guadalupe.

mientos junto a las fincas, y algunos trabajadores y rancheros se interesaron en adquirir lotes. Esto lo hicieron fundamentalmente quienes no tenían relación salarial con los hacendados.

Los Martínez irían formando una hacienda cuyo núcleo en explotación –en 1925– abarcaba poco más de 12 000 ha en las fincas El Casco y La Estación, explotadas en conjunto hasta 1922, cuando dividieron la hacienda en dos porciones que a su vez subdividieron en "hijuelas". Jacobo Martínez se quedó con los terrenos de la estación del ferrocarril, con 4 000 ha; el resto quedó en manos de su hermano José y sus hijos.[10] Una situación similar ocurrió en la hacienda de El Carmen, cuando su propietario procedió a dividir la finca entre sus herederos (Benítez de Noriega, 1989).

Desde 1922 surgieron dentro de las haciendas presiones por el reparto de tierras. Estas solicitudes se basaron fundamentalmente en la posibilidad de ganar una dotación, ya que no hubo conflictos por despojos ni solicitudes de restitución. La base de las solicitudes se fundó, más que en un reclamo de justicia social, en una demanda de diversos sectores sociales de las haciendas por el acceso a la tierra.

La formación de los ejidos

Las solicitudes de tierras de San José de Santa Engracia y Estación de Santa Engracia, La Cruz, Estación Cruz, junto con Cruz y Carmen consideraban una unidad social y política entre esas comunidades; sus solicitantes eran trabajadores de las haciendas circunvecinas: Santa María, La Cruz, San Juanito, El Carmen, El Carmen Galindeño, González, Guadalupe, San Juan, La Diana, La Boca y Santa Gertrudis, enclavadas en los municipios de Hidalgo, Padilla, Güémez, Villagrán y Victoria, que integran el centro del estado.[11]

[10] Véase CAM, exp. 8, dotación de La Cruz, y exp. 10, dotación poblado de Santa Engracia.

[11] La mayor parte de los ejidos repartidos se integraban con pobladores locales o de haciendas circunvecinas, para completar los expedientes. Esto produjo una población campesina de antecedentes y de origen comunes, más que una integración con población inmigrante o con demandantes de regiones lejanas.

La primera solicitud de reparto de tierra surgió en Santa Engracia.[12] En mayo de 1924, las congregaciones de San José de Santa Engracia, La Cruz, La Libertad, La Misión, Maguiras y Unión Morales, solicitaron ejidos ante la Comisión Mixta Agraria (CMA). Éstas eran apoyadas por una joven organización campesina que cristalizó en la coyuntura política de 1923.[13]

Con el reparto agrario, muchos rancheros y arrendatarios pudieron cancelar sus antiguos contratos de arrendamiento y adquirir propiedades por compra directa a los hacendados o al gobierno del estado en predios, nacionales o confiscados. La congregación de La Cruz la formaron 189 agricultores asalariados de la hacienda, de los cuales 50 tenían además alguna propiedad o medios de vida diversos.[14] Además, se unieron a la petición de La Cruz, 189 trabajadores de la ranchería de Ollama y de la hacienda Santa María, cuya extensión era de 8 092 ha; estos solicitantes eran principalmente peones y en segundo lugar aparceros, que sembraban maíz y frijol. Alrededor de este núcleo se formarían posteriormente los ejidos Cruz y Cruz, Estación Cruz, El Carmen, Ollama, Plan de Ayala, Guadalupe Victoria y, tiempo después, el centro de población Úrsulo Galván. El proceso continuó hasta 1940, habiendo obtenido ejidos la mayoría de los trabajadores del centro de Tamaulipas.

Fue en la hacienda Santa Engracia en donde surgieron más solicitudes de ejidos; la población demandante no era sólo la que habitaba en el casco, sino también en las fincas Guadalupe, en Hidalgo, y San Isidro, en Güémez.[15]

Inicialmente, la CMA excluyó a muchos trabajadores en labores fuera de la agricultura. Con el tiempo, el agrarismo y los repartos hicieron llegar a la agricultura núcleos de otros trabajadores. El motivo real para limitar el acceso a la propiedad residía en que haber repartido parcelas a todos hubiera implicado el práctico desmantelamiento laboral de la finca, con las consecuencias que

[12] CAM, exp. 10, poblado de Santa Engracia (padrones agrarios).

[13] CAM, exps. 8, 10 y 20.

[14] CAM, exp. 8; originalmente éste fue el de Congregación Cruz; posteriormente se dividió en Cruz y Cruz y Carmen.

[15] CAM, exp. 28, población de Santa Engracia.

temían el propietario y la misma CMA para la producción de alimentos y para la economía general.

Este proceso pudo detenerse momentáneamente, pero terminó por poner fin a la economía y a la sociedad hacendarias en el estado, provocando su disolución como forma de vida y de producción, y su sustitución por una nueva manera de producción social en la que dominaban los ejidos, inicialmente colectivos y después parcelados hasta su desintegración.

Desde los inicios de la reforma agraria, encontramos dos tipos de grupos de solicitantes de tierras, aún hoy conocidos como quienes tienen tierra "dada", o quienes la adquirieron "comprada". Inicialmente solicitaron predio los jornaleros y en general todos los asalariados, luego los aparceros y los arrendatarios, aunque entre estos últimos algunos se opusieron; los llamados "agricultores libres" dieron lugar a confrontaciones. Éstos estaban registrados en los censos como propietarios de lotes dentro de las haciendas. Entre ellos había aparceros al igual que arrendatarios de los terrenos.[16] Los arrendatarios, con mayor capacidad negociadora ante el hacendado, casi siempre estaban de su lado frente los peticionarios.

La expropiación de tierras —previa indemnización—, afectó a los hacendados, pero las unidades económicas no se desintegraron sino hasta bien entrado el gobierno de Marte R. Gómez (1937-1941), que coincidió con el término de la presidencia de la República de Lázaro Cárdenas. Los hacendados de Tamaulipas no fueron derrotados por la reforma agraria ni por la movilización campesina o por los gobiernos locales. Sus capitales no fueron destruidos y mantuvieron estrechas relaciones con la nueva élite. Así, fue un proceso más prolongado y ligado a la evolución económica y familiar de esa clase el que terminó por extinguirla, combinado con cambios en la agricultura nacional y con la presencia económica creciente del llamado sector social.

Es notable que la reforma agraria no se produjera como resultado de una violenta irrupción social; fue más una transición pacífica a nuevas formas de propiedad en el campo. Mientras se realizaban repartos, también se consolidaba una alianza con un grupo de

[16] CAM, exps. 8, 10 y 28.

propietarios, se les daba un respiro momentáneo. La inclusión de algunos de sus miembros en las lides políticas del estado, fue una constante preocupación del grupo político que emergió como dominante en el campo tamaulipeco; esto produjo una transición regulada, pacífica, hacia un nuevo orden social y político en el campo, al tiempo que permitió el desarrollo de la nueva pequeña propiedad sobre las bases de las antiguas haciendas en el centro.

Muchos herederos continuaron explotando el campo e invirtiendo en él. Algunos se dedicaron a la cría de ganado de registro, otros mantuvieron la producción agrícola en los terrenos de riego que restaban y aprovecharon la infraestructura de la zona. La inversión en el campo no se detuvo, se reordenó al grado de que paulatinamente reaparecieron importantes grupos de pequeños propietarios que extendieron sus intereses de la producción a la comercialización agrícolas, resultando en un largo proceso de constitución de algunas maquiladoras de cítricos y hoy de una serie de agroindustrias, las más de ellas vinculadas con la producción citrícola, que describiremos en otro apartado.

En síntesis, este largo proceso de colonización tiene en nuestra opinión tres grandes momentos.

El primero fue la formación de la propiedad hacendaria y la constitución de una economía agrícola compleja y productiva. De manera paralela se constituyeron el hacendado, el empresario agrícola y un complejo de sujetos sociales, de asalariados, peones, arrendatarios y aparceros, que formarán las bases de un movimiento agrario por la tierra y sentarán los cimientos de un segundo desarrollo que encontramos hoy día en sus últimas consecuencias.

En este primer ciclo ocurre la formación de una comunidad de propietarios con relaciones familiares "intensas" ligadas a la propiedad de la tierra, la pertenencia a la familia y aún más, a una coalición en el poder local, que domina la cuestión pública en los municipios descritos, y mantiene relaciones privilegiadas con el gobernador del estado y otras autoridades, que ellos llegan algunas veces a asumir como representación directa. Este periodo imprime a la zona de estudio, al territorio, un significado vinculado íntimamente con la colonización de la tierra, el desarrollo de haciendas y el comercio regional, es decir, con la historia de las familias privilegiadas. Podríamos decir que este primer momento se desarrolla desde fines del siglo XIX hasta el reparto agrario en los años veinte.

El segundo momento es la formación de la propiedad ejidal y de la clase campesina en el estado, surgida de los trabajadores de las haciendas, y acompañada de la formación de los que llamaremos rancheros, pequeños propietarios que fueron aparceros, arrendatarios o también asociados o herederos de la hacienda. Junto con los ejidos más exitosos, estos nuevos propietarios constituyen los sujetos más dinámicos del cambio en la sociedad rural. Este largo periodo se inició en 1922, con las primeras solicitudes de reparto, y muestra el desarrollo de la agricultura en la región hasta bien entrado el gobierno de López Portillo, claro, con sus momentos de cambio y periodos internos.

Dentro de este periodo destaca un largo ciclo entre 1925 y 1947 en el que se constituye e impera un grupo político que impone una dinámica de desarrollo agrario con amplio reparto de tierras, modernización y mecanización de las técnicas y cultivos y amplio apoyo a la organización campesina, acompañada de un crecimiento menor de la agricultura privada.

Entre los gobiernos de Emilio Portes Gil (1925-1929) y Magdaleno Aguilar (1941-1945) se da prácticamente la mayoría del reparto agrario sustantivo en la región (con cerca de o más de 500 000 ha repartidas). El final de este proceso culmina con una amplia política de irrigación, que aprovecha la infraestructura existente, la socializa y la extiende y abre nuevas zonas a la producción. Se crean así las bases definitivas de la agricultura, a través de los principales repartos de tierra y la nueva infraestructura, del mayor impulso en la participación del estado en el fomento y desarrollo agrícola, y del surgimiento de una clase campesina manejada por una burocracia agraria regional. Esto ocurre en un periodo de dominio total del poder político por parte del movimiento campesino organizado en la entidad.

Desde su constitución como sujeto político y social en Tamaulipas, el sector campesino ha sido y continúa siendo el pilar político del centro de la entidad, aunque ha dependido históricamente de la burocracia agraria, de sus líderes y sus organizaciones. Los sectores dominantes en el agro tienen en cambio una mayor capacidad de presionar al gobernador y a la burocracia agraria, a través de sus asociaciones de productores. En el campo el Partido Revolucionario Institucional (PRI) constituye todavía el núcleo partidario central, junto con la Liga de Comunidades Agrarias (LCA), brazo estatal de la Confederación Nacional Campesina (CNC). No hay presencia notable de otras organizaciones campesinas en la región.

En este largo tiempo el proceso agrario se caracteriza por una importante apertura de tierras al cultivo y por la extensión y cambios de la agricultura, pues si bien predomina la producción maicera se inicia una diversificación y experimentación de cultivos, cuya base había sido la producción en las haciendas. Por eso encontramos un temprano sembrado de frutales, principalmente cítricos, como explicaremos después.

A la caída de este grupo surgen a la vez una especie de *impasse* en el reparto agrario y un auge de la agricultura y propiedad privadas, especialmente en el norte del estado; en la zona central se consolidan los remanentes de las haciendas y los nuevos ranchos. Este periodo corre del gobierno de Raúl Gárate (1947-1951) hasta prácticamente los de Praxedis Balboa (1963-1969) y Manuel A. Rabizé (1969-1975), pero también tiene continuidad en el resto de los gobiernos estatales, puesto que el reparto agrario disminuye en la zona. Lo que opera fundamentalmente en el centro son ampliaciones y nuevos centros de población, pero no queda ya mucho terreno productivo —y expropiable— por repartir. Además, la política agropecuaria hacia el centro del estado se caracteriza por un simple apoyo al desarrollo de la citricultura con créditos, apoyos técnicos a la producción y asesoría a los ejidatarios, pero no hay obra pública de infraestructura notable, a excepción de la ampliación de la presa en La Mesa (construcción de la bocatoma, más que de la presa).

El tercer momento que estudiamos, el actual, presenta un importante grupo de productores ejidales, como también pequeños propietarios y grupos comerciales y agroindustriales, que muestran el rostro actual de una década de crisis de la agricultura regional, de desmantelamiento de la acción gubernamental en el campo y de reajustes sociales profundos de la región agropecuaria central de Tamaulipas. Aquí, encontramos ya una región eminentemente citrícola (véase mapa A.1.1 y ss.).

Asociaciones de pequeños propietarios

La más importante agrupación es la Asociación de Citricultores de Santa Engracia; reúne aproximadamente a 74 pequeños propietarios, de los municipios de Hidalgo, Güémez y algunos de Victoria. No se conoce la extensión real de las propiedades de sus agremiados, y de los 74 afiliados tan sólo se registran más de 1 500 hectáreas, todas de riego. El presidente era Guillermo Zámano durante 1991.

Esta asociación realiza reuniones esporádicas y algunas actividades de asesoría, intercambio de información o consejos diversos; por ejemplo, a raíz de las heladas aumentaron sus reuniones y buscaron algunos apoyos comunes; se reúnen también para discutir muy esporádicamente acontecimientos de la región, como los cambios en la legislación agraria, o en la fiscal, pero no parece darse algún apoyo adicional, como buscar o formar grupos de crédito o asesoramiento técnico.

Su relación con diversas autoridades es muy cordial y funcional. Por ejemplo, su presidente Zámano fue hasta 1991 funcionario del área de la Secretaría de Desarrollo Agropecuario del Estado. Con base en esta relación han accedido a diversos programas de apoyo a la citricultura desarrollados por el gobierno estatal, como los de estudio de suelos, fertilización, así como mantenimiento de huertas; entre otros programas, junto con la oficina estatal se ha experimentado con las podas de árboles.

Así también, entre los asociados surgió el interés y el proyecto de privatización del rancho experimental que perteneció a Conafrut (¿Francisco Villa?). Éste fue transferido por el gobierno federal al del estado, encargándose del mismo el Agropecuario, quien procedió a administrarlo durante un corto tiempo sin que mediara un proyecto de asesoramiento o apoyo técnico estructurado para los productores del estado. En esa situación, durante 1991 surgió el interés de un grupo de productores por administrar el rancho y aprovechar sus investigaciones para resolver algunos problemas o intereses sobre la citricultura regional, tales como la fertilización, el mantenimiento de suelos, la explotación de rendimientos y variedades de cítricos, etc. En virtud de lo anterior se integró un consejo consultivo que se constituyó como órgano asesor y administrador del centro de estudios, y se creó posteriormente el Centro Regional de Experimentación y Desarrollo de la Citricultura del Estado de Tamaulipas, que en la actualidad se encuentra en proceso de privatización. La adquisición se está haciendo mediante la creación de un consejo de administración, que estaría dispuesto a comprar el rancho por medio de un depósito de capital inicial y un crédito a mediano plazo para adquirir el resto de los activos, negociado directamente con el gobierno estatal.

El proyecto está en manos exclusivas de los pequeños propietarios, y forma parte del interés de este grupo, mejor dicho, manifiesta su voluntad de allegarse recursos —tanto estatales como propios— para desarrollar su citricultura. De esta manera se muestran también como prácticamente el único grupo de citricultores con capacidad e intereses regionales por desarrollar una agricultura sólida. Junto con ello se manejan, de una manera "funcional", las relaciones de sus asociados con el gobierno estatal, principalmente.

No parece haber otras ligas con autoridades suprarregionales, excepción hecha de aquellas construidas particularmente a raíz de las negociaciones del TLC. En este caso, los productores de cítricos de la asociación se integraron a una cámara o asociación nacional de productores de cítricos, para formular una propuesta común en las negociaciones. Para ello contrataron un grupo consultor, encargado de realizar un diagnóstico y presentar alternativas a la apertura del mercado, pretendiendo sobre todo la reducción del arancel aduanal de Estados Unidos de Norteamérica.

Por otra parte, la presencia de los pequeños propietarios se extiende a través de redes sociales y familiares de larga data en la región. Muchos de ellos se conocen entre sí y se identifican tanto por su condición de propietarios como por sus relaciones familiares y presencia en negocios regionales, como la juguera o las empacadoras, u otras actividades más relacionadas con sus intereses en Ciudad Victoria, el centro urbano de referencia más común y donde la mayoría acostumbra vivir.[17] No existe, en cuanto tal, una

[17] Así sucede con los Martínez, los Benítez, Zámano, Cuéllar, etc. Ellos tienen por lo general oficinas en la ciudad capital, donde se dedican a negocios relacionados con sus propiedades agrícolas y realizan muchas de sus actividades sociales. Las

región donde se asienten propiamente los pequeños propietarios, por lo que es más común encontrar sólo a los ejidatarios en la zona de producción.

Algunos de estos pequeños propietarios pertenecen al Grupo Industrial Santa Engracia, participando de la sociedad anónima. Con ello, sus intereses se extienden al sector industrial y financiero de la región, con lo que adquieren un peso importante en las asociaciones empresariales y, por su presencia, en la banca y negocios regionales.

Algunos de los citricultores tienen intereses diversificados en la agricultura, dedicándose a la producción de granos en propiedades laterales a los huertos, o a la ganadería de (alto) registro. Por ello, participan también de otras asociaciones con fuerza regional y peso frente al gobierno estatal.

Tienen presencia social y política, pero ésta sin duda pasa por un delicado tamiz que la disminuye o la hace velada. La capacidad económica los impone como clientes importantes en el comercio y la banca, y las acciones gubernamentales hacia el sector, o hacia la región, siempre son consultadas entre los notables del grupo.

Sin embargo, la historia agraria y para algunos, el pertenecer a una élite hacendaria, hace que su participación o actuación política sean cuestionadas o en todo caso soslayen sus raíces. Esto se da en un contexto en el que buena parte de la élite económica y política del estado tiene raíces sanguíneas, de parentesco, con la élite porfiriana, que se ha mantenido en la lid a pesar o acompañando los profundos cambios sociales y agrarios ocurridos después de la revolución en Tamaulipas.

La historia agraria justiciera y reivindicadora del campesinado, de un proyecto colectivo antihacendado, comunitario, productivista, expropió no tanto la tierra como la legitimidad social y política que tuvieran los hacendados y los rancheros. Esta pérdida de legitimidad se acompañó con el monopolio por parte de una nueva burocracia agraria, de los puestos públicos locales,

huertas y propiedades son supervisadas a diario por trabajadores o por ellos mismos, teniendo en algunas de ellas casas que acostumbran utilizar los fines de semana, cuando las visitan con la familia. Muchas fincas son los cascos de las antiguas haciendas.

otorgándoselos a los allegados a la liga campesina, o a la burocracia agraria o al partido oficial. Pocos fueron los miembros de la antigua élite que participaron en el nuevo régimen político, pero paulatinamente, sobre todo a partir de los últimos 25 años, volvieron a tener presencia regional, y en los puestos públicos, a tal grado que se podría pensar que mucha de la nueva élite política y burocrática tiene raíces en las principales familias asentadas en la región desde el siglo XIX. Esto sin duda da al poder institucional un matiz distinto en el ejercicio de sus políticas hacia la agricultura, que se acompaña con una condición de pasividad, o acomodo, del campesinado, de sus organizaciones y, sobre todo hoy, de un retiro notorio de la actividad estatal en la regulación de la agricultura y, por ende, de la política agraria y agrícola regional. Esto podría significar un parteaguas en la historia política y de la participación de los grupos económicos dominantes, como veremos.

Los cítricos en Tamaulipas. Orígenes y desarrollo

La siembra de cítricos en Tamaulipas

La siembra del árbol de la familia de las auranciáceas, en su género citrus y sus familias más comúnmente divulgadas de citrus sinesis es una actividad que en la actualidad envuelve más de 30 000 hectáreas en el estado, de las cuales al menos 22 000 se encuentran registradas en terrenos con riego de diversos tipos. Esto involucra a 160 ejidos, algo más de 70 propiedades privadas importantes, y a una amplia capa de población que se dedica a la siembra, cultivo, recolección, etc. de los cítricos.

El cultivo comienza también en la zona central, mas no como actividad primordial en las haciendas de Santa Engracia y anexas, en donde, cerca de 1900, se sembraron los primeros árboles utilizando injertos de naranja Valencia, en una distribución llamada marco o tabla real, de 8x8, en terrenos de riego por gravedad.[18] (Al parecer las plantas se trajeron de Montemorelos, pero no en

[18] Entrevista a Jorge Martínez Brohez, en su huerta en Santa Engracia, municipio de Hidalgo, agosto de 1992.

todas sus variedades, ya que después de los cuarenta se importaron también de Florida.)

Todavía hoy se pueden apreciar ese primer huerto y otros que se plantaron, por ejemplo, en El Carmen (Benítez de Noriega, 1989),[19] circunstancia que muestra la permanencia y el interés por diversificar el cultivo de cítricos entre los productores locales; la siembra entre los campesinos tuvo raíces en la producción de las haciendas, tomándose de allí los injertos y esperando un desarrollo del mercado nada espectacular.

Cierto es que el principal cultivo que desarrollaron las haciendas y los ejidos durante más de cuatro décadas, a partir de 1925, fue fundamentalmente el maíz, pero también se trabajó continuamente con diversos cereales, verduras y legumbres, a la par que se plantaron árboles frutales diversos, sin que hubiera un empuje del mercado regional que desembocara en lo que es hoy una zona fundamentalmente orientada por la citricultura, y que constituye uno de los parámetros de unidad dentro del diverso espacio agrícola que estudiamos.

Dentro del área de estudio, muchos de los ejidos empezaron a desarrollar pequeñas huertas de cítricos con la técnica inicial, sembrando naranja Valencia y en algunos huertos las variedades de Temprana y Mayera. No es sino hasta muy avanzada la década de los cuarenta cuando la siembra se difunde en la región. Por lo general, el cultivo de la fruta utilizaba riego de gravedad y manejaba las huertas con escasos procedimientos técnicos en cuanto a la fertilización, la fumigación y mantenimiento de suelos. El cultivo era considerado complementario de la producción cerealera o, en algunos ejidos, de la explotación pecuaria.

La siembra y el cultivo extendido de la naranja se generaliza realmente a fines de los cuarenta, cuando también es notorio un empuje en favor de los cítricos en Montemorelos y otras zonas de menor importancia y vinculación regional.

[19] Curiosamente, la autora narra que el ingeniero Benítez no consideró inicialmente que se pudiera sembrar el naranjo debido a los fuertes vientos de la región; no obstante, a los huertos se les puso una protección de arbustos y florecieron dando una fruta de buena calidad, que, sin embargo, es de menor apariencia debido a que el constante movimiento y roce de la fruta, la raya.

Entre los ejidos visitados en las zonas circundantes a los ríos Corona, Santa Engracia, y Purificación, la mayoría de ellos informan de algunas huertas con cerca de cuatro décadas, sembradas en casi todos los casos por la primera generación de beneficiarios de tierras.[20]

Así, por ejemplo, en el ejido Guillermo Zúñiga –cuya dotación inicial data de 1925 entre los beneficiados de la Estación de Santa Engracia– se sabe que los primeros árboles plantados tienen hoy una edad cercana a 60 años, existiendo entre ellos las variedades de Valencia y Temprana.[21] En los ejidos colindantes, Estación de Santa Engracia, Francisco I. Madero, Emiliano Zapata, se sabe que la siembra de los principales huertos en producción tuvo lugar hace cerca de 40 años.[22]

A partir de entonces se fue generalizando la siembra de huertas en los terrenos de riego, dado que también surgió en la zona un mercado de compradores de la fruta, ya fuera en el árbol o en centros de acopio cercanos. Es típico de las huertas más antiguas una distribución de 8x8 y las variedades más utilizadas son las de Valencia, Temprana, Ombligona (Navel) y/o Mayera; también encontramos, en muy menores proporciones, limones, toronjas, mandarinas u otras variedades como el limón persa, o el amarillo.

La expansión del cultivo tiene que ver tanto con factores regionales que afectaron la producción ganadera y la agricultura en general, como con el desarrollo de un mercado de fruta para la exportación, impulsado por algunos grupos locales, pero en el que interviene también desde entonces el "sistema" de comerciantes de Montemorelos.

En la actualidad se puede claramente distinguir entre las huertas con alguna antigüedad y aquellas que tienen menos de seis años, que se registran como plantaciones en desarrollo y que se manejan hoy con nuevas técnicas de cultivo.

[20] Cabe agregar que sólo en épocas recientes se ha desarrollado un registro de las huertas en producción y en el que no existen datos como la edad de las mismas.

[21] Entrevista con David Zúñiga, comisario ejidal de Guillermo Zúñiga, propietario de una huerta y nieto del fundador del ejido. Ejido Guillermo Zúñiga, 10 de octubre de 1992.

[22] Entrevista con Rogaciano Chávez, comisario ejidal del ejido Emiliano Zapata, octubre de 1991.

En los ejidos es típico que las huertas tengan un tamaño de entre tres y cinco ha, existiendo también entre 40 y un máximo poco usual de más de 200 ha –como en Ollama o Barretal– sembradas con cítricos. Es también común que entre los ejidos existan grupos o asociaciones entre titulares de parcelas, para la adquisición de crédito o asesoría técnica, y que la práctica y las formas productivas de cada grupo varíen dentro de los mismos ejidos. Además de una separación primaria entre los ejidatarios que poseen cítricos y aquellos que sólo cultivan maíz, frijol u otros productos, entre los ejidatarios citrícolas encontramos casi siempre dos grandes agrupamientos socioproductivos, uno compuesto por los que han desarrollado huertas muy productivas, con un promedio mínimo de rendimiento de 25 toneladas por ha, y otro por aquellos cuyo rendimiento oscila alrededor de las 15 toneladas. Esta diferencia se debe fundamentalmente a la técnica y al cuidado de las huertas, pero se asocia también con una inserción muy peculiar de los productores dentro de su comunidad; los primeros, digámoslo ahora, tienden a tener conductas similares a los pequeños propietarios.

Montemorelos y el desarrollo de los cítricos en el golfo. Una fruta, una tierra, un clima y un trabajo

Si bien se podría inferir que el mercado actual de la fruta y los productos procesados de la región centro de Tamaulipas tienen una dinámica propia, los vínculos con el mercado de Nuevo León y el nacional no dejan de tener su impacto local en las condiciones de producción y distribución de los productos y, sobre todo, en la fijación de los precios. Montemorelos ocupa en la agricultura naranjera del golfo una especie de punto mítico de partida en cuanto al origen de este producto, considerado por algunos el "oro anaranjado", y que ha brindado a sus productores una condición económica efectivamente bonancible durante largos periodos.

El auge no fue sólo comercial; se extendió al procesamiento de la fruta, a la búsqueda de mayores mercados, sobre todo el europeo, y al incremento de utilización de nuevas técnicas para mejorar la calidad y el rendimiento de las huertas. Hay en Montemorelos, sin embargo, una limitación para su expansión, pues su espacio físico aprovechable alrededor de la cuenca del río Pilón, donde se asientan las huertas, tiene una superficie explotable ya cubierta de cerca de 30 000 hectáreas.

El río Pilón riega aproximadamente 5 000 hectáreas en el municipio, mientras que otras huertas toman el agua de pozos. La mayoría de las huertas son pequeñas propiedades, teniendo los ejidos una exigua participación.

De allí surge, desde ese auge señalado en la exportación de fruta, el interés no tanto de los productores como de las empacadoras y las jugueras, instaladas en tiempo más reciente, por expandir la siembra y producción de cítricos en la frontera agrícola nacional, sobre todo en los entornos que "ecológicamente" son propicios para la producción de naranja, esto es, centro de Tamaulipas, sur de Veracruz y parte alta de la Huasteca, en Río Verde, San Luis Potosí.

Al incrementarse la exportación, el cultivo –según hablan en Montemorelos–, se extendió a Tamaulipas y a San Luis, lugares de buen clima y que producen fruta de calidad pero no tan excelente apariencia. Y luego, especialmente desde 1983, hacia Veracruz.

Lo curioso del caso neoleonés es que, a pesar de la gran pompa y orgullo de ser precursores, la calidad y el rendimiento no son los mejores en la actualidad. La producción máxima es de 30-32 toneladas por hectárea, con un promedio de 25 en huertas con riego, media que disminuye 50% en las de temporal. La calidad aparente de la naranja es muy buena en tamaño, color y sabor. Sin embargo, en cuanto a su calidad para procesado sufre la competencia de la Valencia de Santa Engracia, cuyos productores alegan haber demostrado que tiene el mejor puntaje de *briks* (7 y 8), y con la de Veracruz, de menor calidad pero más útil para el procesado debido a su menor precio. Asimismo, el rendimiento actual equivale a 1/3 de los índices de producción por superficie en Estados Unidos.[23]

[23] Entrevista con Jesús Casas de Anda, director general de la Asociación Mexicana de Empacadores de Cítricos, Montemorelos, 29 de junio de 1992.

Variedades y calidades de la fruta

Volvamos a nuestra zona en Tamaulipas. La mayor parte de las huertas están sembradas con naranja, en sus variedades de Valencia, y Temprana o Mayera, dejando lugar muy secundario a otras.

En primer término, destacan las huertas en producción en la zona, cerca de 10 000 hectáreas.

En segundo lugar, corresponde señalar que cerca de 50% de los cítricos se encuentran hoy en desarrollo, esto es, las huertas no tienen más de ocho años. Este patrón se explica y da cuenta del efecto que tuvieron las heladas de 1984 y 1989 que, paradójicamente, significó una expansión de la siembra con nuevas condiciones técnicas, pues en casi todas estas huertas prevalece la técnica de 8x4 y 6x4, con más árboles por hectárea; por ello puede esperarse que los rendimientos aumenten significativamente. No obstante, esta situación de plantaciones en desarrollo se acompaña de dos circunstancias; por un lado, el hecho de que prácticamente en los últimos diez años no se dieran cosechas notorias; por otro, la cosecha se sigue sustentando en las huertas antiguas, lo cual manifiesta también que buena parte de éstas no quedaron totalmente dañadas por las heladas, y de ellas pueden esperarse mejores cosechas en un futuro cercano.

Las variedades con mayor presencia en la zona son la Valencia y la Temprana, debido a su calidad y al precio que alcanzan en el mercado –generalmente más alto la Valencia– si el productor es capaz de esperar el tiempo suficiente para vender la cosecha, pues los mejores precios se alcanzan entre abril y mayo. La naranja temprana tiende a ser más barata, pero también la paciencia opera en favor del agricultor.

Por lo general, los pequeños propietarios y algunos pocos ejidatarios, acostumbran y pueden realmente esperarse para vender cuando los precios están en la cima. Otros muchos venden antes, ya sea para obtener algun ingreso, porque deben pagar insumos, o porque tienen compromiso de venta con intermediarios que les han adelantado dinero (los han "habilitado"), o con quienes arrendaron las huertas. Precisamente la condición actual ha permitido la vuelta del extensionismo y con ello de un deterioro de los precios.

Otras variedades parecen estar relacionadas con mercados o convenios específicos, en especial el limón, que se produce en menor cantidad aquí, a diferencia del municipio de Llera, donde es el principal producto y casi todo se vende mediante convenio a empresas aceiteras que lo exportan a Europa.[24]

Pero también cabría pensar que la siembra de naranja Valencia es producto de la experiencia acumulada, o de esa tendencia social a reproducir y copiar esquemas que han tenido éxito a lo largo de diferentes cosechas. Lo mismo podría decirse de las técnicas, donde se nos presenta con más claridad que sólo un grupo muy limitado de ejidatarios, y otro un poco más extenso de pequeños propietarios, tiende a experimentar en sus huertas con técnicas que se espera producirán beneficios, tales como cierto tipo de poda que convierte a la línea de naranjos en una pared, hecho que facilita a la vez el asoleamiento de los árboles y la recolección de la fruta.

En todo caso, es claro que hay dos tipos de productores dentro de la región, cuya identificación no se da únicamente por la forma de la propiedad de la tierra, sino sobre todo por la forma en que se asocian y por las maneras de producir y acceder al mercado.

Importancia de las heladas de 1983 y 1989

El incremento de la producción citrícola en México fue sostenido, de acuerdo con las estadísticas de la Secretaría de Agricultura y Recursos Hidráulicos (SARH). El crecimiento del mercado desarrolló importantes economías especializadas no sólo en Montemorelos, sino en Tamaulipas y Veracruz. A esta situación se vino a sumar en 1984 la primera helada importante después de más de 50 años. Durante más de cuatro días, la temperatura en la península de Florida, así como en el noreste de México, bajó a menos de 10 grados centígrados bajo cero, manteniéndose así. El resultado fue

[24] En los noventa se eliminó la veda que el Departamento de Agricultura de Estados Unidos le había impuesto al limón mexicano, cuando se demostró que era falsa la acusación de tener un cancerígeno. Por ello, es de esperarse que ahora este producto aparezca más en las siembras futuras de cítricos.

desastroso para la fruticultura en Estados Unidos de Norteamérica, y produjo un alza inmediata del producto en el mercado internacional.

En Tamaulipas la helada acarreó menores perjuicios, debido a que fue menos fuerte y duró menos tiempo. Aquí el daño fue más al producto que a los árboles, pudiendo salvarse prácticamente todos aquellos con edad mayor a los diez años. Pero en Montemorelos los estragos fueron muy grandes, pues mató buena parte de las huertas en producción y la cosecha del año, y dejó un panorama desolador para los empacadores.

A esta helada y al aumento en los precios del jugo natural y concentrado, Brasil, México y otros países respondieron incrementado la existencia física de huertas y combinando el nuevo desarrollo con técnicas de producción supuestamente más rendidoras.

En las técnicas de plantación, se pasa a 4x8, a 6x4 y hasta a 4x4, y en una hectárea se siembran hasta 312 árboles, contra los 156 de antes. Hoy existen muchos más árboles que antes de las heladas de 1983 y 1989; asimismo esto se acompaña de casi ocho años sin producción notoria.

Así, tenemos una importante expansión en la siembra de árboles en los estados de Tamaulipas y Veracruz. El primero de ellos tiene cerca de 10 000 ha en desarrollo, esto es, de árboles con edad no mayor a los siete años, la tercera parte de la superficie en existencia de cítricos en el estado.

La helada de 1989 volvió a perjudicar al noreste, pero sobre todo a Tamaulipas, pues debilitó más los árboles en recuperación, liquidó la mayoría de las huertas con menos de cuatro años, las que se habían sembrado aprovechando la helada de 1984. En 1989, a diferencia de tres años atrás, muchos árboles resultaron perjudicados, pues perdieron ramas o incluso se les dañaron muchas raíces, por lo que su recuperación tomará mucho más tiempo. Como resultado, encontramos prácticamente ocho años sin cosechas importantes, y una condición económica de la región muy debilitada, debido sobre todo a la inexistencia de alternativas inmediatas a la producción.

Producción

El método más generalizado de siembra hasta la primera helada era el de 8x8, teniendo huertas con una antigüedad promedio de 30 años. Todas ellas tienen riego, generalmente por gravedad, aun cuando en buena parte de las pequeñas propiedades y en algunos ejidos empezó a utilizarse la técnica de riego por goteo, hace cerca de diez años.

La práctica más común entre las buenas huertas es la de chapolear y mover la tierra una vez al año, y fertilizar en dos ocasiones. Es típico ver durante la primavera cómo los productores remueven la hierba y preparan la huerta para el riego.[25] Pero también hemos encontrado huertas enmontadas, lo que, según los vecinos o lugareños, se debe a un abandono porque el dueño emigró o no ha tenido dinero para arreglarlas.

Es típico también que se fertilice al menos una vez por ciclo y que junto con esto se realicen una o dos fumigaciones, sobre todo para eliminar las plagas más comunes de la zona, que son la mosca de la fruta, el arador, que raya la fruta, y la negrilla, que mancha la naranja y desmerece su apariencia.

En los trabajos de las huertas es generalizado el uso del tractor, así como también se acostumbra la colaboración de vecinos o la contratación, exigua realmente, para apoyo en los trabajos; es común entre los ejidatarios que el poseedor de la huerta se dedique exclusivamente a ella, y que requiera apoyos mínimos, esporádicos, de sus familiares. Buena parte de los actuales titulares de ejidos son herederos, segunda generación de los beneficiarios originales, teniendo una edad algo mayor a los 40 años y con familias formadas en la región.

[25] El régimen de aprovechamiento del agua no es claro; muchos de los ejidatarios que entrevistamos afirmaron tener derecho a sólo dos riegos de gravedad durante el ciclo y se quejaban de que, en general, los pequeños propietarios disponían de un número mayor de riegos. Por otra parte, mientras no hay pozos en los ejidos, sí los hay en las pequeñas propiedades; al mismo tiempo, el aprovechamiento del agua, que empieza a ser un recurso en disputa local, es mejor en huertas con riego por goteo, lo que permite utilizar más racionalmente los recursos acuíferos propios de cada derechohabiente.

Una vez preparada la huerta se cuida que el clima no desmerezca la formación de la fruta. En el año de 1991, por ejemplo, cuando las huertas habían florecido y parecían encontrarse en plena recuperación de las heladas, sobrevino en el mes de abril una onda cálida que mantuvo una temperatura de más de 42 grados centígrados, calor que, junto con la escasez de agua, hizo que el árbol tirara la flor para mantenerse, produciendo una magra cosecha en las huertas, sobre todo en las que no pudieron regar.

En cuanto al uso de tecnologías y apoyos a la producción, encontramos aquí también dos vertientes. Por un lado tenemos grupos de pequeños propietarios con huertas muy tecnificadas y mecanizadas, con riego por goteo que han adquirido de empresas europeas o americanas y lo han adaptado a la región; el uso de la fertilización y fumigación está completamente extendido; en las huertas nuevas se han ensayado diversas técnicas de plantación novedosas, así como también se están sembrando árboles con injertos y en técnicas adaptadas a la localidad. Es en algunas de estas huertas donde hemos observado la práctica de la poda-pared, por llamarla así, esperando mejorar las cosechas.

Los resultados son notables, aunque no podemos generalizar. En cuanto al rendimiento promedio, es posible clasificar a los productores en tres grupos. Algunos de ellos, casi todos ejidatarios, cuyos rendimientos andan alrededor de las 15 toneladas por hectárea, y que en casos extraordinarios llegan hasta las 25 toneladas. En segundo lugar un grupo de ejidatarios y muchos pequeños propietarios cuyos rendimientos promedian las 25 y en pocos casos 35 toneladas por hectárea. La base de este rendimiento, al igual que en el primer grupo, es una combinación de formas de asociación y utilización de técnicas productivas.

Finalmente encontramos un grupo muy reducido (hasta donde hemos visto, huertas de Santa Engracia y San Juan), de productores privados cuyos redimientos parten de las 35 toneladas por hectárea y llegan hasta las 45 en casos al parecer extraordinarios o, mejor dicho, en cosechas muy espóradicas, pero que elevan sustantivamente los promedios anuales. Esto parece también vincularse con la Asociación de Productores de Santa Engracia, que analizamos antes como la élite rural de la región.

Por lo general, las huertas empiezan a tener fruta al terminar el verano, aun cuando los precios no son buenos. Pocos productores tienden a vender la fruta, y sólo lo hacen aquellos que requieren recursos o en donde la maduración empezó temprano. De allí que la fruta más rentable sea la Valencia.

El problema central, en todo caso, es que un productor tenga acceso a los insumos y en su caso al crédito necesario para la siembra. Luego sigue la cuestión de la venta y comercialización de la cosecha, rubro en que sólo los pequeños propietarios han desarrollado mecanismos de intervención que les permiten garantizar una venta a buen precio y en el mejor momento.

En los ejidos en la actualidad la situación respecto al acceso al crédito ha cambiado sustancialmente. Antes, es decir, hasta la segunda helada mencionada, era costumbre que el Banco Nacional de Crédito Rural (Banrural), así como algunos bancos, entonces del gobierno, prestaran al campesino sin muchos trámites más allá de exigirles la constitución de uniones de productores en los ejidos, para que se les otorgara el crédito por grupos; además, tampoco se les exigía un bien en garantía del préstamo y era muy común obtener un seguro de Aseguradora Nacional Agrícola y Ganadera (ANAGSA). Pero todo eso cambió y los organismos públicos desaparecieron, como lo analizamos en otro capítulo de este trabajo. Consecuencia de las condiciones económicas adversas, la LCA de Tamaulipas informa de una cartera vencida entre sus agremiados de noventa mil millones de pesos, de la cual se convinieron casi 80 000 de los graneros y los ganaderos; sin embargo, tanto Banrural y los bancos hoy privados, como Pronasol se rehusaron a transferir la cartera vencida de los citricultores, debido a que consideran que éstos todavía tienen capacidad económica o ya restructuraron su deuda con la banca privada. La diferencia es que un ejidatario que solicita crédito debe depositar bienes en garantía, y el acceso al seguro es hoy más difícil, pues las agencias han decidido que en casos de recurrencia de siniestro no se otorgan nuevos seguros. (De allí el llamado a crear uniones dentro de los ejidos para autoasegurarse.)

Entre los pequeños propietarios la situación también ha sido difícil, debido a que todos los que tenían créditos se vieron obligados a restructurarlos a largo plazo, ofreciendo en estos casos la propiedad como garantía.

Otro problema es el del acceso al mercado. El único mecanismo que los ejidatarios llegaron a tener en la década anterior para acceder al mercado fue la juguera, que entre otras cosas se alega que perdió dinero en las primeras operaciones porque se le exigía que comprara la fruta a mejor precio que el del mercado, haciendo incosteable su producción. Más allá de esto, el campesino, por lo general, vende la cosecha en árbol al mejor postor, considerando sólo los costos que le agregan a la recolección.

Se acostumbra que la recolección quede a cargo del comprador en la huerta. Se hace por medio de escaleras y sin ninguna mecanización. Para ello, se organizan cuadrillas de recolectores, muchos de ellos avecindados o familiares de los ejidatarios; algunos son de Veracruz y llegan al terminarse la cosecha en el norte de ese estado. Es común encontrar en los ejidos una enorme población juvenil durante los fines de semana, pero ninguno de ellos tiene vinculación directa con la tierra y se dedican, según lo declaran los ejidatarios, a estudiar o a trabajar en la zona cercana, sobre todo en Victoria o hasta en Monterrey; sólo ocasionalmente ayudan en las labores de la huerta.

Los recolectores son mano de obra estacional barata. Hay en la zona varias "postas" en donde se asientan los compradores, que vienen o son parte de intermediarios mayores de La Merced, donde se sigue fijando el precio, o de Montemorelos o de algunos mercados lejanos, como Guadalajara; no hemos encontrado compradores de compañías, almacenes o supermercados grandes, aunque es factible su presencia. Además, existen en la zona dos grandes empacadoras de naranja; una situada en la Estación de Santa Engracia, de propietarios de Montemorelos, otra junto a Barretal, precisamente donde se instala la mayor posta de compradores. Se nos ha sugerido la práctica de la compra al tiempo de algunos intermediarios, pero no la hemos constatado, así también la de préstamos de diverso tipo, que aseguran la compra de la fruta a un precio fijo en el futuro, práctica que, sin embargo, es la más difícil de efectuar, según los mismos ejidatarios.

Además, hay agencias de las jugueras de la región y de Montemorelos y, por supuesto, las dos jugueras en operación tienen puestos de compra y recorren en ocasiones las huertas, pero se les conoce por comprar la fruta de menor calidad o al menor precio.

En particular la juguera del Grupo Industrial Santa Engracia (GISE) compra entre sus asociados y en otras zonas, antes que participar ampliamente en el mercado. Lo que sí hacen ambas plantas y la gajera de GISE es emplear, de manera ocasional, a la mano de obra local.

De esta manera, sólo los pequeños propietarios tienen mecanismos para comercializar su fruta. Esto se suma a sus esfuerzos por participar en otros mercados y, además, en los que se derivan de la producción agrícola, fomentando la industrialización de algunas ramas del campo.

La transformación del mercado, de la fruta de mesa hacia los productos procesados

En este cambio mercantil el juego se circunscribe a unos pocos productores, todos privados. El ejidatario continúa con su limitación regional y su especialización productiva, amén de que la desaparición de los mecanismos de apoyo gubernamental pueden reproducir este aislamiento.

En cambio, entre los productores fuertes, la capacidad de algunos de iniciarse en la comercialización de la fruta y de buscarle a sus productos una salida propia y manejada por ellos, se ha convertido en estímulo, ya que están ocupando un espacio de intermediación y fomento abandonado por el Estado. Así lo muestra la reciente privatización en favor del grupo de Santa Engracia (y anexos) del centro de experimentación en cítricos en Tamaulipas.

Hay dos grandes etapas en el desarrollo de mecanismos de comercialización y en la industrialización regional. Una de ellas es la implantación de empacadoras y maquiladoras de naranja, locales o de Nuevo León; éste es un proceso tan antiguo como en Montemorelos, y aún encontramos plantas creadas hace más de 30 años por los Benítez. Luego, viene un proceso más complejo de industrialización, que surge del interés de unos pocos productores con capital y capacidad de adentrarse en el mercado internacional. De allí surge el Grupo Industrial Santa Engracia, que aprovecha su conocimiento del mercado, con una provechosa relación con el gobierno y con una coyuntura que permite la elaboración de jugo concentrado y de gajo a precios muy competitivos internacionalmente, al iniciarse la década anterior. Todo esto forma parte de un proceso de industrialización, que describiremos adelante, y también de una particular relación con el Estado y, sobre todo, de una buena posición económica y política en la región y dentro del aparato del Estado.

Las agrupaciones de productores

En la región encontramos tres grandes tipos de agrupaciones. La primera fue la asociación entre ejidatarios y pequeños propietarios para la creación de la empresa Jugos Concentrados de Tamaulipas; debe considerarse un fracaso con consecuencias notorias para cualquier futura relación entre ellos. La segunda es el agrupamiento de diversos pequeños propietarios, entre los cuales destaca la Asociación de Citricultores de Santa Engracia, que agrupa pequeños propietarios de la región. Dentro del tercer tipo encontramos diversas asociaciones de ejidatarios, ya sea uniones de ejidos citricultores, o asociaciones dentro de los ejidos para la producción o el aseguramiento.

Muchas de estas asociaciones fueron fomentadas por una manera "histórica" de intervención del gobierno en el campo, y hoy empiezan a marchar por ellas mismas sin mucha luz en su ruta. Las asociaciones de productores privados también llevaron, aun cuando con más independencia, una relación con el Estado, resultando hoy las más beneficiadas.

Agroindustrias

Entre las actividades agrícolas, la producción de cítricos en los municipios de Hidalgo, Güémez, Padilla, Abasolo, Victoria y Llera se ha desarrollado con rapidez desde hace ya más de cinco años, lo que se ha acompañado con la aparición de tres empresas procesadoras de fruta, así como de un cambio relativo en el mercado de trabajo temporal de la región.

En los municipios del centro del estado destaca el desarrollo de un sector agroindustrial que ha logrado a implantar tres jugueras en la región, además de dos gajeras de magnitud. El capital de las empresas es principalmente regional. En él participan de manera importante los agricultores involucrados en la producción citrícola.

En primer plano, encontramos el complejo industrial GISE, propiedad de la familia Martínez y asociados, que también poseen por entero una de las gajeras. El grupo Santa Engracia ha sido uno de los que más dinámicamente han impulsado la producción citrícola. Son a su vez propietarios de lotes plantados de diversas variedades de naranjos, y herederos de la familia que los sembró desde principios de siglo. Durante muchos años se dedicaron a la produccción para venta de fruta fresca, pero iniciaron hace poco más de diez años su incursión en la producción de jugo natural, gajo y aceite esencial. La incursión en el procesamiento de derivados de la fruta se origina, según sus administradores, en el enorme y creciente mercado de Norteamérica, así como por las heladas que afectaron seriamente la citricultura de la Florida, Estados Unidos. Desde entonces, crearon una sociedad entre agricultores de Santa Engracia y de localidades vecinas, para construir una juguera (véase *supra*); además, abrieron una gajera para procesar naranja y aprovechar la abundante mano de obra local, sobre todo la femenina.[26] Asimismo, se estimaba que el incremento del cultivo del naranjo en la región ofrecería suficiente materia prima para el procesamiento, dado que no importa tanto la apariencia como la calidad en bricks de la naranja; se consideraba factible obtener abundante fruta a precios módicos, y aprovechar el alto precio internacional alcanzado por el jugo natural después de la helada de Florida.

Tanto el jugo como el aceite se orientan para la exportación hacia Estados Unidos, teniendo fundamentalmente dos clientes, la Coca Cola y otro grupo norteamericano (al parecer FRISCO), a quienes venden la totalidad de esa producción.

Jugos Industriales tiene una capacidad instalada de 70 000 toneladas, monto que en virtud de la caída de la producción local

[26] Entrevistas con el ingeniero José Martínez, administrador del GISE, Ciudad Victoria, Tamaulipas, noviembre de 1989 y octubre de 1991.

ha tenido que cubrirse importando naranja de Veracruz. El desarrollo de esa juguera ha resultado difícil en las condiciones de precio de compra, calidad de la fruta y, sobre todo, precio del producto. La planta procesa también piña y en algunas ocasiones mango, utilizando una técnica de producción y pasteurización por centrifugado (en frío), en contraste con el cocimiento de la materia, práctica de los demás procesadores.

La empresa cuenta con apoyo y asesoría tecnológica permanente de especialistas de la Coca Cola; además, recibe información meteorológica y otras ayudas de las oficinas del Departamento de Agricultura de Estados Unidos (USDA por sus siglas en inglés).

En principio, las plantas se crearon para absorber la mano de obra regional así como la producción de la comarca. Sin embargo, en virtud de las heladas y la escasez del producto, han recurrido a la compra en Nuevo León y el norte de Veracruz, para mantener la planta produciendo con alguna regularidad. Debido a estas razones y a la baja calidad relativa de la naranja de otras regiones, así como al desmejorado producto regional, la producción de la juguera no ha llegado siquiera a las 50 000 toneladas de procesado. Aun así, Jugos Industrializados de Tamaulipas se ha mantenido y tiene aún expectativas de crecimiento a largo plazo, tanto por sus propias proyecciones, como por las posibilidades que obtendrá eventualmente del acuerdo de libre comercio con Estados Unidos. Respecto al tratado librecambista, la citricultura ha sido uno de los productos o áreas en donde se ha dado el plazo más largo para su apertura final, 15 años; esto se debe a la presión que ejerció el poderoso grupo de productores de cítricos en Estados Unidos, de forma tal que logró mantener el arancel de 35 centavos por cada galón de jugo natural que importe Estados Unidos, conservando con ello un margen favorable a la venta de sus materias primas.

Es de notar que la organización industrial de los productores de Santa Engracia deriva precisamente de sus esfuerzos por integrarse como grupo de productores y explorar caminos de expansión en sus actividades enraizadas en sus ya antiguos árboles. Esto debe destacarse como un proceso paulatino y típico de la formación de intereses regionales, pues sucedió una situación similar en

Monterrey (aunque hay que destacar la autonomía del grupo tamaulipeco).[27]

Otra de las jugueras, Jugos de México, es propiedad de un distribuidor de frutas de la capital del país, quien además de operar en Tamaulipas se dedica a la distribución de frutas en la Central de Abasto del Distrito Federal. La capacidad de la planta la hemos conocido de fuentes indirectas, quienes dicen que es de 100 000 ton, la más grande de la región.[28]

Jugos Concentrados de Tamaulipas se ubica en el municipio de Güémez, también sobre la carretera de Ciudad Victoria a Monterrey; sus operaciones comenzaron en abril de 1983; la inversión efectuada fue de 186 millones de pesos, con financiamiento de la banca de desarrollo, hoy en manos de Bancomer. Generó 187 empleos y una capacidad inicial de procesamiento de 350 toneladas diarias de naranja, limón, toronja y mandarina; la producción de concentrados de aceite se destina a la exportación. Ésta se creó por los mismos motivos de crecimiento estimado por los estudios de Banxico y Nacional Financiera (Lavín, 1992).

Esta planta tuvo una existencia efímera; fue creada con participación de los ejidatarios y los pequeños propietarios y presentó serios problemas financieros desde 1989, debido a la mala administración, a las heladas de 1985 y 1989 y a la caída de precios del jugo natural en el mercado internacional, por lo que quebró.[29]

[27] En el caso de Monterrey, la expansión ocurrida después de la segunda guerra fue inicialmente aprovechada sólo por individuos, como Larry Lighmer o familias productoras de cítricos, como los Casas de Anda, los Treviño, etc. Casi todas las empresas comercializadoras, esto es empacadoras, gajeras y los productores, surgieron como negocios familiares. Es hasta la década de los sesenta que surge una asociación de productores, la Unión Regional de Citricultores del estado de Nuevo León, y es a partir de entonces que se crean las empresas jugueras. Actualmente hay tres plantas en Montemorelos, que aprovechan tanto la fruta regional como la de Tamaulipas y Veracruz, producción citrícola, esta última, que los montemorelenses se ufanan de haber propiciado.

[28] La empresa que entró en operación en 1982 en El Barretal, municipio de Padilla, se llama Exportadora Mexicana de Frutas S.A. En sus instalaciones se invirtieron 75 millones de pesos de entonces y se generaron 250 empleos; la empresa exporta 50 toneladas de gajos de frutas y otra cantidad igual de diversas frutas al día, así como 45 toneladas de tomate a la semana.

[29] Después de la helada de 1985 muchos ejidatarios empezaron a vender sus acciones que, según nos dicen los entrevistados, el señor Cuéllar, por sí o por

La participación de 300 ejidos productores de cítricos, tanto en la propiedad como en la administración y por ende en la distribución de los beneficios, se ha considerado como uno de los problemas nucleares de su funcionamiento. A esto se le añade el hecho de que la producción en los ejidos, registrada como la de menor calidad regional, ha desmejorado cuantiosamente por las eventualidades climáticas, lo que ha hecho que los volúmenes de producción de la planta cayeran más de lo esperado.

Esta empresa es, en su efímera y dura historia, uno de los pocos y amargos experimentos realizados en la zona para echar adelante un proyecto de industrialización de la agricultura, de integración de procesos, ya que anteriormente ningún ejidatario tenía participación ni en la comercialización ni en la elaboración de derivados de sus productos. Asimismo fue prácticamente la única ocasión en donde concurrieron propietarios de huertas privadas con los ejidatarios, y sus resultados son aleccionadores, como lo denotaremos más adelante.

Hoy día el acreedor de la empresa, Bancomer, se encuentra rematando la planta. La primera almoneda fue en agosto, con una postura legal de 15 870 000 pesos, sin que se presentara postulante; la segunda fue recientemente, en el mes de septiembre, con una reducción de 20% y tampoco hubo comprador. Se espera que en la tercera instancia —que de acuerdo con la ley ofrecerá la planta prácticamente en un tercio del valor estimado por el acreedor— surjan compradores, uno de los cuales puede ser, según los rumores, Armando Cuéllar, accionista de la empresa y que, al momento de sobrevenir la crisis administrativa, comenzó a concentrar acciones, sobre todo de los ejidatarios. De concretarse su oferta, quedaría entonces al mando absoluto de la empresa.

En fin, la crisis agrícola y financiera que vive hoy la citricultura anidó o profundizó diferencias entre los grupos ejidales, de manera tal que pocos núcleos de entre éstos han sido capaces de sobrepasar la situación, reorganizar sus créditos y mantenerse en la lid, mientras que otros aún se mantienen dentro de la cartera vencida de Banrural o la banca privada, y no se ha presentado ningún apoyo

intermedio de su hijo, compró ventajosamente. Hubo varios intentos de los administradores por poner orden, pero Bancomer terminó por sacarla a remate.

del gobierno estatal o federal que lo ayude. Esta situación crítica ha profundizado diferencias entre los ejidatarios, al tiempo que ha obligado a una reorganización de los agricultores privados.

Todas las plantas del golfo-norte de México están virtualmente quebradas —o sus propietarios se han visto obligados a inyectarles fuertes sumas de capital—, situación producida por un conjunto de acciones, como son estudios que estimaron un crecimiento ilimitado de la producción; en consecuencia, se diseñaron plantas con enorme capacidad; debido al alto costo financiero para los productores y las expectativas tan grandes, se dieron apoyos financieros por parte del Estado (Fideicomisos Instituidos en Relación con la Agricultura, FIRA, etc.) sumamente grandes, llegando a extremos como la planta de Álamo, Ver., donde se otorgó 80% del capital como crédito para crear una juguera.

Como consecuencia de la crisis de la producción, la escasez de producto, precios internacionales o nacionales perjudiciales (el precio del galón en EE.UU. en junio de 1992 era de 2.45 dólares), y problemas administrativos al operar las plantas, la mayoría de ellas tiene enormes pasivos; algunas los han restructurado, sobre todo las que tienen deudas con la banca hoy privada; pero en otros casos se ha procedido al remate, como en Veracruz, sobre todo en la planta de Güémez (Jugos Concentrados).

En todo esto cabría una reflexión antes de pasar al siguiente capítulo, en el sentido de la formación de este espacio agroindustrial. Ciertamente, Santa Engracia no es una región central, pero hay elementos entre los grupos sociales, en las formas productivas y de trabajo, en las prácticas de uso del espacio y en las prácticas sociales y políticas, que les dan unidad.

Tal vez fuera una región dendrítica. La ausencia de un centro comercial o poblacional, así como de concentración de servicios, se debe parcialmente a la cercanía de estas comunidades con la capital, Ciudad Victoria, asentamiento urbano que proporciona servicios a dicho sector y a la burocracia de la entidad, que funciona como gran centro comercial, administrativo, de empleo alternativo o estacional, financiero, y hasta como residencia de buena parte de los pequeños propietarios de la región. Además, concentra una buena cantidad de oficinas de gobierno donde tramitar directamente cualquier tipo de apoyo o gestión para la producción.

Por otra parte, encontramos que existe una buena proporción de ejidos con servicios básicos, tales como agua entubada, luz, algún tipo de drenaje, telefonía rural, escuelas básicas (hasta la preparatoria, mientras que es común que otro tipo de estudios tiendan a realizarse en Ciudad Victoria, encontrando un buen tráfico de estudiantes entre las comunidades y la capital), servicios de salud, algunos pequeños servicios comerciales y bancarios; así también hay en los conglomerados ejidales oficinas regionales de la SARH (como en Plan de Ayala), o del mismo municipio (como sucede en Estación de Santa Engracia), o como oficinas de la Comisión Nacional de Subsistencias Populares (Conasupo), de Fertimex o de diversos organismos públicos y privados, orientados a la producción regional.

Tal vez, la cercanía con la capital y la existencia de buenos caminos, que ha inhibido el desarrollo de otros servicios, como escuelas técnicas, o el crecimiento de otros, como hospitales regionales, bancos, etc., contribuye así a frenar la formación de un centro regional propio de la zona agrícola.

Otro aspecto que debe considerarse es que las cabeceras municipales están dentro de los límites de la zona de estudio, y que las mayores concentraciones de ejidos ocurren en lugares distantes a los mismos. Por otra parte, no hay ningún punto en esta región, además de Ciudad Victoria, que funcione atrayendo población y recursos intensamente. Antes se había destacado que la región está poblada por pueblos muy pequeños, con un crecimiento muy estable y "bajo". Y el crecimiento reciente de la citricultura no ha producido un auge sustantivo que permita se sedimente el desarrollo sostenido en alguna localidad.

Sorprende, sin embargo, la ausencia de una feria de la naranja, producto central, o de otra festividad durante la cosecha, que reúna a los productores alrededor de un rito regional primario. También es difícil encontrar una suerte de identidad regional, más allá de la que se da entre todas las comunidades campesinas, ligada a la tierra, a sus muertos y a sus tradiciones no muy ricas en colorido pero sí muy arraigadas.

Pero sí hay una identidad de pertenencia a la región, que habrá que describir. Los ejidos todos tienen patrones y héroes que festejar, pero no lo hacen en conjunto; más bien se sigue la práctica de realizar actos en los lugares públicos de cada uno de ellos, y se invita principalmente a ejidatarios de otras comunidades y avecindados, pero no se muestran como fiestas amplias socialmente. Lo mismo parece suceder con las actividades religiosas, que casi nunca rebasan los marcos regionales.

Otro aspecto notable es el hecho de que muchos ejidatarios no vivan precisamente en el ejido donde tienen su parcela, sino que habiten en casas o solares de otros ejidos cercanos, principalmente por motivos familiares, lo que refleja la polaridad social y familiar entre ellos. Algunos pocos viven en Ciudad Victoria, sobre todo sus hijos, pero no en la medida que lo hacen los pequeños propietarios.

Papel del Estado en el desarrollo de la región

La participación del Estado en la agricultura tamaulipeca, oscila entre dos grandes momentos; uno en el que por largos años pretendió ser todo, y otro, muy reciente, en el que ha pasado a ser casi nada.

El cambio del modelo de orientación económica mexicana a partir de 1982 y la reorientación hacia afuera de la economía del país, muy marcada en el año de 1985, conllevó importantes reformas de los aparatos del gobierno y de las políticas estatales hacia el campo mexicano, que sufre una prolongada crisis y un notable deterioro de las finanzas y la infraestructura rural, desatendida por la inexistencia de recursos gubernamentales y la práctica paralización del gasto y la política públicos en ese rubro.

Las políticas de ajuste entrañaron elementos favorables y desfavorables para la agricultura. Entre los primeros figuran la liberación de los precios y las correcciones cambiarias. Los segundos, asociados al ajuste presupuestario y a la estabilización monetaria, fueron básicamente tres: *a)* la reducción de la mayor parte de los subsidios; *b)* la supresión casi completa de las tasas de interés preferenciales y, *c)* los problemas ligados a la transición hacia sistemas privados de comercialización (Gordillo, 1992: 105).

Las principales instituciones federales y estatales encargadas de prestar asistencia técnica y ayuda financiera fueron reorganizadas. En primer lugar, disminuyó el peso de la Secretaría de la

Reforma Agraria, principal autoridad en la materia; esto ha producido una incertidumbre sobre quién ejercerá la administración de la tenencia y uso del suelo, pues ni los tribunales agrarios ni otros organismos tienen contemplada ninguna atribución; en cambio, las asambleas ejidales adquirieron soberanía en cuanto a la titulación y transferencia de los derechos agrarios. De allí que en Tamaulipas la Liga intente proteger al ejidatario de futuras ventas desventajosas tramitadas hoy sólo ante notario.

El más importante organismo crediticio para el campo, el Banrural, restructuró su política... La cartera vencida ha sido transferida al Programa Nacional de Solaridad (Pronasol) pero, como se dijo, los citricultores no pudieron participar en ese programa.

Al igual que en el país, en Tamaulipas desaparecieron distintos organismos de participación estatal mayoritaria, como: la Comisión Nacional de Fruticultura (Conafrut), cuyas instalaciones estatales pasaron momentáneamente a manos del gobierno tamaulipeco y luego se transfirieron a particulares; Fertilizantes Mexicanos (Fertimex), la liquidación de ANAGSA, de la Productora Nacional de Semillas (Pronase); de Conasupo y sus filiales, etcétera.

La SARH se reorganizó, se desprendió de organismos de investigación, asesoría, apoyo técnico a los agricultores, y promovió la administración privada de los distritos de riego, a la vez que compactó algunos de los distritos de desarrollo, como veremos más adelante.

Pero, ante todo, el debate actual más notorio lo constituyen la reforma al artículo 27 constitucional y los caminos que tomará la política pública partiendo de estos cambios. Como es sabido, la reforma busca promover la asociación entre campesinos y capital privado (nacional o extranjero) en el campo, para aumentar la productividad y volver competitivos, en el plano internacional, a los productos agropecuarios. Esta reforma constitucional, aprobada en 1991, ha merecido tanto loas por parte de organismos vinculados al gobierno como críticas realizadas tanto por intelectuales como por organizaciones campesinas. Todavía es temprano para señalar si el modelo favorecerá o perjudicará al campesino, pero lo cierto es que la mencionada reforma modifica profundamente el modelo socioeconómico rural y provoca grandes cambios en las relaciones de los distintos sectores de la sociedad rural entre sí.

Esto implica cambios en la dinámica de las relaciones entre las instancias agropecuarias del gobierno federal con las de los gobiernos estatales, con algunas oficinas distritales o municipales y, sobre todo, con los grupos sociales involucrados en esas políticas. El efecto del retiro de la intervención estatal en la economía rural ha reordenado la producción y la orientación de los productores, algunas veces con efectos positivos, otras no tanto. Las políticas implementadas para llevar adelante las reformas en el campo han tomado un giro que manifiesta el desplazamiento del antiguo sistema de toma de decisiones y construcción del consenso entre los actores involucrados. En particular, la escasez de recursos económicos para ejercer el gasto federal ha obligado, o permitido, la formulación de una serie de esquemas de acción elaborados por gobernadores o por grupos económicos y de productores locales, lo cual conlleva nuevos esquemas de formulación de las decisiones públicas, y ha desplazado la tradicional relación política entre la federación, los gobiernos estatales y los grupos de poder local.

Para no remontarnos muy atrás en la historia[30] comencemos con una mirada rápida: en 1971 la Ley Federal de Reforma Agraria, que sustituía al Código Agrario de 1943,

> pretendía iniciar la segunda etapa de dicha reforma [agraria], consistente en organizar y modernizar los métodos de cultivo, impulsando el trabajo cooperativo y la colectivización (parcial o general) en los ejidos, a fin de elevar la productividad y superar las deficiencias organizativas del sector social (Mackinley, 1991: 143).

[30] La bibliografía sobre la sociedad rural en México es extensa. Entre la más reciente pueden consultarse con provecho "La política de reparto agrario en México (1917-1990) y las reformas al artículo 27" de Horacio Mackinley en Alejandra Massolo y otros, *Procesos rurales y urbanos en el México actual*, México, UAM-Iztapalapa, 1991; los artículos publicados en *Comercio Exterior*, vol. 40 núm. 9, de septiembre de 1990 y "La 'modernización' del campo y el futuro del campesinado: iniciamos el debate de los 'noventa'" de Kirsten Appendini, *Estudios Sociológicos*, vol. X, núm. 29, mayo-agosto 1992.

Antecedente importante de los cambios es en 1976 una nueva Ley de Crédito Rural, que reintegró al ejido, definitivo o con dotación provisional, la calidad de sujeto de crédito.

Luego, con el ingreso de Miguel de la Madrid a la presidencia de la República, se promovieron profundos cambios en la política agropecuaria, ligados con las medidas de reajuste en toda la política del gobierno; destaca la formulación de un Programa Nacional Alimentario, que se vincularía con un adelgazamiento drástico del gasto federal en el campo, junto con la promoción de una nueva ley agropecuaria, que modificó la concepción y el diseño de las políticas gubernamentales hacia el campo. Tales medidas se tomaron dentro de un gobierno que promovió vigorosamente la descentralización administrativa y que contó con mucho menos recursos para implementar cuaquier apoyo al campo.

Las cifras del gasto público ilustran cómo la federación ha reordenado y concentrado en sus manos un buena proporción del gasto en infraestructura, social, crediticio, etc., lo cual nos muestra una práctica centralizadora que desfavorece la actividad de los estados y municipios.

Sin embargo, en términos de la formulación y la implementación de las políticas nuevas, el balance no es el mismo; hay un incremento patente de la participación y de autonomía en la gestión locales. Lo cierto es que hoy día la intervención estatal en el campo parece carecer de una política coordinadora y ordenadora de las relaciones entre gobierno y productores, por lo que las políticas hacia el campo, muchas de ellas de crucial importancia histórica, no parecen encadenarse con una política agropecuaria. Destaca, sin embargo, como una constante, una tal vez renovada participación central en el diseño y operación de muchas políticas, dejando a los estados y a los productores locales una descentralización de algunas políticas agrícolas, de producción, comercialización o financiamiento a la agricultura.

Dentro de este marco, hemos podido ubicar los siguientes cambios y programas promovidos por el gobierno estatal, para acelerar los cambios y promover la inversión-asociación entre capital privado y agricultores. Podemos agrupar las acciones en los siguientes rubros:[31]

[31] Para una discusión más general, véase Alvarado y Minello, 1992.

A) *Desaparición de organismos públicos y reordenación de las instancias públicas.* Los casos más notorios son el del Banrural y la Secretaría de la Reforma Agraria (SRA). En este mismo rubro, se encuentran Fertimex, Pronase, Conasupo y sus otrora innumerables afiliadas, y Conafrut.

B) *Reagrupamiento de los organismos estatales como efecto de los cambios nacionales.* Aquí se puede mencionar, en particular, la redistritación, en los hechos, de la SARH en Tamaulipas, como se verá más adelante, y de diversos fideicomisos relacionados con la agricultura, con el sector ganadero, en especial el cierre de Industrial de Abastos (IDA) etcétera.

C) *Transferencia de recursos y funciones.* La federación ha transferido a los gobiernos estatales la mayor parte del antiguo aparato burocrático ocupado en políticas sociales, crediticias, de investigación y desarrollo de recursos y técnicas productivas.

D) *Desincorporación.* Aun cuando no es muy clara su inclusión en este concepto, hay que mencionar la licitación para la administración de algunos distritos de riego, como en Sinaloa. De hecho existen aún obstáculos constitucionales para proceder con más amplitud en estas áreas. En este capítulo se agrupa también la venta de activos en ingenios azucareros.

E) *Privatización.* Destaca en este rubro la venta de empresas, de distribuidoras. En todos los casos, la política ha favorecido la venta o enajenación total del antiguo dominio público, sin que medie un esquema de participación estatal en el área. Así sucedió con la mayoría de los ingenios azucareros, con otras agroindustrias, con las comercializadoras de Conasupo, con Fertimex, etcétera.

F) *Creación de nuevos organismos.* El más importante es, sin duda, por su peso social y político, el Pronasol, que ha absorbido buena parte del gasto social en las áreas rurales así como en algunos casos los apoyos y créditos a la agricultura llamada de subsistencia, pero puede mencionarse, entre otros, la Comisión Nacional de Agua (CNA) o Apoyo y Servicios a la Comercialización Agropecuaria (Aserca), cuyo objetivo "es crear las condiciones necesarias para que los productores participen con equidad en la libre comercialización de sus productos" (*Comercio Exterior*, mayo 1991: 437).

La política de cierre y transferencia de recursos y funciones ha tenido efectos interinstitucionales, que significan no sólo la descentralización de recursos, sino un incremento en la participación de las sociedades locales. Tanto los gobiernos estatales como las asociaciones de productores han desempeñado un papel más activo, sobre todo por el relativo alejamiento de la federación.

Algunas asociaciones de productores han aprovechado esta nueva condición de las autoridades, y de acuerdo con ella han adquirido un conjunto de bodegas de Conasupo, así como –en el municipio de Ciudad Victoria– un rancho experimental que había pertenecido a la Conafrut, donde se realizaba investigación y se ensayaban nuevos y más efectivos métodos y técnicas de cultivo de frutales, en especial cítricos. Inicialmente, el gobierno del estado asumió la administración del rancho y planteó las opciones de cederlo a la Universidad Autónoma de Tamaulipas para continuar programas de experimentación y asesoría técnica, o de buscar involucrar más a los productores de cítricos en el manejo del mismo. Finalmente, por medio de la iniciativa presentada por una asociación de citricultores del estado, el rancho fue transferido a la sociedad mediante un convenio de compra y administración flexible, que permitió, por un lado, vincular a los productores con las tareas de experimentación y asesoría técnica que otrora controlara la federación, y, por otro, estableció un mecanismo de enajenación de bienes y servicios públicos que se está promoviendo como base de proyectos futuros. Con base en este proyecto, surgió el actual centro de investigación y experimentación en cítricos, una sociedad civil. Tal es el caso también de otros centros de experimentación en granos y en ganadería, que el estado ha controlado por medio de la oficina de Fomento Agropecuario. Esto también se refleja en algunos aspectos de la ganadería, en donde tanto la Universidad Autónoma de Tamaulipas como otros grupos apoyados por el gobierno del estado se han hecho cargo de desarrollar o mejorar técnicas productivas.

Otro cambio notorio en el escenario rural es la aparición del Pronasol, que desde su puesta en práctica en 1989 se ha orientado a suplir las necesidades básicas de las poblaciones rurales más necesitadas en lo que se refiere a infraestructura, servicios públicos y apoyos para la producción y fomento económico.

Aquí encontramos un área de competencia con el gobierno del estado que ha generado tensiones institucionales, ya que el gobernador Villarreal implementó un programa de asistencia, llamado Voluntad y Trabajo (V y T), cuya capacidad financiera fue rebasada ampliamente por el Pronasol.

En cuanto a otras agroindustrias, como las jugueras y procesadoras de cítricos, el gobierno del estado parece que no asumió un papel más activo en la reordenación financiera de las empresas, pues los agricultores afectados no lograron nada.[32] Otras más se encuentran declaradas en quiebra, y el gobierno, a través de la banca acreedora, ya procedió a la cobranza y remate de las mismas a fin de resolver la situación económica, como en el caso de Jugos Concentrados de Tamaulipas, o indirectamente, en el caso del ingenio de El Mante. El volumen de los pasivos y el crecimiento de los intereses, hacen incosteable cualquier renegociación de la deuda en estas industrias. La mayoría de ellas fueron diseñadas en un régimen donde había entonces una mayor regulación de la federación y, al retirarse, mantuvo una considerable participación de productores privados y ejidales en las mismas; por ello, cualquier arreglo afectará sustancialmente a los productores en sus propiedades y en su participación productiva futura. De allí que en estos casos el gobernador, o su sucesor, tomara medidas para evitar una catástrofe económica mayor, que en el caso de El Mante tendrá implicaciones electorales. Sin embargo, es también previsible que la necesaria reactivación tendrá importantes costos sociales, tanto en las agroindustrias citrícolas, como en las azucareras.

El gobierno de Villarreal Guerra en la agricultura

La situación de deterioro agrícola es notoria, a pesar del interés de la actual administración ejecutiva del estado. Su evolución económica no ha podido retomar un camino favorable desde 1989, después que las heladas de hace tres años, la del invierno pasado,

[32] En la misma situación hay tres plantas en el norte de Veracruz y una en Tamaulipas; además, la mayoría de las procesadoras de Montemorelos, Nuevo León, se encuentran en quiebra.

y del reciente huracán Diana, afectaron las cosechas y buena parte del capital en agricultura. Además, parece que los precios de garantía tenderán en el corto plazo a desestimular la siembra de ciertos productos. Por encima de esto, a lo largo del año el sector ha acumulado una cartera vencida de 60 mil millones de pesos. Sólo en Ciudad Victoria esta cartera suma 6 mil millones.[33] No obstante, el gobernador trató de solucionar estos inconvenientes con créditos de emergencia y otro tipo de apoyos financieros y administrativos, para la recuperación del sector. Esto tampoco se ha desvinculado del enorme poderío estatal que tienen las asociaciones de productores en el estado, cuyo principal interlocutor es el ejecutivo estatal.[34] Asimismo, el actual programa del ejecutivo federal llamado "Solidaridad", ha servido parcialmente para ayudar a algunos de los ejidos y campesinos de menos recursos y más afectados por las eventualidades climáticas.

En este contexto, es notorio que el gobernador de Tamaulipas, Américo Villarreal, prácticamente durante todo su sexenio se ha visto obligado a participar e involucrarse cada vez más en labores de asesoría y apoyo técnico, financiero, o incluso actuar para disminuir situaciones de emergencia entre los productores de su estado. Esto se refiere a todos los ámbitos productivos; pero en especial en la zona citrícola y en algunas de granos, el gobernador ha retomado funciones de intermediación entre los productores y las instancias administrativas y financieras que la federación está liquidando, a fin de resolver el pago de cosechas dañadas, negociar el congelamiento o reconsideración de las carteras vencidas en la banca nacional, así como otorgar otros apoyos productivos y distributivos inmediatos. Sin embargo, su gobierno ha tenido un éxito muy efímero en casi todas las áreas, mientras que en otras la situación crítica se ha recrudecido francamente, como son los casos de los productores de sorgo, los citricultores y los cañeros.

[33] *El Universal*, 19 de julio de 1990. Aunque el secretario de Agricultura ya mencionó que se eliminaría el problema, en distintos viajes a Tamaulipas se ha seguido negociando el destino de las agencias financieras gubernamentales.

[34] Que también cuenta con importantes ligas en el sector agropecuario federal, así como en el comercial oficial y privado.

En términos crediticios, por ejemplo, la situación aún no es clara. El estado ha presionado continuamente a la federación, a la banca antes nacional y al Banrural, para que reordene las carteras vencidas de innumerables productores en el estado, pero su negociación ha tenido pocos logros. Por ejemplo, en cuanto a grupos de ejidos productores de cítricos que gestionaban el paso de sus carteras vencidas al fideicomiso creado expresamente para ello, manejado por Pronasol, no lograron la transferencia debido a que, por un lado, el fideicomiso no los consideró sujetos de apoyo, y por otro, se argumentó que en los casos de deuda restructurada, ésta había pasado a manos de la banca privada, y no correspondía la intervención del Estado.[35]

En otro aspecto, la Dirección de Fomento Agropecuario de Tamaulipas ha emprendido un estudio para la regionalización de los productos para trabajar la tierra conforme a la mejor utilidad probable, para lo cual están promoviendo estudios de potenciales productivos. Asimismo, ya desde antes del TLC y las reformas constitucionales, se empezó a promover la asociación de agricultores para producir cultivos en gran escala y con mejores márgenes de competitividad.

Otro ejemplo de cambio en la relación con el campo es la reorganización de la SARH. Esta secretaría contaba para su operación en Tamaulipas con cuatro distritos de desarrollo, mismos que se han ido reduciendo al agrupar, en primera instancia, los dos distritos del norte del estado, así como al absorber los dos del sur en el del centro; todo esto se ha llevado a cabo sin abrir nuevas oficinas, manteniendo el personal existente y multiplicando el trabajo en el campo.

[35] Entrevista al oficial mayor de la Liga de Comunidades Agrarias y Sindicatos Campesinos del Estado de Tamaulipas, Ciudad Victoria, 4 de septiembre de 1992.

ANEXO

En este anexo presentamos varios cuadros con los datos de población y otros correspondientes a los municipios en estudio. Pero, fundamentalmente, queremos llamar la atención hacia el mapa A2, que presenta la mancha ejidal en la Comarca Santa Engracia. Este plano fue realizado a partir de los mapas proporcionados por la Dirección General de la Reforma Agraria; uno de los puntos a destacar es que el reparto agrario dio a los campesinos las tierras que bordean los ríos y corrientes de agua.

MAPA A.1

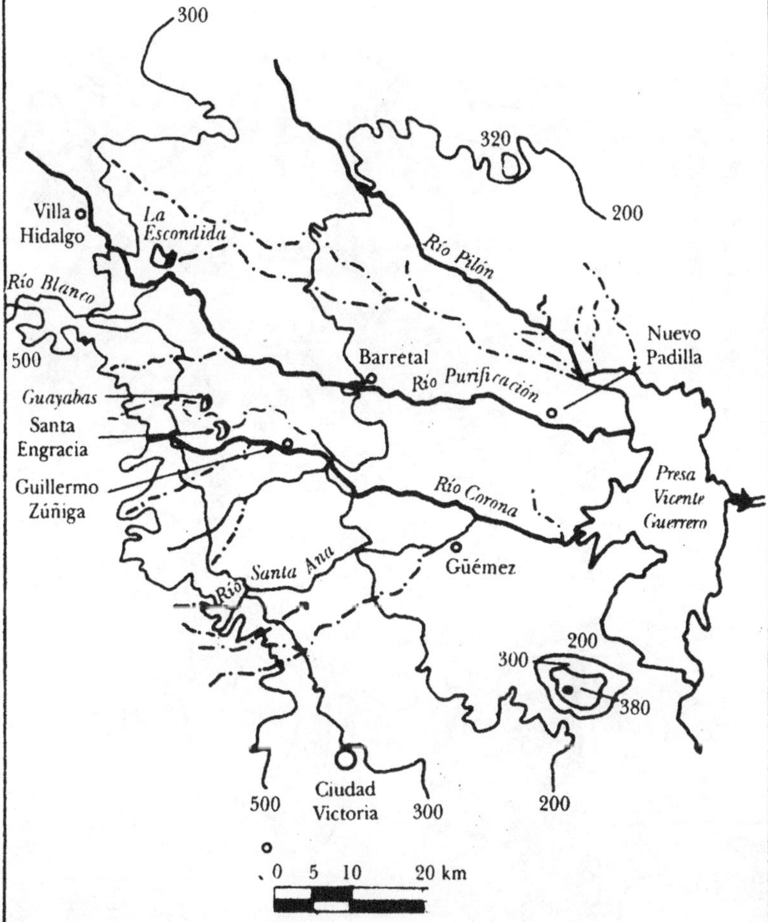
300
320
200
Villa Hidalgo
La Escondida
Río Pilón
Río Blanco
500
Nuevo Padilla
Barretal
Río Purificación
Guayabas
Santa Engracia
Guillermo Zúñiga
Presa Vicente Guerrero
Río Corona
Güémez
Río Santa Ana
200
300
380
500
Ciudad Victoria
300
200
0 5 10 20 km

MAPA A.2
Municipios de Güémez, Hidalgo y Padilla, Tamps. Terrenos ejidales

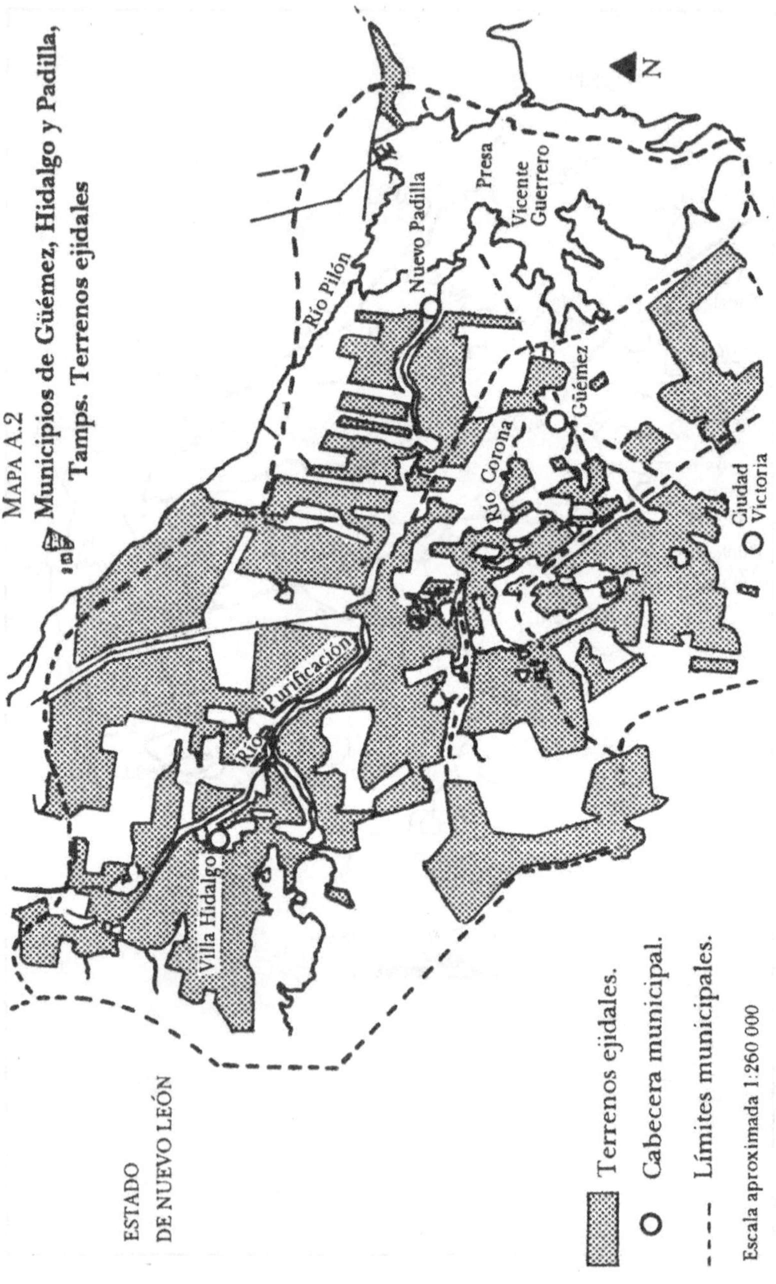

Cuadro A.1
Actividad principal de los ejidos

Municipio	*Total de ejidos*	*Agricultura*	*Ganadería*	*Forestal*	*Recolección*	*Otra*
Total estado	1 298	1 110	151	13	15	9
Güémez	41	31	6	4	-	-
Hidalgo	59	48	8	3	-	-
Padilla	20	19	1	-	-	-
Victoria	40	34	5	-	-	1

Fuente: *Encuesta nacional agropecuaria ejidal 1988*, vol. II, cuadro 4, Instituto Nacional de Estadística, Geografía e Informática, Aguascalientes, 1990.

Cuadro A.2
Patrón de cultivos principales en los ejidos

Municipio	*Sin cultivo*	*Con cultivo*	*Cártamo*	*Frijol*	*Maíz*	*Naranjo*	*Sorgo*	*Otros*
Güémez	5	36	2	0	9	15	5	5
		100%	5.6		25.0	41.7	13.9	13.9
Hidalgo	3	56	2	0	51	1*	1	1
		100%	3.6		91.1	1.8	1.8	1.8
Padilla	0	20	1	0	5	7	6	1
		100%	5.0		25.0	35.0	30.0	5.0
Victoria	2	38	5	1	19	0	1	12
		100%	13.2	2.6	50.0		2.6	31.6

* Esta cifra es evidentemente errónea.

Fuente: *Encuesta nacional agropecuaria ejidal 1988*, vol. II, cuadro 4, Instituto Nacional de Estadística, Geografía e Informática, Aguascalientes, 1990.

CUADRO A.3
Población económicamente activa ocupada, por sector de actividad económica y sexo (al 12 de mayo de 1990)

Municipios y sexo	*Total*	*Agric., ganad., caza, pesca*	*Minería*	*Extrac. petróleo y gas*	*Industria manufact.*	*Elec. y agua*	*Construcción*	*Comercio*	*Transp. y comun.*	*Servs. financ.*	*Admón. púb. y defensa*	*Servs. comunales y soc.*	*Servs. profs. y técs.*	*Servs. rest. y bot.*	*Servs. prof. y mat.*	*No indicado*
Güemes	3 663	2 645	29	–	268	2	138	120	40	1	63	106	23	28	133	67
%	100	72.2	0.8	–	7.3	0.1	3.8	3.3	1.1	0.0	1.7	2.9	0.6	0.8	3.6	1.8
H	3 397	2 618	29	–	224	2	137	91	39	–	4.7	58	19	21	67	45
M	266	27	–	–	44	–	1	29	1	1	16	48	4	7	66	22
Hidalgo	7 232	4 971	1	12	378	16	200	429	155	16	104	295	19	84	278	274
%	99.9	68.7	0.0	0.2	5.2	0.2	2.8	5.9	2.1	0.2	1.4	4.1	0.3	1.2	3.8	3.8
H	6 842	4 931	1	12	261	12	199	295	153	4	77	132	16	54	140	195
M	750	40	–	–	117	4	1	134	2	12	27	163	3	30	158	79
Padilla	3 863	2 413	1	3	159	13	131	274	107	7	79	212	17	76	252	124
%	100	62.4	0.0	0.01	4.1	0.3	3.4	7.1	2.8	0.2	2.0	5.5	0.4	2.0	6.5	3.2
H	3 423	2 395	1	3	102	12	130	188	103	5	60	106	15	36	175	92
M	445	18	–	–	57	1	1	86	4	2	19	106	1	40	77	32
Victoria	64 823	3 632	216	190	5 700	659	7 524	9 059	2 754	1 415	6 936	12 873	1 570	2 502	7 861	1 932
%	99.9	5.6	0.3	0.2	8.8	1.0	11.6	14.0	4.2	2.2	10.7	19.9	2.4	3.9	12.1	3.0
H	44 107	3 530	212	168	4 694	574	7 265	6 103	2 529	939	4 929	5 180	1 051	1 390	4 368	1 175
M	20 716	102	4	22	1 006	85	259	2 956	225	476	2 007	7 693	519	1 112	3 493	757

Fuente: *Anuario estadístico del estado de Tamaulipas, 1991*, cuadro 3.2.3, Instituto Nacional de Estadística, Geografía e Informática, Gobierno del Estado de Tamaulipas, 1991.

CUADRO A.4
Edades medianas

Municipio	*1970*	*1980*	*1990*
Güémez	16.6	17.8	21.5
Hidalgo	16.7	17.6	22.8
Padilla	16.3	18.3	22.4
Victoria	17.8	20.7	21.2

Fuente: Censos de población y vivienda.

BIBLIOGRAFÍA GENERAL CITADA

Almeida, Elsa (1992), "De unidades de paisaje a sistemas agrarios en la región de Martínez de la Torre-Misantla (Ver.)". Análisis de imagen satélite SPOT, 8 pp. (mimeo.).

Aluja, Andrés (1984), "Livestock Production System in Central Veracruz State, Mexico", tesis de doctorado, Ithaca, Cornell University, 202 pp.

Alvarado, Arturo (1992), *El portesgilismo en Tamaulipas*, México, El Colegio de México.

Alvarado, Arturo y Nelson Minello (1992), "Política y elecciones en Tamaulipas: la relación entre lo local y lo nacional", *Estudios Sociológicos*, núm. 30, septiembre-diciembre, pp. 619-650.

—— (1992), "La política agropecuaria mexicana, las reformas al artículo 27 constitucional y sus efectos regionales", ponencia presentada en el XVII Congreso Internacional de la Latin American Studies Association, Los Ángeles, 24 al 26 de septiembre.

Archivo del Registro Público de la Propiedad (ARPP), Jalacingo.

Archivo General de la Nación (AGN), ramo *tabaco*, vol. 3.

——, ramo *tierras*, 3044.

Ávila, Marcelino (1980), "Informe de misión sobre el diagnóstico de sistemas de producción bovina", México, FAO-CIEEGT/UNAM.

Benítez de Noriega, Adelaida (1989), *Historia de la hacienda del Carmen de Benítez*, México, Miguel Ángel Porrúa/Instituto de Investigaciones Históricas de la Universidad Autónoma de Tamaulipas, 77 pp.

Cambrezy, Luc (1992), "Terre et territoire au Mexique (Veracruz). De la réforme agraire à la fiction municipale".

Delfin, O. *et al.* (1990), *Presentation de la problematique du secteur sucrier a Mexique*, Xalapa, CIRAD (mimeo.).

Demard, Jean-Christophe (1987), *Jicaltepec. Chronique d'un village français au Mexique*, París, Éditions du Porte-Glaive, 302 pp.

Díaz Cárdenas, Salvador (1991), "La agroindustria del limón en Martínez de la Torre, Ver.", en *Memorias sobre sistemas de producción en cítricos*, México, Universidad Autónoma de Chapingo/PIISCI, pp. 180-195.

Dirección General de Estadística (DGE)/Secretaría de Industria y Comercio (1950), VII Censo General de Población y Vivienda.

—— (1960), VIII Censo General de Población y Vivienda.

—— (1970), IX Censo General de Población.

Estrada García, Manuel (1982), *Martínez de la Torre 1982. Año del centenario*, Veracruz, Ayuntamiento de Martínez de la Torre, 201 pp.

Fourt, Gilles (1983), "Migrations et emploi dans le port industriel de Tampico-Altamira", París, documento de trabajo núm. 18, CREDAL.

Gatti, Luis María y Victoria Chenault (1987), *La costa totonaca: cuestiones regionales II*, México, Cuadernos de la Casa Chata núm. 158, 103 pp.

Gómez, Marte R. (1927), *Primera convención de la Liga de Comunidades Agrarias y Sindicatos Campesinos del Estado de Tamaulipas*, México, Ed. Cultura.

González de la Lama, R. (1990), *Rebels and bandits: popular discontent and liberal modernization in nineteenth century Veracruz, Mexico*, tesis de doctorado, Departamento de Historia, University of Chicago.

Gordillo, Gustavo (1992), *Más allá de Zapata. Por una reforma campesina*, México, Cal y Arena.

Guillingham, R.S. (1984), *Informe sobre sistema de producción*, México, FAO-CIEEGT/UNAM.

Hoffmann, Odile (1990), "Les transformations récentes autour de Misantla et Martínez de la Torre (Veracruz): exemple de recomposition régionale et thèmes d'analyse comparative", VV.AA 44. *Pour l'étudé du pouvoir local dans le golfe du Mexique.*

—— (1991), La citricultura: datos y cifras para empezar, 13 pp. (mimeo.).

—— (1991), "Tablajeros y ganaderos: conflictos y alianzas en Xalapa (la experiencia de Tablajeros Unidos de Xalapa, TUX)", ponencia presentada en el seminario sobre impactos económicos, culturales y ecológicos de la ganadería en el estado de Veracruz, 15 pp.

—— (1992), "Renovación de los actores sociales en el campo: un ejemplo en el sector cafetalero de Veracruz", *Estudios Sociológicos*, núm. 30, septiembre-diciembre, pp. 523-554.

—— (1992), *Tierras y territorio en Xico*, Veracruz, Col.V Centenario, Gobierno del Estado de Veracruz, 287 pp.

—— (1993), Datos cartográficos y estadísticos sobre la región de Martínez de la Torre, Veracruz (mimeo.), 14 pp.

—— y Emilia Velázquez (1992), "Sistemas de producción e historia: una propuesta para el análisis regional (Centro Veracruz, México)", ponencia presentada al coloquio Sistemas de producción y desarrollo rural, 22-26 de junio.

—— y David Skerritt (1991), "Un conflicto puede ocultar otro. Llanura de Veracruz", *Trace*, núm. 19, junio, pp. 41-45.

Instituto Nacional de Estadística, Geografía e Informática (INEGI) (1985), *X Censo General de Población y Vivienda, 1980.*

—— (1992), *XI Censo General de Población y Vivienda, 1990.*

—— (1991), *Anuario Estadístico del Estado de Veracruz.*

—— (1992), *Anuario Estadístico del Estado de Tamaulipas*, México, INEGI/Gobierno del estado de Tamaulipas.

INEGI/ORSTOM (1989), *Atlas ejidal del estado de Veracruz.*

Kelly, Isabel Truesdell y Angel Palerm (1952), *The Tajin-Totonac (Part I, History, Subsistence, Shelter and Technology)*, Washington, Smithsonian Institution.

Lara Flores, Sara (1991), "Las obreras agrícolas: un sujeto social en movimiento", *Nueva Antropología*, núm. 39, junio.

Lavín Higuera, Valentín (1983), *La industrialización en Tamaulipas*, Universidad Autónoma de Tamaulipas.

Manzo, Fernando (1986), "Algunos factores y aspectos que caracterizan el sistema de comercialización de leche en 11 municipios del estado de Veracruz", tesis de licenciatura, Facultad de Medicina Veterinaria y Zootecnia, UNAM, 86 pp.

Marchal, Jean Yves (1992), "Municipios vecinos, hermanos enemigos. Esbozo de dos desarrollos divergentes: Tuxpan y Álamo (Veracruz)", *Estudios Sociológicos*, vol. X, núm. 30, septiembre-diciembre, pp. 555-581.

—— (1993) "Álamo et Tuxpan (Veracruz). Louer, partager ou prendre la terre?", 17 pp. (mimeo.).

—— (1993) "Álamo (Veracruz), les champs du paradis: tabac, pouvoir d'État et leaders locaux", 6 pp. (mimeo.).

—— y F. Luna Corona (1993), "L'éspace Álamo-Tuxpan (Veracruz)", 3 pp. + mapas (mimeo.).

Mestries, Francis (1984), "Movimiento campesino cañero y respuesta estatal, Veracruz 1969-1976", ponencia presentada al Seminario movimientos sociales en el café, Centro de Investigaciones Históricas de la Universidad Veracruzana, Xalapa, 23 pp.

Palma Grayeb, Rafael, Odile Hoffmann y Jean-Yves Marchal (1992), "Nord-Veracruz, éléments pour un inventaire cartographique", 4 pp. (mimeo.).

Pécaut, Daniel y Marie-France Prévôt-Schapira (1992), "La recherche d'une nouvelle legitimation: Le Programme National de Solidarité," *Problèmes d'Amérique Latine: Spécial Mexique*, núm. 5, abril-junio.

Pedrero Nieto, Mercedes y Arnulfo Embriz Osorio (1992), "Los mercados de trabajo en las zonas rurales", *Estudios Sociológicos*, núm. 29, mayo-agosto, pp. 363-388.

Pepin-Lehalleur, Marielle (1992), "Regiones y poder local en el golfo de México. Los andamios de un programa de investigación", *Estudios Sociológicos*, núm. 30, septiembre-diciembre, pp. 517-522.

—— (1990) "Les echafaudages de la recherche: objets, temps et lieux", VV. AA., *Pour l'étude du pouvoir local dans le Golfe du Mexique*, París, CNRS/ORSTOM.

—— (1990b), "Itinéraire d'aproche à quatre terrains d'enquête et propositions pour un questionnement d'equipe", VV. AA., *Pour l'étude du pouvoir local dans le Golfe du Mexique*, París, CNRS/ORSTOM.

—— y Marie-France Prévôt-Schapira (1992), "Cuclillos en un nido de gorrión: espacio municipal y poder local en Altamira, Tamaulipas", *Estudios Sociológicos*, núm. 30, septiembre-diciembre, pp. 583-617.

Prévôt-Schapira, Marie-France (1990), "Société locale et corporatismo dans la région de Tampico-Ciudad Madero", en *Pour l'étude du pouvoir local dans le Golfe du Mexique*, París, documento de trabajo, CREDAL.

Ramírez Lavoignet, David (1965), *Tlapacoyan*, Xalapa, Cuadernos de la Facultad de Filosofía, Letras y Ciencias, núm. 32, 218 pp.

Ramos García, Héctor y Catherine Magnon Basnier (1984), "El movimiento campesino en la sierra norte de Puebla y sierra central de Veracruz", en *La lucha campesina en Veracruz, Puebla y Tlaxcala*, México, Ediciones Nueva Sociología, pp 13-150.

Ramos Vanegas, J. Alfredo (1983), *Sistemas de producción bovina en cuatro municipios del estado de Veracruz*, tesis de licenciatura, Facultad de Medicina Veterinaria y Zootecnia, UNAM, 55 pp + anexos.

Romer, Marta (en prensa), "Los flujos migratorios laborales desde la Huasteca indígena", en François Lartigue (coord.), *Trabajo y trabajadores en la Huasteca indígena*, México, CIESAS.

Santacruz, Henry (1991), "Agroindustria citrícola nacional", en *Memorias sobre sistemas de producción en cítricos*, México, Universidad Autónoma de Chapingo/PIISCI, pp. 158-178.

Secretaría de Agricultura y Ganadería (SAG) (1969), *Censo Agropecuario*, México.

Secretaría de la Economía Nacional (1921), *IV Censo General de Población*.

—— (1930), *V Censo General de Población*.

—— (1940), *VI Censo General de Población*.

—— Dirección General de Estadística (1975), *V Censo Agrícola Ganadero y Ejidal, 1970*.

Skerritt, David (1992), "Colonización y modernización del campo en el centro de Veracruz (siglo XIX)", en *Siglo XX*, Monterrey, Cuadernos de Historia Universidad Autónoma de Nuevo León, pp. 39-57.

—— (1994), *Rancheros sobre tierra fértil*, Xalapa, Universidad Veracruzana.

Tamaulipas (s/f), *Monografía de Tamaulipas 1979*, Ciudad Victoria, Dirección de Promoción Económica e Industrial.

Velasco Toro, José (1989), "La política desamortizadora y sus efectos en la región de Papantla, Ver.", en *La palabra y el hombre*, núm. 72, pp. 137-162.

Velázquez, Emilia (1991), *Intercambio comercial y organización regional en el Totonacapan*, tesis de maestría en antropología, El Colegio de Michoacán.

Poder local en el golgo de México se terminó de imprimir en septiembre de 1995, en los talleres de El Colegio de México. Se tiraron 500 ejemplares más sobrantes para reposición. Tipografía y formación a cargo del Programa de Autoedición. Cuidó la edición la Coordinación de Publicaciones de El Colegio de México.

Este facsimilar de
Poder local en el Golfo de México
es propiedad de El Colegio de México
y se terminó de imprimir en
Librántida bajo el modelo de
distribución bajo demanda.
www.librantida.com

Made in the USA
Coppell, TX
05 November 2026

11314452R00132